爱玲

临水照花人

侯利明

编著

煤炭工业出版社

·北京·

民国临水照花人

人总是在接近幸福时倍感幸福，
在幸福进行时却患得患失。

雨声潺潺，像住在溪边。
　宁愿天天下雨，
以为你是因为下雨不来。

我的人生——
如看完了早场电影出来，
有静荡荡的一天在面前。

　　民国时期的上海一派歌舞升平，只有从奢靡浮华的气息里才能感受到兵荒马乱的凛凛兵气，天地清明，依旧是令人眷恋的现世安稳。这样的时代，滚滚红尘中绽出一支叫作张爱玲的青荷，她写出的华美文字与这乱世不相匹配，却引来追捧。动荡的是世道，离乱的是人心，谁都希冀从这寒世里寻求一丝慰藉。生活毕竟不是日日铁马冰河，即便是饿着肚子讨生活，人们也渴望能从文字里偷香窃玉，来温暖灵魂。

　　张爱玲是冷眼看红尘的陌上客，生于斯长于斯，却不为生活所困，哪怕是处在抗战年代，依旧将小日子过得活色生香，因此招来文人嘲讽："商女不知亡国恨，隔江犹唱后庭花。"对此她保持默然，只在《传奇》的序言里写下一段话："有一天我们的文明，不论是升华还是浮华，都要成为过去。然而现在还是清如水明如镜的秋天，我应当是快乐的。"时位移人，人与人看待事物的角度会有所不同，与其挣扎在水深火热的洪流中，不如做一个临水照花人。张爱玲的风轻云淡令人钦佩，也是作为新女性鄙弃陈旧观念的勇敢表现。

　　热血文人，笔墨如刀剑者比比皆是，但在乱世中能从琴棋书画诗酒花里写出温软情怀的，却非张爱玲莫属。使命各异，弱女子左右

不了中国的命运，但却可以在国土庇护的羽翼下安享俗世的小温暖，从文字中开出清幽的花；篆刻浮生，用一生的传奇来流传民国的华丽与苍凉。

如果说时势造英雄，那么名扬文坛的张爱玲也是时代推崇出的奇女子。生逢乱世又遭遇不幸的童年，造就了她独特的魄力，如果民国依旧延续，她的家庭美满幸福，也许就不会有张爱玲的传奇一生。每一种经历都是种财富，也许在外人眼里看来是种不堪的苦难，但对于当事人来说却是种命运的历练，当时没感觉，等走过漫漫人生，在她的做为和处世里才会彰显出来。

张爱玲父母的婚姻在旧时代和新思想的冲突下走向解体，她幼年的短暂幸福也在继母出现之后裹挟着父亲的狂躁被彻底摧毁，曾经的富家小姐将炎凉饱尝，本该是还在父母怀里撒娇的孩童，她却小小年纪就学会巧言令色。而美丽的母亲脱离了压抑的环境，也将她的求救视若重负。母亲的优雅独立给正在成长的张爱玲树立了永恒的榜样，但母亲的私生活和上流社会靡乱的作风，影响着正在成长的女儿将男女之情和人情世故，了然于胸。

张爱玲毕竟是幸运的。虽出生在没落的名门望族却熏陶到了书香门第的蕴含，远比一些清贫寒门读不到书的人幸运许多，即使处在缺乏温暖的家庭，但相对优越的环境却能让她敏感的心感悟颇深。这些看似薄凉的经历却带着温厚的力量，为她一生的荣耀做出铺垫。作家海明威说："不幸的童年，是作家成长的条件。"命运的安排只是为了成就一代才女张爱玲，人生本来就是由酸甜苦辣综合而成，只在一隅之地就读破万卷书阅尽人间事，实在是上天宠溺的天之骄女。那个沉重又庞大的世界，被她轻巧的笔触四两拨千斤，隐藏在美好的生活里，华丽的锦缎旗袍、喧闹沸腾的舞会、香醇浓郁的咖啡都是文章的细梢末节所不可缺少的道具，只为演绎出旧上海的烟火红尘。

那些华丽唯美的词语里不见刀枪剑戟的冰冷，却能令人在字词句段中读出落满一地的悲凉。"因为懂得，所以慈悲"，张爱玲的经典语录是她内心的由衷感慨。懂得是对生活最好的认知，慈悲是对人生最悲悯的情怀，她唯一的悲哀之处就在于太过聪慧，睿智的背面往往有着无人能抚摸到的柔软。父亲的漠然，母亲的毫不信任，令张爱玲对爱早已经麻木，直到后来遇见了胡兰成，致使她贪恋从未接触过的爱情，之于她，与一个陌生人的相知相守是另一种全新的开始。张爱玲的离群索居在大家眼里是冷傲绝尘，在胡兰成的眼里却带着圣洁光芒，他懂得她光芒里自闭的孩子气，她唯有一而再再而三地以谅解来回报他的知遇。

人的心需要温度维持跳动，因此，多年隔离的感动又在一瞬间拨动了张爱玲一潭死水的心弦，她晓得，所有的道理都是讲给旁人听的话，放到自己身上，她情愿做那个义无反顾的飞蛾。胡兰成对她的爱甚至是包含了崇拜、欣赏、怜惜和真心的，这就足够她倾情一生。生在上层社会大家庭里的张爱玲，对于男欢女爱的薄凉悲喜已是司空见惯，能在自己身边留到最后的那个人才算得上情深，她不轻易交付，可一旦倾心，便如一朵花低到了尘埃里；知道胡兰成爱了别的女子，他们的爱再也回不去，她从此决绝枯萎。

有爱时，赤诚相待；爱走时，恭送放下。一路走来，她懂得舍得的

慈悲，祝福彼此安好，也是为自己的未来开辟出一条走得更远的路。谁的人生里不曾有过奢望，但从失望里衍生出希望，才是一个精神明亮的人。

人活着终究跳不到三界外，困囿在五行中何尝不是一件悠然自得的乐事。张爱玲将那些情感的负累——放下，兀自做着那个精致的女人，她穿着各种各样漂亮奇异的服饰与人见面，哪怕是在家偶尔接待客人，她也会认真地装扮自己，还别出心裁地设计出各种时装，并在《申报》上登出广告为人制作华服，还写出《更衣记》。就连被日军围困期间，她依旧徒步数公里，去吃钟爱的冰激凌；她亦是个热爱生活的女子，写了许多关于美食的文字。如果没有爱，这些衣服和食物至少能抚慰她的身心，给她更多看得着摸得着的安全感。她的与众不同脱离了现实的循规蹈矩，而她的美好也如平常女子一般，都在一粥一饭、一蔬一菜里。

独立的女人活得精致又风情。张爱玲的灵魂有香气，闻起来亲切又妥帖。她在《自己的文章》里写道："我喜欢素朴，可是我只能从描写现代人的机智与装饰中去衬出人生的素朴的底子。因此我的文章容易被人看作过于华靡。"这段话直白地表达了她领悟出的真谛："生命是一袭华美的袍，爬满了虱子。"她庆幸自己是个近视眼，能模糊大千污浊，只沉浸在自己的世界里，以巧夺天工的笔触从表面的圆满里，去描绘人性。

张爱玲还是小姑娘时就说："八岁我要梳爱司头，十岁我要穿高跟鞋，十六岁我可以吃粽子汤团，吃一切难以消化的东西。"后来又对弟弟张子静说："一个人假使没有什么特长，最好是做得特别，可以引人注意。我认为与其做一个平庸的人过一辈子清闲生活，终其身，默默无闻，不如做一个特别的人做点特别的事。"这些从不同年龄里迸发出的思绪足以说明，她生来就是个不甘平凡的人，更何况她还极其高调地宣扬过"出名要趁早"的说法，简直是赤裸裸的彻底的拜金主义者，因为她只知道"钱的好处，不知道钱的坏处"。

独立自主的女人，才能安然应对人生的任何状况，富贵时不骄纵跋扈，窘迫时不怨天尤人。做女人做到张爱玲的境界才称得上透彻，她一边写着脱俗的文字，一边坦率承认自己喜欢钱，灵魂飘浮于纯净精神世界，身心沉浸于市井红尘，活得洒脱又肆意。浮浮沉沉的人生里，她平心静气与命运对弈，赢得锱铢必较，也赢得志得意满。

活得风生水起的女子最有魅力，自然也少不了男子倾慕，遇见英俊潇洒的导演桑弧时，张爱玲的一颗心早似冷灰，她的爱太烈，花开只一次，来年已非昔日音容。后来，离开了国土旅居国外的张爱玲与才华横溢的剧作家赖雅走到了一起，他们在租来的公寓里相伴着读书写作，成为精神上相依为命的伴侣，直到他去世。陪伴正是她所向往的岁月静好，长久或者短暂，都是一生，从此她自称赖雅夫人，终身未嫁。

张爱玲的余生与她的出生始终都在一条线上，在文字里攀爬过最高的山巅，也在文字里去过最低的山谷，看过最美的日出，安然面对着日复一复的日落日升。那一本从小就读的《红楼梦》梦幻绮丽，她就是养在文中的玲珑石，历经世事磨砺，光阴打磨，呈现出温润光泽，成为一枚温良美玉被无数读者珍藏于心间，永远膜拜敬仰。

侯利明

2018.9

目录

第一章
花苞·簪缨旧事 | 1

第二章
娇蕾·流光童年 | 9

第三章
半夏·妈妈回家 | 17

第四章
青荷·无爱之殇 | 31

第五章
玉痕·雕琢疼痛 | 45

第六章
展翅·港岛如梦 | 61

第七章
绚烂·忽而成名 ——
85

第八章
情事·桐花万里 ——
119

第九章
邂逅·暗夜花凋 ——
175

第十章
流离·重游故地 ——
195

第十一章
异国·浮生圆满 ——
205

张爱玲

民国临水照花人

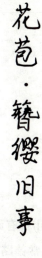

第一章

花苞·簪缨旧事

　　若每个城市都有灵魂，上海的民国气质离不开张爱玲的渲染。位于上海静安区常德路195号的七层建筑，始建于二十世纪三四十年代，昔日叫作爱丁顿公寓，如今称为常德公寓，由一位意大利人筹建。木心先生说："古典建筑，即使变为废墟，犹有供人凭吊的魅力"，更因这里曾为张爱玲的寓居，而熠熠生辉。

　　80多年后，立于6楼65室的窗前怀想往昔，仿佛依稀还能望见1920年9月的天空，那年那月的最后一天夜晚，下弦月弯眉轻盈，张爱玲诞生在上海麦根路公共租界的张家公馆里。尽管此时，正是大清王朝走向没落，新时代即将衍生的交杂乱世，这座民初时兴建的老式洋房，依旧喜气盈盈，彰显着这个家族的雄厚尊严。张爱玲的祖父张佩纶是晚清名臣，自有不可冒犯的威严，朝廷已是污浊不堪，他却属其中难得的"清流派"。1884年，在法国侵略越南直逼华夏南疆的危难处境里，张佩纶连奏十章献计抗法，与一众英明同僚会聚起来，无惧腐朽，不畏黑暗势力，对内弹劾贪官污吏，对外悍抵西方列强，因上能直言相谏，下能评议时政，赫然成为当时朝廷的中流砥柱，后因指挥"马江之战"失利，被革职流放到黑龙江热河，刑满释放已是光绪十四年（1888）。

这时，中堂大人李鸿章，也就是张爱玲的曾外祖父，将落魄的张佩纶收到麾下。这位中堂大人可谓一代风云显赫的人物，不但是晚清淮军的统帅，还建立了中国第一支西式海军北洋水师，又是洋务运动的领袖，官至东宫三师、文华殿大学士、北洋通商大臣、直隶总督，参与过太平天国运动、镇压捻军起义、甲午战争等一系列的重大事件。被慈禧太后视为"再造玄黄之人"，就连日本首相伊藤博文也对他极为敬重，叹其为"大清帝国中唯一有能耐，可和世界列强一争长短之人"。曾外祖父李鸿章又不顾夫人反对，将自己"貌比威、施，才同班、左，贤如鲍、孟，巧夺灵、芸"的小女儿，也就是张爱玲的外祖母李菊耦许配与这位其貌不扬、年龄又大，还做过囚犯的张佩纶为妻。这对遭遇了大起大落、妻子在流配期间亡故的张佩纶来说，真是恩同再造。众人对此深感疑惑，李鸿章说："幼樵（张佩纶的字）天性真挚，囊微嫌其神锋太隽，近则愈近深沉，所造正谓可量，得婿如此，颇惬素怀。"由此看来，她的曾外祖父李鸿章不仅对女儿的婚事十分满意，还对女婿格外赏识，颇有几分慧眼识英才的豪情。

张爱玲的曾祖父名叫张印塘，字雨樵，曾任同治年间安徽的按察使，与李鸿章因职务往来相识相知，成为彼此倾慕的知己。张佩纶7岁那年张印塘病逝，李鸿章悲惋之余时常督促张佩纶苦读奋进，聪颖好学的张佩纶不负所望，22岁那年便成为同治辛未科进士，授编修。几年后，又于光绪元年（1875）在朝廷大考中一举夺魁，授翰林院侍讲，又晋升为日讲起居注官，相伴于光绪帝近前。张佩纶获此荣耀，也算告慰了先父，更令李鸿章无比欣慰，尤其是张佩纶在京做官期间，从不徇私枉法，即使是达官权贵或是朝廷重臣，如果犯了证据确凿的案子，他都会写好犀利明晰的折子参奏皇帝。难能可贵的是，虽然他身居高位，但仍常食清粥白饭，品质可谓清廉高洁；在朝堂上也慷慨陈词评论时政，忧虑天下的安危，直言上谏，不仅颇得光绪赏识，也深得李鸿章和军机首辅恭亲王的器重。当时的名仕派文人曾朴将张佩纶的好运撰进《孽海花》，才子佳人传佳话，一时成为美谈。张佩纶由科举考试踏上仕途，骨子里的文人情结从未放下过，在他流放的艰难日子里，著有《管子注》24卷、《庄子古义》10卷，还写了《涧于集》和《涧于日记》等著作。

李菊耦小姐钦佩张佩纶的才学早已芳心暗许，对于母亲的担忧，她则羞涩地表明立场，而认同父亲的眼力。于是，这位23岁的官宦千金带着丰厚的嫁妆，嫁给了年长她二十多岁的张佩纶。婚后，祖父祖母这双老夫少妻更加琴瑟和鸣，闲暇时夫妻二人相携出游，吟诗赋词。张佩纶仍留在李府做事，偶然发现李菊耦的闺房里竟珍藏着宋拓兰序，于是拿出了昔日里自己收藏的一份《兰亭序》，两人执手相看又多了几分惺惺相惜，情意绵绵，然后互在对方的《兰亭序》上题诗作咏。李菊耦为这份情投意合感慨万分，随即挥毫写下"兰骈馆"命名书房。

　　也许，情场上的得意是张佩纶晚年最为浓墨重彩的一笔。在仕途上，他依靠自身能力，加之岳父的提携，也曾如鱼得水；但两人后来在与八国联军各代表谈判时，因在对俄国的态度上产生分歧，生性耿直的张佩纶为了保全岳父威望，当机立断告病离京，与妻子李菊耦回到南京，不再过问朝政。1903 年，郁郁不得志的张佩纶永远地离开了人世。失去了心爱的丈夫，李菊耦深居简出，终日在思念里萎靡，于 1912 年追随夫君而去。张爱玲的父亲张廷重彼时 16 岁，姑姑张茂渊 11 岁。尚未成人的一双孤苦儿女，只得前往上海，投奔张佩纶前妻所生之子张志潜，暂时安身。张志潜所居住的这所豪宅，位于上海康定东路 87 号 3 弄，始建于清末民初，坐落在"李鸿章纺织染厂"旁边，原是张爱玲的曾外祖父李鸿章给祖母李菊耦置办的陪嫁，仿西式风格的石库门房子有三层高，带一个大大的花园。整栋房子底下是一个面积相同的地下室，均匀排列的通气孔像极了一双双审视的眼睛，无声地监视着正对面的佣人房。

　　时势造英雄，内忧外患的大清朝，成就了张爱玲的外祖父和祖父声名显赫的一生，而动荡的时局却限制了张家后人的作为，当时的大清天下已是前尘往事，国土也成了外国人管辖的租界，但这并不能妨碍一个权贵家庭在深宅大院里歌舞升平。张爱玲的父亲张廷重是家中的独子，联姻首任长江水师提督黄翼升的孙女黄逸梵，生下长女张爱玲。这个新生的女孩，在优渥富贵的环境里，安享着锦衣玉食的美好，天真可爱地做着一家人的掌上明珠。黄逸梵原名黄素琼，她的祖父黄翼升是曾国藩手下的一名大将，曾与李鸿章一同作战，因平定太平天国、捻军战乱奋战立功，后提升为首任长江水师提督，授予三等男爵；父亲黄宗炎也因此得幸世袭下男爵爵位，在南京的地位和势力亦是雄霸一方。黄逸梵的生母是个侧室，诞下了黄逸梵和黄定柱一对龙凤胎儿女。尽管黄逸梵生得大眼、薄嘴、高鼻梁，秀气得像个洋娃娃，也难逃庶出的名誉。出生在封建家庭的她，痛恨诅咒破败王朝的腐朽，渴望接受进步的西式教育，却无法抗争旧式家庭指婚嫁人的命运。

张廷重和黄逸梵，一个是簪缨望族之后，一个是军门千金，一对金童玉女的结合，令人艳羡。但两个人所处的家庭氛围却各有不同，张廷重身上更多的是清朝遗少的老派作风，性格刻板拘谨；而黄逸梵则接受过开明的新式教育，风情漂亮，思想新潮，时与丈夫格格不入。再加上，张家长兄为父的旧式家教，让婚后仍受长兄张志潜管制的小夫妇深感约束，黄逸梵屡屡以回娘家为借口常住散心。后来，夫妇俩私下商量后，就拜托时任北洋政府交通总长的堂兄张志潭，在津浦铁路局谋得一份英文秘书的工作，张廷重便携家离开了上海。离开之时，同父异母的哥哥张志潜也与张爱玲的父亲张廷重分了家，家里资产原本是母亲李菊耦从娘家带过来的陪嫁，虽被张志潜当仁不让地占去了无从考究的部分，但分到张廷重名下的资产除却钱财与古董外，依然分到了8座洋房以及分布于安徽、天津、河北等地的大宗田产。据传，张廷重所获得的这些遗产也只是母亲当年陪嫁中微乎其微的份额。

张爱玲祖父母之间的婚姻，与她父母之间的婚姻，性质无异，同属家庭包办，但夫妻间的相处方式却不尽相同。李菊耦爱慕张佩纶，两人属于心心相印的结合；而黄逸梵嫁给张廷重则是受家庭逼迫，遵

　　从父母之命，媒妁之言。张爱玲的母亲黄逸梵不仅是李鸿章的远房外孙女，而且表姊妹也是张廷重的远房表姊妹，从家族势力和政治角度来考虑，她都没有任何逃避的理由。嫁到张家之后，黄逸梵与丈夫就像同一屋檐下的陌生人，缺乏共同语言，好在与小姑张茂渊意气相投，整日里两人一起苦读外语、学钢琴、设计裁剪衣服，也就忽略了这个死气沉沉的家。

　　来到天津后，他们居住在天津英租界 32 号 61 号，气派的朱漆大门两侧分别有威武的石狮镇宅，庭院中修砌着漂亮的喷泉，种满鲜花，豪华宅院里的家庭生活别有一番新天地。少爷和少奶奶当家做主的开明气氛惬意自在，家中不仅仆佣成群，且雇用了专职的司机和中西餐厨师，交际往来依旧不减华丽，新的生活洋溢着贵族气息，张爱玲的童年"一天一天，温暖而迟慢，正像老棉鞋里面，粉红绒里子上晒着的阳光"。阳光还是温暖的，但太阳已经散发不出昨日的光芒，清政府的衰败老朽挡不住街上新潮怪异的国外洋人肆无忌惮地来到这十里洋场瓜分自己的天下。人们想迈开双腿却找不到方向，回头望望江山凄凉，空气里弥漫着慵懒的恐慌，像是被繁华落幕的沉重幕布，压得无法喘息，正如黄逸梵在这场包办婚姻里的无所适从，一边深受五四新文化运动的熏陶，一边又无法逃脱旧式家庭的制约，跻身于新旧时代的罅隙中进退两难；好在这个家有钱有闲，张爱玲一岁多的时候，母亲又给她诞下弟弟张子静，活泼开朗的黄逸梵暂时将烦绪赶出生活之外。

　　张爱玲原名张煐。煐，是古人专用来取名的文字，寓意常遇好运。从简洁明了的字义上，可以感受出祖父张佩纶的用心良苦，他临终之前叮嘱："死即埋我于此。余以战败罪人辱家声，无面目复入祖宗邱垅额地。"这个睿智的老人深谙世道从此沦落，功名未就埋骨他乡亦然在所不惜，无奈整个家族随着王朝覆灭从此后面临着怎样的归宿，已不是风烛将熄之人所能左右的。张爱玲这个粉团般水嫩可爱的小丫头，是苍凉底色上的一抹金光，让身为祖父的张佩纶又欢喜又惊心，世风日下，也再没有闲情逸致像他的岳丈或亲家那样，为孙女取一个带着诗意的芳名，唯有以"煐"字来祝福她一生平安静好，这个"煐"字冥冥中也沿袭着张爱玲非同寻常的命运脉络，默默地守护着，尘封在她内心角落的如梦童年。光阴须臾即逝，随着年龄的递增，张爱玲感到越长大越孤单，所有那些温暖瑰丽的幸福都离她远去，有必要换个自己喜欢的名字承载着梦想，才能坚毅地去追逐未来的希冀。

第一章

娇蕾·流光童年

　　秉承着祖父寄予的美好，张爱玲的童年是幸福快乐的。毕竟她的
父母正值青春，二十多岁的年华正泛着暖沙色的金光，加上有父辈积
累的资产任由挥霍。张爱玲像一个小公主由佣人抱着熟悉旧式生活的
繁缛规矩和日常内容，与上流社会的亲朋好友礼来往返。父母每天忙
着交际，很少有时间来抱一抱孩子，日日里和张爱玲相处的是女仆何
干，大户人家常将照顾孩子的干妈冠以本姓，称作何干。这位小姐和
女仆倒亲密得胜过亲生母女，张爱玲所有小脾气和调皮的举动统统施
加到何干身上。幼小的张爱玲好奇心重，小脚蹬着她的胸脯攀着她的
脖子，爬上她的肩膀，像个大人似的高高地去看世界，有时还会拉扯
她脖颈上松弛的皮肤，拽来拽去像玩失去弹力的橡皮筋。每当这时，
何干都温和地微笑着任张爱玲胡闹，很多时候小爱玲淘气起来根本不
听劝告，她若是过去安慰定会遭来无故地抓挠，何干的脸和脖子还有
胳膊上的伤痕此起彼伏，总是旧伤未愈新伤又添，可她始终是宽容
的，对待急躁抓狂的小爱玲从不气恼。

　　每天清晨，何干都会将张爱玲抱到黄逸梵的铜床上，让女儿和母

亲在温暖的方格子棉被上度过愉快的亲子时光，看着女主人一字一句地教张爱玲唐诗宋词。其实，过惯了夜生活的黄逸梵，早上那个点往往正在甜睡，无力应付精神百倍的女儿。她原本是娇生惯养的大小姐，嫁过来之后依旧我行我素，还未完全适应做妈妈的身份，直至一次次听到女儿奶声奶气地背诗，潜藏在心底的母性才渐渐萌发，眼前活泼可爱的女儿让她仿佛看到了一丝希望的曙光。张爱玲对文字的敏感与生俱来，背诗识字一点就透。天才仿佛生来就有恃才自傲的权利，从不见她主动去学习，何干就变着法儿鼓励她，每学会认识两个字就奖励她两块绿豆糕吃。更多的时候，幼小的张爱玲常常被何干抱到院子里的秋千上玩耍，谨慎的女仆看护着小小的她，紧攥着绳子，小心翼翼地轻轻荡来荡去，生恐一个不小心跌下来。

　　家里有个额头有疤痕的丫鬟，张爱玲唤她"疤丫丫"，这个小姑娘荡起秋千来让人眼花缭乱，张爱玲最喜欢看着高挑的疤丫丫在秋千上荡到最高处，猛地翻过去，像一只在云中轻盈翱翔的燕子，实在令人欢喜。看了无数次之后，张爱玲的兴趣又被在院子里四处咯咯叫的鸡吸引，她忍不住挣脱何干的怀抱，追着一只只鸡满院子疯跑，嘻嘻哈哈乐得合不拢嘴。闹腾累了，就吃了饭沉沉睡去，醒来已是午后。夏日里，张爱玲上身穿着白底小红桃子纱短衫，下身穿红裤子坐在板凳上，喝尽满满一碗淡绿色、涩而微甜的"六一散"，就开始翻看一本谜语书，唱出来"小小狗，走一步，咬一口"。猜到谜底是剪刀的时候她开心地笑起来，童稚的心里或许想那位设置谜底的人，小狗的样子是多么可爱，怎么会是锋利的剪刀。还有一本是儿歌选，其中有一首描写最理想的半村半郭的隐居生活，只记得一句"桃枝桃叶做偏房"，这些诗句儿童读起来有点难以理解深远的意境，只大约懂得桃枝桃叶是植物罢了。家里偶尔还会来一两位拄着拐杖的家族遗老，看到张爱玲都会唤过来问她可认得字，听到张爱玲童声朗朗地背出"商女不知亡国恨，隔江犹唱后庭花"，他们往往从眼睛里掉下泪来。清朝遗老的伤悲离她很遥远，小爱玲眼前的惬意是朦胧的"橙红色岁月"。懵懂的认知好过清晰地看懂这个世界，张爱玲的童年光阴仿佛躲在岁月深处，无形的庇护令心无忧。

小小年龄能认识些字，全凭塾师教出来。家里专门为她和弟弟请来先生，两个人正襟危坐，有模有样地从早念到晚。张爱玲开始接受教育，每天都要背先生教过的课文，以至于她对小时候的记忆总是停留在傍晚的窗前摇头晃脑地背书。因为太小，她不能完全理解文章的意思，所以背着背着就会想不起下文，这成了小爱玲心中的大烦恼，一年到头就连除夕夜都还在用功。女佣心疼张爱玲的好强，唯恐熬夜对她的身体造成伤害，因此并没有按照张爱玲的嘱咐太早叫醒她。第二天，天色尚早，满城密集炸响的鞭炮声也没能惊醒她，睡到自然醒也就错过了那铺天盖地的热闹喧哗。后来她在文里写："我觉得一切的繁华都已经成了过去，我没有份了，躺在床上哭了又哭，不肯起来，最后被拉了起来，坐在小藤椅上，人家替我穿上新鞋的时候，还是哭——即使穿上新鞋也赶不上了。"这份盼新年的欢喜，是每个人小时候都渴望能身在其中的快乐。空气中还未消散的烟火味道，想来让尚小的张爱玲感到了一丝失落，类同于小孩子没有吃到糖的伤心，但却又是不同的，毕竟一年才有一次大年初一。

初一不是天天有，可快乐的事却从来不少，孩子的烦恼与快乐，在童年里来来去去，也是极其平常的事，总的来说那时的快乐比烦恼要多。儿童从来都不会钻牛角尖，哭过笑过闹过，转眼也就忘了。其实并不是每个大人都无聊，家里就有个叫毛物的佣人很会讲故事。他的名字是张爱玲取来叫着玩的，他不仅会出神入化地讲《三国演义》的故事，还时常在天井的角落里，架上青石砧，蘸着水在上面龙飞凤舞地挥毫，张爱玲望过去，他清瘦飘逸的背影，似有几分独特，让她生出崇敬来。家里的另一个男孩子却让她喜欢不起来，只因他生得比她漂亮。张爱玲在文里描述过："从小我们的家里谁都在惋惜着，因为那样的小嘴、大眼睛与长睫毛，生在男孩子脸上，真是白糟蹋了。"这正是她的弟弟，老式家庭本就男尊女卑，他的身份和相貌更是成了胜她一筹的资本。就连弟弟的贴身仆佣张干也处处都比她身边的何干趾高气扬，张爱玲忍不住帮何干理论，也会遭到张干的抢白："你这个脾气，将来要嫁给谁去？恐怕会嫁得远远的，弟弟也不要你回来！"那样的神气，仿佛现在就能替将来的主子当家做主一样。张爱玲不服与她辩论，张干就指着张爱玲手里的筷子来证明自己的观点绝对有据可循，她得意地说："筷子抓得近，嫁得远。"小爱玲当然不懂大人的套路，慌忙将手指移到筷子的尾端捏紧，张干就会随即改口："抓得远当然也代表嫁得远嘛！"

　　许多年后，张爱玲坦诚地表明："张干使我很早就想到男女平等的问题。"她甚至以孩子狡黠的笔触，在文字里描写了许多类同的女佣，都有着揣摩主人心思行事，满脑子旧思想的共同点。生活中的人性肤浅到能使人灵魂深刻，即便张爱玲一生都曲高和寡，并没有真正地融入过百态人生，但她从小生活在一个纸醉金迷的环境里，接触过三教九流的人群，也就从小便懂得"锐意图强"才能活得安然宁静。张爱玲对这样巧舌如簧的仆佣感到无奈，却也不恼，虽然他们都喜欢弟弟，但她有许多他所不及的地方。无论健康还是读书，弟弟都是她的手下败将。弟弟看到姐姐嘴巴不停地吃美食，就馋得不行。为了让身体虚弱的小少爷断了念想，仆佣在糖里兑上黄连汁喂他喝，浓烈的苦味使他失望地哭起来。不能尽情饕餮的弟弟就常将拳头捣到嘴里解馋，仆佣们又怕他因此生病，又将黄连涂满他的手。还有更多有趣的事，每当弟弟看到姐姐画的画生动形象，他却画不出，暗地里就会偷偷撕毁几幅，或是毫不客气地用笔画上几道黑杠子。张爱玲虽大他一岁，却从不与弟弟计较，她怜惜地说，"能够想象他心理上的压迫"。

偌大的宅子里，只有他们才是无忧无虑的。吵闹是不常有的，更多的时候，张爱玲将从毛物那里听来的故事，改编成自导自演的情景剧，假设自己和弟弟都是骁勇善战的勇士，她叫月红，善使宝剑，弟弟叫杏红，使得两只铜锤。这时候的他们才是平等亲密的，在张爱玲自己的故事里，他们都是所向披靡的女孩子。戏越演越无新意，张爱玲就自己编故事：故事发生在一个叫作金家庄的地方，时间正是黄昏，有一大帮人在等着金大妈做菜，厨房里一阵锅碗瓢盆响声停息后，众人风卷残云吃完晚饭，就个个争先恐后地去杀敌。山一程水一程地冲过去，英勇神猛的人杀死两只大老虎，切开老虎蛋与熟鸡蛋相比，竟然一模一样。弟弟听了也跃跃欲试，编来编去却只停留在开头，说是有个赶路的人被老虎追着跑，拼命地跑，拼命地跑……这是则永远没有情节和结局的故事，每次讲起来也从没有更新过，张爱玲并不懊悔一遍又一遍地听弟弟讲述缺乏新奇感的故事，反倒因为他急得满脸通红，笑得抱着肚子打滚。弟弟睁着大眼睛认真思考的样子实在是可爱，姐姐心里因他造成的烦恼也消散不见了，唯有忍不住捧着弟弟的脸，印上一个怜惜的吻。

　　小孩子洁白透明，你看得到她不加掩饰的妒意，也能一眼看穿她如玉善良的心思。渴望得到更多的爱，不过是简单争宠，所有能触动她伤感情绪的事情，片刻也就忘了。好与坏的事情从眼睛看到心里，再从心里驱逐出去，眼泪和欢笑就一起融进生命。人生才刚刚打开一扇看风景的窗。童年的生活，如云流过的记忆，满是悠闲慵懒的色彩，一些细微入骨的温暖，在她以后的文字里呈现出工笔画似的细致："松子糖装在金耳的小花瓷罐里。旁边有黄红的蟠桃式瓷缸，里面是痱子粉。下午的阳光照到磨白了的旧梳妆台上。""一直喜欢吃牛奶的泡沫，喝牛奶的时候设法先把碗边的小白珠子吞下去。"以至于到了后来，她渐渐长大之后会做梦，"梦见吃云片糕。吃着吃着，薄薄的糕变成了纸，除了涩，还感到一种难堪的怅惘"。谁都不知明天将去往哪里，但有这段美好常留心中慰藉风雨炎凉，亦然是命运温柔的善待。

　　在《私语》里她将童年形容为"橙红色的岁月"，家中有着"春日迟迟"的空气。此刻正是暮春，从她描写的词语中，能感知到张爱玲对美好的眷恋。因了那些香甜的温暖，美食成了她生命中最为依赖的部分。1941 年，张爱玲在香港上学期间遭遇日军围困，曾不惜徒步数公里，只为去吃上一份冰激凌，由此看来"吃"对于张爱玲来说不仅温暖且有力量，让十八岁的她孤身在异地一样坚强生活。在《谈吃与画饼充饥》里，张爱玲直言不讳："中国人好吃，我觉得是值得骄傲的，因为吃是一种最基本的生活艺术。"《童言无忌》之中她又写："和老年人一样的爱吃甜的烂的。一切薄脆爽口的，如腌菜、酱萝卜、蛤蟆酥，都不喜欢，瓜子也不会嗑，细致些的菜如鱼虾完全不会吃。"由此可见，那段舒适尊贵的时光，是由中式糕点的细腻和西式甜点的甜蜜，共同装点起来的，平素进食的一日三餐大都有着中国菜的精致，张爱玲的味蕾带着童年的习惯沿袭一生。直到她独自一人生活，接触到现实人家生活中食用的家常小菜一概不喜欢，良好的家庭教养让她连瓜子也不会嗑，每天由仆佣剔刺剥壳放到盘子里的海鲜，她始终都学不会吃。

张爱玲是个一辈子都不沾阳春水的女子，却深谙俗世滋味的精髓，她说自己是个"最安分的肉食者"，称上海"牛肉庄"是"可爱的地方"。"白外套的伙计们各个都红润肥胖，笑嘻嘻的，一只脚踏着板凳，立着看小报。他们的茄子特别大，他们的洋葱特别香，他们的猪特别的该杀。"甚至"我很愿意在牛肉庄上找个事，坐在计算机前面专管收钱。那里是空气清新的精神疗养院"。没有一顿饭解决不了的问题，天大的事情也抵不过食物的分量，现实生活的苦与乐与美食相逢，都变得风轻云淡，"吃"为张爱玲的精神世界投下整片暖色调，尤其是那些与家中仆佣不同的厨子，他们的举止豁达，如果能在这样明朗的环境里做事情，没有钩心斗角和阶级的分别，陈腐昏暗的压抑空气也就会荡然无存。

第二章

半夏·妈妈回家

　　两岁到八岁的六年时光，铭刻进小爱玲的记忆。八岁那年，全家又迁往上海，成为张爱玲美好童年的分割线。又一次的离开并非简单的搬家，冥冥中成为张爱玲命运的迁徙。她的弟弟张子静在回忆录里道出缘由：因为他们的父亲张廷重在堂兄张志潭下辖的单位，不但成日里不去上班，还染上了吸食鸦片、嫖妓等劣迹，又娶了姨太太花天酒地，时间久了他的声名狼藉，直接影响到张志潭的官誉。1927年张志潭被免职，张廷重的小小"官位"不保，他才悔恨起自己长久以来的荒唐行径，心中不免想起初婚时的生活，当即赶走了姨太太，提起笔写信求远在欧洲留学的妻子回来。张爱玲写道："那个时候她4岁，船要开了，她的母亲其实不想走的。但是她的独立意识又使得她必须离开家，她的母亲，等到船要开的时候躺在床上不肯走……"妈妈最后还是被佣人架到船上去了。在她还没有鲜明爱恨的儿童心里，母亲是知性美丽又高贵典雅的，离开时黄逸梵身穿苹果绿的旗袍，上面缀满了闪光的珠片，她的形象永远刻在了一个四岁孩子的心里。张爱玲对母亲是那么恋恋不舍。

对于黄逸梵来说，与丈夫本来在性格和生活上就格格不入，再加上到了天津之后，张廷重堕落进花花世界，更是让她感到绝望。1924年，准备出国留学的小姑张茂渊需要一位监护人，也恰好给了黄逸梵借机避开这个环境的机会，因此可以名正言顺地结伴远行了。而黄逸梵面对两个年幼的孩子满怀不舍，但在压抑的家庭环境下又身心俱疲，这个独立意识前卫又新潮的女人最终还是选择了离开故土。黄逸梵顶着众人反对的压力，毅然决然地去了异国他乡，寻找自己向往的生活。平时与母亲少有接触的张爱玲，并没有因为母亲的离开而感到有太多的不同。从小勤奋好学的她深得父亲张廷重宠爱，加之父亲的工作清闲，就每天教她读书念诗，还仔细修改她所作的文章，小到眉批，大到总评，总结得头头是道，并且用心地将她幼稚的文字一页页收集起来装订成册。

作为一个父亲，张廷重无论多么放荡不羁，在对张爱玲的教育里还是倾注了许多期许和慈爱，这一切都源于他小时所遭受过的遭遇。父亲张佩纶在他七岁时离世，本就敬爱丈夫才华横溢的李菊耦，一时间悲伤欲绝，李菊耦试图将唯一的儿子培养成与丈夫同样出众的才子。在她的严加管教下，张廷重除了读书很少有时间玩耍，偶尔的一次松懈都会遭到母亲的严厉惩罚，罚跪或挨打成了家常便饭。为了把张廷重性格里的顽劣叛逆改良成温顺因子，李菊耦把李廷重打扮成女孩的模样，为他穿上花花绿绿的艳俗衣服，就连鞋子也是女孩子穿的绣花鞋。懵懂的张廷重从仆佣和外人的眼光里，感到了自己与别的男孩子的差异，就偷偷地将男式鞋塞进袖子里，出了家门再换上。为了避免儿子有一天沦为毫无建树的纨绔子弟，李菊耦以自己的想法，塑造出了一个腼腆懦弱的张廷重。

从幼时到青春，张廷重都在自由匮乏的压抑环境中度过，这个生在富贵之家的少爷从未有过放纵肆意的体会，可母亲的用心良苦他又不忍辜负，这些因素对于他的成长带来非常巨大的阴影。李菊耦对女儿张茂渊倒是网开一面，送她去学校学习开明的西方先进文化，允许她穿男士服装，大家都称张茂渊"少爷"。李菊耦 23 岁时已属大龄剩女，对张佩纶一见钟情之下，不顾母亲的反对和偏见，自己执着又坚定地选择了大自己二十几岁的落魄才子，营造出幸福婚姻，这在当时不但属于晚婚，更被列入惊世骇俗的范畴。到了儿女这一辈，她既要为死去的丈夫守住家业，又希望女儿如当年的自己那般，不被世俗束缚活得特立独行，然而却弄巧成拙，将一双儿女打造成了性格迥异，各方面偏差极大的兄妹。

1905 年，科举制度彻底废除，刻苦读书的张廷重失去了用武之地，多年付出的努力化为泡影，他永远地失去了比肩看齐父辈的机会，母亲寄予儿子有一天能光大门楣的重望也土崩瓦解。时代的车轮停在一个让张廷重尴尬的位置，他成了名副其实的少爷，靠着父辈留下来的巨额财富悠闲生活，因无法施展满腔抱负，他变成了一个自卑的男子。直到女儿张爱玲慢慢长大，他还会经常在情绪低落的时候将自己关在书房内，拖长腔调，吟咏感叹，边背诵古诗旧词，边一遍又一遍在屋子里踱步。未能一展抱负的遗憾，此时在聪颖的女儿身上得到了延续。三岁就会背唐诗的张爱玲成了父亲的掌上明珠。张廷重用不着中规中矩地去上班，随意应付着职位，闲暇时常带上女儿去咖啡馆和夜总会消遣，这段与父亲朝夕相处的日子，让张爱玲感到无比的幸福，还产生了深深的依恋情结。

张廷重作为一个父亲，不希望女儿重蹈他在幼年所遭遇过的错误教育方式，因此在妻子黄逸梵远在欧洲的日子里，他尽职尽责地陪着张爱玲。父母婚姻和儿女的教育是一个家庭中重要的组成部分，两者间相辅相成又彼此成就。张廷重与黄逸梵的婚姻暗隐着各自的伤痛，丈夫希望妻子能对自己言听计从，以弥补自己多年来所承受的束缚；妻子则为刚逃脱父权压制，又落入夫权专横的家庭感到绝望，两个人的矛盾愈演愈烈。脱离了母亲和兄长的管束，张廷重终于体会到自由的美妙，拥有了自主权利的他，开始出入于风月场所，与一帮清朝遗少终日厮混，躺在榻上吞云吐雾，迷恋上了鸦片。黄逸梵离开之后，他就将姨太太接回了家，姨太太是花街柳巷里的烟花女子，名唤"老八"，大了张廷重好几岁，早先父亲就曾私下里领张爱玲去过她暂时安身的小公寓。敏感的张爱玲对这个脸颊苍白，刘海长垂的姨太太很是排斥，每次都扒着门框不愿意进门。被父亲逼急了就又哭又闹，双脚乱踢，张廷重将女儿抱起来假装生气，伸出手拍了她几下，张爱玲才心不甘情不愿地跟着进去。去了几次之后，张爱玲对这个总是在华丽喧嚣，举办聚会的地方产生了兴趣，而且姨太太对她格外用心，却并不像家里人那样喜欢弟弟张子静，这让小爱玲非常感动。

　　姨太太特意让裁缝做了时髦新衣，看着小爱玲喜滋滋地穿上在镜子前晃来晃去，她说："你看我对你多好。你母亲以前总是拿旧布料给你裁衣服，哪里舍得用整副的丝绒，你喜欢我还是你的母亲？"缺乏母爱，又时常被弟弟的女佣讥讽的张爱玲，哪里独享过如此偏爱，她忙不迭地回答："喜欢你。"虽说懂事后张爱玲为自己的回答感到悔恨，总认为与母亲日后的决绝寡淡是那三个字诅咒的结果，但当时才四岁的她的确是幸福快乐的，从姨太太的身上感受过类似于母爱的温暖，尽管姨太太对她的好里有拉拢人心的成分，是为了更好地在张家站稳脚跟。张廷重带回家的姨太太，让张爱玲有了见识更多新鲜事物的机会，有段时间，张爱玲每天都会被带去"起士林"舞厅看跳舞。轻舞飞扬的裙裾，并不能吸引小孩子的眼光，但是眼前的桌子上，摆着齐眉毛高的白奶油蛋糕，张爱玲的注意力完全被香甜的蛋糕吸引，她可以吃上一整块，然后在嘈杂的场所里昏昏欲睡，直到下午三四点钟，佣人就会背着她回家。姨太太出现之后，家里的热闹并不比舞会上逊色，"时常有宴会，叫条子。我躲在帘子背后偷看，尤其注意同坐在一张沙发椅子上的十六七岁的两姊妹，打着齐刘海，穿着一样的玉色袄裤，雪白地偎依着，像生在一起似的。"张爱玲对双生姐妹花很是羡慕，有个与自己相同的人陪着玩闹，总好过一个人由年长的仆佣陪伴。

　　姨太太喜爱张爱玲的乖巧，每天除了带她玩儿，就是看管她跟着私塾先生读书，那份独宠的幸福无人能抢夺，此时"二次北伐"爆发，冯玉祥率领的部队直逼京津，眼看着唇齿相依的前清遗老遗少分散逃离，南下避战逃命，张廷重与姨太太商量着何去何从。姨太太却百般推脱不愿离开天津，想着这一去前途渺茫，她无论如何不愿意把自己的后半生押在这个懦弱男人身上。张廷重气不过，提起当初妻子黄逸梵带着一双儿女，义无反顾就随他北上，一个大家闺秀都没提辛苦，她一个姨太太却娇气不已，说来不过是嫖客与妓女的情意，根本经不起现实的考验。老八被张廷重揭穿了心思，拿起手边的痰盂就朝着张廷重的头上掷了过去，张廷重瞬间血流如注。危难关头张家父女才看清了老八的精明，风月场上混的女人自然八面玲珑，懂得抓住人的心理，贤淑温顺的假象，只是为了赢得张廷重和张爱玲的欢心和信任。

张氏家族容不下青楼女子，更不能允许一个撒泼耍蛮的妓女飞扬跋扈，如果说当初他们没有阻止老八进门，是因为说服不了张廷重的一意孤行，那么此刻老八的嚣张，给了他们将她驱逐出去的借口。欢场薄情，露水姻缘，过往的缠绵恩爱，在聚散离别间烟消云散。在众人眼里，"老八"这个瘦削刻薄的女人，离开了张家大宅。张爱玲在文章里叙述这样的场景："我坐在楼上的窗台上，看见大门里缓缓出来两辆塌车，都是她带走的银器家什。仆人们都说，这下可好了。"姨太太历经岁月磨砺，内心残余的一点点温暖也给了小爱玲，她可爱的笑，她乌黑的童花头，多像小时候的自己，现实将她打磨得面目可憎，却不知她的内心有多么卑微地，想讨要到哪怕少得可怜的爱意。张爱玲对她的依恋和认同，让她感受到了纯洁的情感，使她在张宅大院才得以畅快度日。也许是记忆搁置了太久，张爱玲大约模糊了与姨太太的分离，家人不允许她送姨太太最后一程，她只有孤独地爬上凳子，看着姨太太越走越远。从此以后，这个家少了一个疼她的姨太太，虽然那是一份复杂又真意莫测的情意。

送走了姨太太，迎接即将归来的母亲，日子似乎并没有任何不同，时光绕了一圈又回到了美满的四口之家。1928 年，父亲带领他们乘船前往上海，年幼的张爱玲一路上对沿途风景的清新感到好奇，像极了出笼的小鸟，叽叽喳喳在轮渡上唱歌跳舞，兴奋又开心，仿佛这艘船正开往幸福的方向，妈妈就要回到他们身边实在是美满。她躺在船舱里翻《西游记》，为里面的情节感到悲哀，那个妖魔鬼怪充斥的空间里只有沙尘和高山，而她多么幸运，能看到浩渺的大海，有清

澈的水柔柔地托着她飞翔。到达上海她坐上了马车，金色的阳光照耀
着她粉红色纱裤上的蓝色蝴蝶，小爱玲觉得自己快乐地长出了翅膀，
飞向美好的地方。先前位于康定东路的老宅，由于伯父一家人居住，
他们只好暂时搬进一栋中层人士居住的石库门房子里，虽说与天津的
豪宅大院无法相提并论，但红油壁板在小爱玲的心里也有着"一种紧
紧的朱红的快乐"，那是种忐忑的期盼，等待着母亲黄逸梵归来。从
记事起母亲的一举一动都让她记忆深刻，"我母亲立在镜子跟前，在
绿短袄上别上翡翠胸针，我在旁仰着脸看着，羡慕万分，自己简直等
不及长大"，母亲黄逸梵在女儿心目中有着神圣的偶像光芒。

张廷重和妻子黄逸梵在结婚的最初，彼此也曾试图为了靠近对
方，改变过自己的价值观。守旧的张廷重为了能追随妻子的思想，看
起了洋书，而一心向往新思想的黄逸梵却读起了唐诗。张廷重买过一
本萧伯纳所著的《心碎的屋》，以英文在扉页上题写下"天津，华北，
一九二六·三十二·三十二号路六十一号。提摩太·C.张"。无人知
晓他买这本书，以及以英文题字的原因，是不是在他无数次靠近黄逸
梵，又未能贴心贴肺的失望里，聊以寄托的爱恋？答案究竟是什么，
不得而知，而对于一个自幼苦读八股经纶，备受封建思想禁锢的遗少
来说，这样的做法令人玩味。黄逸梵教女儿读唐诗的方法，也是在以
行动让他明了她对他的认同。就连黄逸梵出国的几年中，张廷重也从
不让姨太太搬进他和黄逸梵的卧室，而是让老八住在楼下的一间空房
子里。这间阴暗杂乱的小房，没有大屋里从窗户洒进来的阳光，他躺
在榻上抽大烟，却也不忘唤女儿过来背书听，时间过去很久之后，他
最终也没让老八住进正房。这个男人无声无息地诠释着对妻子的眷
恋，以及她在他心目中的位置和在这个家里无人能及的地位。他们都

努力地爱过对方，怎奈年轻气盛又各自负气，导致两个人越走越远。

黄逸梵这次能回国重修旧好，张廷重心里万分感动，为了迎接尽释前嫌的妻子，他不惜耗费重金，搬进了宝隆花园的大洋房里。黄逸梵在生活中注重品味，喜好奢华，作为丈夫，他想尽力弥补对妻子的愧疚，望着眼前的一双儿女，张廷重幻想着童话里才会演绎的完美场景，心里充满了感动。到达上海之后，黄逸梵并没有急着与丈夫和子女会面，而是先回了娘家，傍晚时分，张廷重得知消息才将她接了回来。两个孩子早已熟睡，第二天才见到母亲，这个好强的女子，矜持婉转地维护着自己的尊严，沉默地彰显着自己的个性。黄逸梵再冷傲，也为这个家带来了空前的欢愉，那段日子，真如张廷重设想的一般。如画在纸上的美好生活，"有狗，有花，有小人书，还有妈妈"，这在张爱玲的小小心里简直是梦想中的画面。一同归国的小姑张茂渊和黄逸梵常在家中招待客人，母亲和姑姑身着仙气十足的洋装，画着时尚精致的妆容，大家聚在一起，谈论着活泼又朝气的话题。每当周末，母亲会和一位圆润的女士模仿电影里的场景，并肩坐在钢琴前弹琴唱歌，模仿恋人谈情说爱，看得张爱玲和张子静快乐地，在铺着狼皮褥子的地上打着滚，放肆地大笑。

幸福满满地膨胀起来，张爱玲从未因自家的奢华和富贵生出炫耀之心，却为了这些寻常的相处感到骄傲。妈妈的美丽，房子的温馨，多姿多彩的生活都那么使人留恋。她将这些点点滴滴，洋洋洒洒地写了三大张信来描绘叙述自己的幸福，毫不掩饰。她急不可待地分享给远在天津的好友："家里的一切我都认为是美的巅峰。蓝椅套配着旧的玫瑰红地毯，其实是不甚谐和的，然而我喜欢它，连带的也喜欢英国了，因为英格兰三个字使我想起蓝天下的小红房子，而芳兰西是微雨的青色，像浴室的瓷砖，沾着生发油的香。"她与弟弟是非常崇拜母亲的，因此她才会通过母亲亲手布置的房间，联想到她远在国外的一切。在艺术上颇有天分和造诣的黄逸梵，无形之中也激发了张爱玲的悟性。张爱玲在母亲的影响下，不仅懂得红色是绘画时背景的禁忌色，还在看到书中夹着的一朵干花时，听了母亲所讲关于花朵的故事，有所感悟，流下了泪水。为此黄逸梵欣赏地告诉儿子："你看，姐姐不是为了吃不到糖哭的。"爱读书的黄逸梵，就连上卫生间时也要读《小说月刊》。有一次读到老舍的《二马》，边看边笑着读出来，给倚在门框边的小爱玲听，虽然女儿年龄小但却懂她，从而也培养了张爱玲的艺术鉴赏力。这样难得的美好，成为奢侈的记忆，张爱玲长大后读了老舍的大量作品，始终认为《二马》要胜过其他作品，其实使她难忘的，是和母亲在一起少有的融洽相处。

黄逸梵欣慰于张爱玲对艺术的感知力，精心为女儿安排了钢琴、英文和绘画等课程，为张爱玲营造出良好的艺术氛围。张爱玲对英文和绘画产生了浓厚的兴趣，偏偏视练钢琴为"苦难"，在俄国老师来授课的时候，她常常思想抛锚，悄悄猜测他无聊的私生活，也不愿意兢兢业业学琴。思想活跃和动手能力不强，形成了鲜明对比，昭示着她今后在写作方面的天赋。虽说不喜爱弹钢琴，张爱玲却从来也不拒绝，她依旧每天享受着练琴的时光，她在文章里写："自己喜欢的不是钢琴而是那种空气"，那种流淌着音符，有母亲在一边，用心陪伴的空气里，充满了爱的氧气。

美满幸福的快乐时光，再长亦是短暂。张爱玲到了上学的年龄，父母在择校问题上各执己见，张廷重坚持延续在天津时请私塾先生，教姐弟俩念书的家庭教育方式；黄逸梵厌烦透了祖辈人都走过的狭窄老路，执意要将两个孩子送进洋派学校。争执到最后，黄逸梵领着女儿去了由美国教会创建的寄宿制黄氏小学做插班生，儿子被张廷重看守着在家继续念私塾。黄逸梵在为女儿填入学表格时，觉得"张煐"是个泯然于众生的名字，就取了女儿英文名 Eileen 的谐音，将名字改为"爱玲"。黄逸梵不仅忤逆了丈夫的决定，还擅自改了女儿的名讳，这在当时的封建社会掀起了轩然大波。颜面扫地的张廷重，一扫先前刻意做小伏低的模样，暴跳如雷地恢复了从前专横的坏脾气。

可怜了儿子张子静，在父亲的阻挠下，只能窝在家里诵读四书五经，反反复复将"书经"读到烂熟才进了学校。在支付学杂费的问题上，他们的父亲张廷重吸着鸦片，幽幽叹息："连弄堂小学都苛捐杂税的，买手工纸那么贵。"毒品腐蚀了一个父亲的尊严，张廷重在儿女眼中变成了烟鬼，连个恶魔都不如。染上毒瘾又过度注射吗啡，张廷重在张爱玲的笔下如此不堪："他独自坐在阳台上，颈上搭着一块湿毛巾，两眼直视，檐前挂下了牛筋绳索那样的粗而白的雨。哗哗下着雨，听不清他嘴里喃喃说些什么，我很害怕了。"张廷重开始不拿生活费来支撑整个家庭的开销，害得黄逸梵不得不拿出私房钱来供养全家人。张廷重心里如明镜一般，这样下去，妻子迟早会离家出走，他不过是想逼她花光所有的钱，到那时，无论妻子的思想还有多少触角，都会变得举步维艰。

聪明的黄逸梵当然看得透丈夫的动机，她常常愤怒地与张廷重激烈争吵，吓得仆佣慌乱间赶忙把张爱玲和张子静拉到一边。两个孩子大气都不敢出，提心吊胆地在阳台上，不停地踩着小脚踏车，似乎想要快快逃开这一切的不快，去往平静地带。黄逸梵站在原地，心却比她的孩子们跑得更快，她在绝望的深渊里挣扎着，离婚的念头充斥着脑海。雷厉风行的黄逸梵随即请来了国外的律师，与张廷重当面锣对面鼓地协商离婚事宜。事情恶化到这一步，是张廷重始料未及的，他像一个穷途末路的赌徒，赌光了仅剩的亲情资本，露出了懦弱本性，手足无措地在屋子里低头踱步，他是极想走出这间屋子，暂时躲避一下眼前无法收拾的局面的。然而这世间没有太多的回头路可走，不懂珍惜的人，走到山穷水尽连出口也会被封死。

张廷重成了热锅上的蚂蚁，妄想在脚下发现几字天机，来挽救这场濒临溃散的情感。小爱玲年龄虽小，却早看遍了人间冷暖。聚合离散在她的眼里已成了自然而然的事情。经历过浮华，也走过沧桑，世事无常，须臾都会成为过往，她后来笔触坦然地写："虽然他们没有征求我的意见，我是表示赞成的，心里自然也惆怅，因为那红的蓝的家无法维持下去了。"她是在文中暗喻过的，"蓝椅套"清新美丽的母亲和"旧的玫瑰红地毯"的萎靡父亲"是不甚和谐的"，然而"我喜欢它"。黄逸梵刚归国的那段幸福美满的时光，在张爱玲一生中是铭心刻骨的，母女间少有的朝夕相处，带着无法抹灭的温暖，深深地印在她的心上。"红的蓝的家"这种鲜艳浓烈的底色，成了张爱玲眷恋的色彩。后来，胡兰成在《今生今世》里描述初次拜访张爱玲的感受："她房里竟是华贵到使我不安，那陈设与家具原简单，亦不见得很值钱，但竟是无价的，一种现代的新鲜明亮几乎是带刺激性。"这样的房间带着不可冒犯的苍凉，一如童年时的那幢老洋房，成为呵护张爱玲最温暖的铠甲，留不住俗世间的美满，就小心翼翼将恋恋不舍，永远留在心里最深处。

张廷重和黄逸梵夫妇最终还是劳燕分飞。办理离婚手续的那一天，张廷重自知无可挽回，手里的笔提起来却不忍签字，哀叹悲吁无法自已。法虽无情人却有意，律师先生见状再次征求黄逸梵的意见，提醒她谨慎抉择，黄逸梵头也不抬地答复道：我心已如木头一块。张廷重听后心潮涌动，她屡次退步已是退到无路可退，不如海阔天空，放各自一条生路，从此以后彼此不再纠缠。他泫然签下名字，这段旧式婚姻以新式方法画上句号。两个孩子的监护权归父亲张廷重所有，黄逸梵提出了她放不下的唯一一条要求，女儿张爱玲今后的择校问题，必须要经母亲同意。从此，一个旧式男子，柳宿花眠，闲逸安然，无所顾忌地做着他的遗少；一个现代女性，与进步人士为友，追逐理想，勇敢地去做一个新式的独立女性。命运的延伸，再也不会使两个缘尽的人有所交集，这段婚姻的结束也是新旧时代动荡交替促使的结局。

离婚之后，同黄逸梵一同搬出去的，还有张宅的大小姐张茂渊。姑嫂两个，大张旗鼓地搬进了陕西南路上的白尔登公寓。宽敞明亮的大套房，经由她们的布置，使张爱玲在成长的过程中，初次体会到"声色犬马"。她们又买了一部白色汽车，雇来白俄司机，逍遥快活地到处兜风，还请了一位精通法国菜的外国厨子，经常在家里举办聚会，把日子过得风生水起。在母亲这里，张爱玲每天都能见到许多形形色色、有趣的人们，精神享受和物质享受都鲜活明媚，即便是地上粘贴的瓷砖、浴室里的浴盆，和日常使用的煤气炉子，都让她感到满足。偶尔回到父亲家，走进烟雾缭绕的房间，看到胡乱摊放的小报，和抑扬顿挫教弟弟读《汉高祖论》的迂腐先生，都使她感到窒息。张爱玲只能硬着头皮，低眉顺眼地立在父亲榻前，听他训话完毕，最后在一屋子亲朋好友的谈笑声中跑出门。

　　奢华洋派的生活，和两位最亲近的女人示范出的楷模人生，再一次影响了张爱玲的人生观。暂时寄居在母亲身边的张爱玲，"时刻感到我不该拖累了她们"。因为两个崇尚国外风范的女子，虽然为了以后的日子也尝试过投资，最后却总是以失败告终。她们的生活，面临着坐吃山空的危险，两人当初张扬欢畅的神情，闪过几丝忧虑。母亲黄逸梵果断决定前往法国留学，想换一个新的环境，去寻求自己想要的生活，临行前她去学校看望张爱玲，母女俩互相告别，就像明天依旧能看见对方一样。挽留或难过的情绪，都被张爱玲紧张地搦在掌心里，她那双漠然的眼睛，依依不舍地望着母亲走出校门，眼泪随着关闭的红色铁门哗然而下。所有的经历都会使人成长，无论最后定型为哪一种性格，都是自然而然的事情，习惯了分离，就会觉得一个人往前走是种常态，在乱世里体会过不同的感受，张爱玲小小年纪就学会了将喜怒哀乐都转换为坚强。以至于她的一生，对任何事情和情感的漠然，都令人疑惑猜测。殊不知，张爱玲在幼时就已修炼成风轻云淡的心态，既然要来的早晚要来，不如看淡。走好眼前的路，才是当下最好的生活。

第四章

青荷·无爱之殇

　　黄逸梵真的走了，彻底地离开了他们的四口之家。没有了黄逸梵，所有的家庭幸福都成了空中楼阁，偌大的空间，依旧残留着黄逸梵的气息。黯然神伤中，张廷重带着儿女再一次移居到了康乐村10号。这段时期，颓废的张廷重毒瘾加重，鸦片已不足以慰藉失意，还专门雇用了装烟和打吗啡的男仆。日复一日地过量注射，导致他的身上遍布针孔，伤口结了痂又重新被扎上新的伤痕，直到他瘦成一把干柴，虚弱到神情恍惚。留在国内的妹妹张茂渊得知消息后，把哥哥张廷重送进了中西疗养院，这个败家遗少开始了为期三个月的戒毒治疗。重金请来的法国医生专业细致地定期清洗他体内的吗啡毒素，配合电疗按摩手足，张廷重才渐渐恢复了生气。可是，他依赖现代科技虽抵挡住了吗啡的毒害，却仍禁不住鸦片的诱惑，每日里照旧吞云吐雾，好在出院回到家后，少了与前妻的唇枪舌剑，张廷重的脾气终究是好了些。天气晴好的日子，张廷重会偶尔带着女儿，到南京路上喝咖啡。遇见往昔相熟的人，他骨子里的优越感在无形中又冒了出来，侃侃而谈中，他还是那个家世显赫的少爷，仿佛经历的所有悲欢离合都成了前尘往事。

日常往复，一切并没有因为变故而停滞不前。母亲尽管已经不在身边，张爱玲的钢琴课却从没落下，她的内心深处保留着对母亲的依恋。每次去女老师家上课，张爱玲都不敢直视前来开门的老师的丈夫，内向害羞的她从眼角的余光里，恍惚看到他模糊惨白的皮肤，只有和老师在一起学琴的时候，她才恢复活泼。钢琴老师有着母亲般的笑容，亲切又温暖，并不像母亲那样严厉，时常以外国人热烈夸张的语言和动作来表示对张爱玲的喜爱，毫不吝啬地夸奖她勤奋好学。张爱玲矜持地微笑着，接受了老师带着咸湿口水的热吻，再悄悄地在她不注意的时候，用手绢擦掉那个位置的印记。虽母亲对她没有过这般亲昵的举动，但张爱玲还是固执地拒绝了这份热情，她最喜爱看老师演奏，那份投入专注的神情，和白皙皮肤上的金色绒毛，都散发着母性的光辉。张爱玲万分留恋钢琴带给她的欢乐。黑白琴键上，跳跃着母亲独有的韵味和气息，那是一条无形的时光隧道，能让她沿着母亲的轨迹去往璀璨美好的未来，那里是有着光芒四射的希望。每次练琴时，张爱玲都要将手洗干净，在她心里甚至不允许关于母亲的纯净被任何东西污染。只要回到家里，她都会用鹦哥绿的绒布，轻轻擦拭琴键，心里默默地告诉自己，某一天，母亲还会突然间回来，那时，她必须以最好的状态迎接母亲的赞许。

然而好景总是不长，黄逸梵的离去也截断了张爱玲的学琴之路，每逢她伸手问父亲要学费，都会受到张廷重长时间的冷漠回应，她只好追着父亲再三去讨要，张廷重似乎察觉到女儿的心态，他无法容忍黄逸梵影射到女儿的方方面面，沉陷在鸦片云雾里的张廷重，终于不再迁就女儿的渴盼，以默然无语对抗。张爱玲的弹钢琴生涯就此被烟圈画上虚无的句号，就像她只是做了一场关于钢琴的梦，叮咚流淌的音符在斑斓的光阴里，散落尘埃。

关于母亲黄逸梵的种种事迹，张爱玲都熟记于心。黄逸梵爱好油画，为了学得出色，便搬去与徐悲鸿和蒋碧薇住在同一栋楼里。她痴迷设计手袋和皮鞋，又漂洋过海从马来西亚运回一大箱蛇皮，悬挂在窗边欣赏，吓得大家心惊胆战，她却兀自欣喜不已。尽管她天生肺活量很小，却钟爱唱歌，诵读诗句，细柔低弱的声调如浅吟低唱，依然乐此不疲。她对生活的品味尤其注重。身处兵荒马乱的时代，也能从红尘烟火里淘出小宅，将它修饰成时尚别致的空间。婚姻的束缚，对黄逸梵来说，是种不幸的遭遇，她也许不能称之为好妻子、好母亲，但她在艺术方面的极高造诣，却在无形中影响了张爱玲。

张爱玲终于从黄氏小学毕业，遵循母亲黄逸梵的意愿，升入玛利亚女中就读，它与圣约翰青年学校、桃坞中学，同为美国圣公会设立的，大学预科性质的学校，有着五十多年的历史蕴含。能进入这所学校，也就是预示着已经推开了国外名牌大学的门扉，林语堂先生就是由该校保送到美国读书的。在更多新思想的冲击下，本就精灵古怪的少女产生了更多的想法：我要比林语堂还出风头；我还要穿最别致的衣服，周游世界；在上海有自己的房子，过一种干脆利落的生活。热爱绘画的张爱玲，还希望能继续学画卡通画，有一天前往英国深造，沿着母亲的轨迹一路飞翔，去过不同于老旧家族的精彩生活。这时候的她，画得一手好铅笔画，但她最大的爱好还是看书，《红楼梦》《广陵潮》《泪珠缘》《日出》等都是她的手边书。一个进入洋学堂的女孩，对国学如此钟爱，在学生中本就有些引人注目，张爱玲沉浸在文学海洋里，隔绝了所有的喧嚣，一心只读书，她不闻琐碎事，更不在意别人的目光。

　　周末回家，张爱玲有时也会和弟弟坐在一起听私塾先生读《海上花列传》。先生卖力地捏着嗓子，故意加重文中妓女们的对白，逗得姐弟俩捧腹大笑，闹成一团。这个家因了孩子们的笑声，一扫往日的死气沉沉。母亲黄逸梵为这个家带来过清新的女性气息，又一阵风似的消失，她的秉性也留给了女儿。张爱玲并没有因为母亲的再次离去而郁郁寡欢，她反而觉得自己成为这个家中的中流砥柱。

　　张爱玲说："我自己就是离婚的人的小孩，我可以告诉你，我小时候并不比其他的小孩特别不快乐。而且你即使样样都顾虑到小孩的快乐，他长大的时候或许也有许多别的缘故是他不快乐的。"人本来就是孤独的个体，父母将你带到这个世界上，虽然血脉相连，但他们拥有各自的自由，并不应该因孩子而失去自我。尤其是在这样一个贵族家庭中，张廷重和黄逸梵作为一家之主，有足够的财富呼奴唤婢，孩子的吃喝用度更是奢侈华丽。他们监督呵护着儿女长大，在大事小情上，适当给予指引，便可算得上最成功的父母。

　　张爱玲含着金汤匙出生，祖上福荫丰厚，她从小就享受着超于常人的富贵生活。住洋房，坐汽车，练钢琴，有专属的家庭教师，可以时常观看卡通电影，就连上厕所享用的也是抽水马桶。无论从当时，还是就现在而言，都是超越一般家庭的优异条件。在她多姿多彩的生活中，有那么多新奇美妙的玩物吸引着她，父母的疼爱有时反而是一种变相的管制。其实，也只有在温馨不再，争吵迭起的情况下，她幼小敏感的心才会渴望关爱。父母的隔阂，间接地影响到她安享美好生活，物质上和精神上的丰足，才是她幸福快乐的源泉。父母的婚姻解体后，母亲远赴国外，她留在父亲身边，有书可读，节假日时还可以跟着父亲到外面消遣，享用只有上流社会才有能力享用的西餐中点，这样的生活有着另一种无可言喻的安逸和满足。

张爱玲毕竟是个文学天才，因此她最感兴趣的还是书籍。张爱玲从小受到书香熏陶，八岁左右就读了大量章回体小说，她隐隐感到那些旧小说里描写的世界，和她的显赫家世似乎有着类同的命运。更多的时候，她喜欢钻进父亲的书房翻书看，十二岁那年，张爱玲开始狂读《红楼梦》，古文功底深厚的父亲，担任了女儿的启蒙老师。这位清朝遗少从小就接受旧时文化教养，又擅长吟诗作赋，后又任职过铁路局英文秘书，家学渊源使然，张爱玲在文学方面显露的超人才能，使他感到无上荣光。读《红楼梦》的过程中，才十几岁的张爱玲看到80回以后，竟觉得"天日无光，百般无味！"世人读红楼，皆无从辨别伪续，唯有这个豆蔻少女，以八个字道出真谛，并下笔戏作《摩登红楼梦》。张廷重对女儿的定论惊讶又欣喜，提起笔为她拟写回目。"沧桑变幻宝黛住层楼，鸡犬升仙贾琏膺景命""弭讼端覆云翻雨，赛时装嗔莺叱燕""收放心浪子别闺闱，假虔诚情郎参教典""萍梗天涯有情成眷属，凄凉泉路同命作鸳鸯""音问浮沉良朋空洒泪，波光骀荡情侣共嬉春""陷阱设康衢娇娃蹈险，骊歌惊别梦游子伤怀"……父女联袂，文字如花静静地绽放，常年雾霾笼罩的张宅，也变得温馨明亮起来。

　　张爱玲也曾私下里一页页翻看祖父遗留下的集子，后来她在文中记述道："典故既多，人名无数，书信又都是些家常话。几套线装书看得头昏脑涨。"对于祖上遥远又辉煌的光环，张爱玲是好奇又敬畏的。祖父在政治上的修为，与时代息息相关，毁誉参半也好，辱国丧权也罢，她从文字脉络和平生事迹里，感受到了祖父的铮铮铁骨。张爱玲的血脉里流着祖父的血，她能感知他是个"真人"，即便无缘一见，她也相信祖父是祖母口中那个"好人"。是非论断只是世人评说，她和他之间的亲情连接，自有祖孙间的心灵相通。贾府的家族命运让张爱玲不觉间就与张氏家族命运联系了起来，产生出一种书写出来的愿望。张爱玲沉迷于《红楼梦》中，每一次的深入都能读出不同的感悟，日益精进了她的写作能力。

　　博尔赫斯说："如果有天堂，那里应该是图书馆的模样。"对于张爱玲来说，那所红墙围绕的圣玛利亚女校里，白玉兰的清香萦绕着她的青春，明媚朝气的校园，就是她心目中最美的天堂。进入这所贵族学校就读的，大多是上流社会的女性，家人希望通过西洋教育，将她们的女儿培养成优雅古典，集中外文艺气质于一身的淑女。毕业后，这些女学生大多都会具备高超的交际能力，有的通过名人云集的场合，结识成功人士做起太太；有的选择出国深造，利用这个难得的机会，继续享受青春。于是，在这所女校里出现了奇特现象：一群身着旗袍的中国女学生，相互间以流利的外语沟通，中文能力却极其薄弱，以至于有的人写请假条时，也不能准确表达中心思想："某某某因病故请假一天。"这则令人哭笑不得的故事，如果让那些清朝遗老们听到，愤慨之余，多半会悲叹到涕泪横流。两个时代重叠交替，也相应造就出圣玛利亚女校特殊的新女性。

学校里虽然以外国教授居多，但也设立了中文科目。初中部聘请来的师范学院毕业的女教师，温婉知性，使人耳目一新，听课时也觉得如沐春风；高中部的学生们，则由前清科举出身的老学究授课。上课时，大多学习一些命题作文，无非是些老生常谈的"说立志""论知耻"，老先生讲课颇有一套，只见他立在讲台上背手仰头，抑扬顿挫地讲："做文章，开头一定要好，起头起得好，方才能抓住读者的注意力。结尾一定也要好，收得好，方才有回味。"这些理论性的东西，同学们只能通过实践慢慢悟懂，一个个点着头表示认同，趁大家还正在思索，先生仍不失时机地教诲："中间一定也要好……"，同学们再也忍不住哄堂大笑起来。说来说去，做文章就是左也要好，右也要好，处处都要好，原本一个"好"字就能概括的中心思想，偏要啰唆繁复地讲说，也真正称得上老学究了。民国是个奇妙的年代，中西方文化在校园里相互碰撞，又莫名融洽，这样的学海畅游，别有趣味。

洒满阳光的校园，是张爱玲的欢乐场，别的女生都不适应寄宿生活，她却喜欢这里的自由空气，可以让她把那个昏沉阴郁的家暂且抛到脑后。在这里遇见了文学道路上第一位导师和伯乐，她的国文老师汪宏声。这位开明的老师，有别于迂腐陈旧的老学究，他的教学方式新颖有趣，不教大家八股文，而是积极地将新的理念灌输到青年中去，大刀阔斧地调整课程，建议学校为同学们购进大量新文学书籍，鼓励大家加强课外阅读。汪宏声先生上的第一节课让张爱玲记忆犹新：他龙飞凤舞地在黑板上写下"学艺叙""幕前人语"两个标题，然后就题目，简单为大家讲解了其中的含义："学艺叙"就是把平时学习绘画、钢琴或舞蹈等艺术科目时的感受和所见所闻记录下来；"幕前人语"顾名思义就是写影评，观看影片后写出感想，不必拘泥格式、体裁和写法，直抒胸臆。讲解完毕后，先生要求大家按照他的要求，写文上交。

写惯了枯燥刻板的文体，忽然给予随意发挥的空间，学生们兴致勃勃地讨论再三，开始下笔。大家都认为，写生活中每天都经历的事情，必定手到擒来，谁知道要想以文字完整呈现，并不是件容易的事情，一时之间无法掌控。无病呻吟的八股文，可以堆积辞藻来凑数，可这些日常写照却如素描，随便画几道线条根本不具备完整性，线条过密没有章法，又乱成一团糟。写来写去的一大堆作业，令先生感到万分失望，当批阅到一篇名为《看云》的文章时，汪宏声立即被吸引住了。纸页上的文字清丽流畅，不加雕琢却精炼，华丽张扬又旖旎动人，从首至尾如行云流水，读罢仍让人觉得意犹未尽。一时之间，张爱玲的名字脱颖而出，发放作业时，先生点到了她的名字，张爱玲从最后一排站起来，立在花枝招展的女子中，整个人散发出清冷孤傲的气息。像是看尽了世间繁华，镇静得与年龄不符，身量瘦削平常，却又显得与众不同。

汪宏声当众读了一遍《看云》，并说道：写文章就要学习张爱玲的思维，融合真挚情感，脱离条框束缚，写出自己独特的风格，天马行空却恰到好处，才称得上真挚的好文章。先生的赞许之意溢于言表，在大家欣羡的眼光中，张爱玲脸上并没有微笑浮现，而是夹杂着几分不自然。正如对她文字的评价一般："文章还是绚烂瑰丽的文章，但总是缺少热情。"在这所贵族云集的学校里，家世逐渐没落的她，是个蹩脚的落难公主，在光彩照人的同学中间，只是个毫不起眼的学生，张爱玲只想通过自强不息，来证明自己的优秀。早在小学时，她的短篇小说《不幸的她》就已刊登在校刊《凤藻》上，之后还陆续以英文撰写了《牧羊者素描》和《心愿》等作品。《不幸的她》描写的是一位热爱自由的女孩，为了追求四处漂泊，与其说是她虚构的一个故事；不如说是她在家族中的特殊经历，形成了超出同龄人的成熟心态。张爱玲知道，唯有通过知识才能改变命运。当别人还在懵懂迷茫的时候，她早已开始谋划未来。

母亲的归去来兮，让年纪尚小的张爱玲明白，还有一种生活叫作远方，那是一个人也可以前往的地方。她还写了一篇关于母亲的文章《迟暮》，天生的艺术敏锐感使她的眼光不再简单地停留在黄逸梵妖娆的外表和独立坚韧的性格上面，而是捕捉到了她内心的孤独和无助。通篇文字隐隐有悲凉四散，"黄卷青灯，美人迟暮，千古一辙"的字语，似无可奈何花落去的叹息。后来，张爱玲亦在《爱憎表》里写过一段关于母亲的往事："'你反正什么都是何干——她要是死了？当然，她死了还有我'，她说到这里声音一低，又清又快，几乎听不见，下句又如常：'我要是死了呢？人都是要死的。'她看着饭桌上的一瓶花。'这花今天开着，明天就要谢了。人也说老就老，今天还在这里，明天知道怎样？'"黄逸梵不仅影响了张爱玲的审美，也练就了她及时行乐，活在当下的从容心态。张爱玲最经典的一句"出名要趁早"与她的经历感受不无关系。

　　汪宏声还在课外积极组织创建了"国光会"，并同步出版 32 开的《国光》小型杂志，他鼓励同学们在课余时间能多读书，要做一个有思想、有文化的新时代女性，而不是将大好光阴耗费在无谓的交际上。在文学方面本就天赋极高的张爱玲，在汪宏声营造出的氛围内，写出的文章又有了进一步的提升。有一次，汪先生在课堂上为大家推荐了历史小说《项羽本纪》，受到启发的张爱玲一挥而就，写下《霸王别姬》刊登在《国光》杂志上，又在校园里掀起一阵赞赏热潮。汪宏声更是赞许有加，认为张爱玲的这篇作品与郭沫若的《楚霸王之死》各有千秋，不分伯仲。在张爱玲写就的《霸王别姬》中，虞姬并非只是个为爱而殉情的宠妃，她有着独立的思想。文中，张爱玲通过大量的心理独白，将虞姬的一生一一剖析。成功或许是最完美的结局，到那时项羽将会拥更多的虞姬在怀，与他生死与共过后，她不过得到个"贵人"称号，幽怨地守着昭华殿，领略窗外的月色花香和满室的悠长寂寞。待到年华老去，她这个附庸者再也反射不出王的光辉，直到老去，她的最高称谓充其量只是个"端淑贵妃"或"贤穆贵妃"的谥号。然后，永远葬身于一樽冷冰冰的沉香木棺椁，再有三四个殉葬的奴隶陪着，她的一生就这样，在别人眼中的风光里华丽谢幕。男权争霸女人成为胜者的战利品，乃至于天下存亡都和虞姬无关，而作为一个封建社会的女人，项羽就是她的万里河山，就是她的天与地。他的忧愁使她深受切肤之痛，江山易主的失败不会摧毁虞姬；而失去项羽的专宠，将会使她万劫不复。虞姬望最后一眼心爱的男人，怆然自刎，以我之死换你了无牵挂，愿富贵荣华永生为王，锦绣良辰仍有伊人陪伴。从张爱玲从这篇文章的构思角度和创作上，凸显出旧时代女性的悲惨命运，以及身处封建社会的徒劳挣扎和无可奈何的命运。在无法撼动的有限条件下，虞姬唯有以死来寻求解脱。张爱玲也是在暗喻警醒处于新旧时代罅隙之中的女性们，一定要勇敢追寻自己的未来，避免走向愚忠的祭奠台。

天才少女的优势就在于，并不勤奋却下笔如有神助，张爱玲有更多的功课要做，还有许多未读的书要读，即便如此，她的成绩在学校仍名列前茅。张爱玲比较懒散，健忘，就连《霸王别姬》也是在先生的催促下才完成的。也是多年来被仆佣照顾惯了，也或许她除了读书，脑子里从不思考现实的事情，就生出一个健忘的毛病来。不是忘了将鞋子摆进柜子里，就是忘记交作业，"我忘了"成了她的口头禅。有时候稿子被先生催急了，她也面无愠色，一脸无辜地以"我忘了"交付给汪宏声。教会学校的规章制度格外严谨，宿舍均有每个学生放鞋的柜子，脱下后必须随时放进柜子，不准随意摆放。舍监查寝时，经常会将一双旧皮鞋拎出来，放在走廊上公然示众，那双鞋的主人正是张爱玲。面对同学们投过来的眼光，张爱玲的反应坦然到迟钝，木然又从容地拿回去，仍丢下一句："哎呀，我忘了！"语气平缓未含自我检讨的意思，面对女同学叽叽喳喳的议论，她更做不出嗲嗲撒娇的惊呼。

一双鞋的展示，不啻将她的家庭状况公之于众，但她的脸上并未显露羞愤交加的神色，现实生活中的各种经历，已然让她学会淡然应对。懒散随意，不是一个淑女该具备的特点，在这所以培育淑女闻名的学校里，她是个无法融入的另类。成绩门门优异的张爱玲，令老师不忍责备，她写出的珠玑文字，更是赢得师生们的交口称赞。不久后，张爱玲又因两首未署名的打油诗引起了前所未有的轰动，游戏之作纯粹出于童心未泯的俏皮，风趣幽默的笔调，让汪宏声读到了另一种文风的精彩，遂不假思索就刊登上了杂志。却不料，被作为笑谈的其中一位老师，不能容忍学生的忤逆，将事情反映到了校长办公室。这种情况在校规森严的圣玛丽亚史无前例，校长虽然爱惜这个才华横溢的女学生，但面对怒气冲冲的下属又无法交代，只好招来汪宏声和几位编者，给出三种解决方式供张爱玲选择：向两位老师道歉，或停办《国光》杂志，最令人心惊胆战的方法，也就是不允许张爱玲毕业。最后在汪宏声先生的周旋和开导下，那位告状的老师并没有将这件事计较到底，毕竟是个孩子，如果太过认真，也显得为师者缺乏应有的气量。

这些有惊无险的小插曲，都是张爱玲随性的才华显现。在女校里，亦有位才气斐然的女学生张如瑾，与张爱玲在圣玛利亚女校都是有名的才女，但两人在文学上的偏爱各有不同。张爱玲觉得张资平的文字浮夸造作，张如瑾嫌张恨水不甚入流，两个人常常讨论到，想来一场"华山论剑"，才能决断胜负。张爱玲认为张资平的文章总是差一口气，鸳鸯蝴蝶派只有张恨水的作品，才够得上水平。每个人珍爱的，都觉得在这世上无可方物。女孩与女孩间的面红耳赤，亦是惺惺相惜的表达，若对方是一个无知的人，怕是连斗嘴的想法都没有。张如瑾写了一部名为《若馨》的长篇小说，因乱世纷扰，虽经过汪宏声先生出面联系也没能出版，张如瑾就自费印刷了一批，赠给学校的师友们留作纪念。张爱玲读后，毫不掩饰对她的欣赏："这是一个具有轻倩美丽的风格的爱情故事。"她们之间的友谊是温情又纯粹的，午后时，两个人散步在林荫小道，畅聊文字和理想的时光，使人难忘，张如瑾喜爱冰心写的诗歌、散文、小说类作品，希望有一天能以那样的文风写下去，张爱玲则比较钟情于林语堂的文章，然而，这个文笔美好又写作勤奋的女子，毕业后就嫁为人妇，安心做起家庭主妇，再没有用心去写过文字。对此，张爱玲在毕业年刊一栏中写道："最恨一个有才华的女子突然结了婚。"十七岁的少女说出如此惊人的话语，令师生们又是一番惊奇，更令汪宏声老师心惊不已，他后来在《记张爱玲》里叹道："爱玲是有天才的，我希望她暂时——我只好希望暂时——不结婚！"张爱玲的怅叹里，有母亲婚姻不幸的前车之鉴，也有眼前无可奈何的惜才之心。她在心里，已经坚定了未来：在文字的路上，定要谱写出属于自己的独一无二。至于结婚，是件再遥远不过的事情。张如瑾曾和她玩笑着说过的话，言犹在耳："你的愿望简直是一串糖葫芦！"张如瑾放弃了甜甜酸酸、热烈美好的追逐，走进了相夫教子的"少奶奶"现实里。

　　她与她在精神的世界里同爱文字，在生活中却各有抉择。

第五章

玉痕·雕琢疼痛

　　1933年，房地产行业猛然掀起高潮，也相应扭转了张廷重的困境，重新有了与亲戚好友走动的资本。有人推荐他去日商住友银行，给在华买办孙景阳做助手，因他曾任职过英文秘书，处理起商业文件倒也得心应手。上司孙景阳是民国总统孙宝琦的儿子，孙宝琦有5个老婆，24个子女，民间盛传有"孙家的女儿大家抢"之说，但他的七女儿孙用蕃三十六岁仍待字闺中。这位庶出的七公主，经人介绍给了张廷重，她与张廷重都有爱抽鸦片的癖好，彼此身上的颓废迷醉颇有几分吻合。彼时的张爱玲，已是亭亭玉立的14岁少女，一个夏日的傍晚回家过周末，她去看望姑姑，却在阳台温热的风里听到了使她打起寒战的消息：父亲近日将要再婚。母亲的离去，父亲的不思进取，和她遭受过的责骂、委屈都不足以令她畏惧，而这一刻窗外的万家灯火，闪烁着利箭一般的光束，刺伤了她的心，泪水再也无法抑制。曾几何时，她早已将自己视为这个家的女主人，如今却将有另外一个陌生女人来强行替代她的位置。

　　张爱玲在《私语》中写道："我只有一个迫切的感觉：无论如何

不能让这件事发生。如果那女人就在眼前，扶在栏杆上，我必定把她从阳台上推下去，一了百了。"生活不尽如人意，却还能凑合前行，四年转眼过去，一个叫作孙用蕃的女人打破了父子三人之间的温馨静好。订婚仪式举行得极为隆重，热闹喧哗的宴会上，孙用蕃看到一双儿女和姑姑张茂渊站在一群亲戚的身边，堆满一脸的默然凝重，赤裸裸地彰显出对继母的无声抵触。总统的未婚女儿下嫁，本就让人觉得高不成低不就，如果一进门，就要看小丫头的脸色，滋味非但不好受，而且任由这样发展下去，继母的地位势必无法顺利奠定。孙用蕃是个精明厉害的女人，故意从家里带来许多自己年轻时的旧衣服，送给张爱玲穿。表面看似嘘寒问暖，实则却对敏感的张爱玲造成了伤害。这个心胸狭隘的女人，蛮横地给张爱玲来了个下马威。张爱玲当然也清楚她的用心，却迫于父亲的威吓，无法拒绝，她写道：穿着孙用蕃的旧棉袍，"简直就像浑身都生了冻疮。冬天已经过去了，还留着冻疮的疤"。只能恨恨地在心里鄙夷："给我穿你的旧衣服？还不如姨奶奶老八！"

　　家里的女主人从黄逸梵开始，也曾短暂停留过老八的身影，而今孙用蕃的到来不同往常。她独断专行地辞去张宅的老家人，把从娘家带来的佣人安插在自己身边，又全权控制了家中的经济大权，至此，家中的大事小情，都要从她的手中过滤一遍。碍着张爱玲的舅舅离居所太近的缘故，这个满心诡计的女人，挑唆丈夫张廷重重新搬家。他们住进了位于麦德赫司脱路和买根路转角上的豪宅，然而这所张爱玲出生时就在居住的老宅，已经划到伯父名下。大到奢侈的别墅仅佣人房就有20多间，如今只搬进一家四口居住，实在是既昂贵又浪费，但在孙用蕃眼里，也只有这样的排场才匹配得上她这个总统千金。重新回到原地，感受到熟悉的氛围，张爱玲像陷进了往事。她在文字里所表达的心情毫无生气："（父亲与后母结婚之后）我们家搬到一所民初式样的老洋房里去，本是自己的产业，我就是在那房子里生的，房屋里有我们家太多的回忆，像重重叠叠的照片，整个的空气有点模糊。有太阳的地方使人瞌睡，阴暗的地方有古墓的阴凉。房屋的青黑的心子里是清醒的，有它自己的一个怪异的世界。而在阴暗交界的边缘，看得见阳光，听得见电车的铃与大减价的布点里一遍又一遍捶打着'苏三不要哭'，在那阳光里只有昏睡……父亲的房间里永远是下午，在那里坐久了便觉得沉下去，沉下去。"

　　面对无可抉择的处境，张爱玲学会了逃避，周末回家，她也把所有的时间都安排得满满的。家里的烟榻上，躺着张廷重和孙用蕃，他们像一个战壕里生死相随的亲密战友，各持一杆大烟枪，吞云吐雾。对孙用蕃素无好感的张爱玲无意间发现孙用蕃的床头上竟悬挂着陆小曼的油画，这才得知，她与这位才女还是很要好的朋友。自己作的一篇《后母的心》，继母也认真地读过，看完后极为感动张爱玲对她的理解，自此后每逢家里有客人来，孙用蕃都会将这篇作文拿出来供大家浏览，并开心地夸奖她是个才华横溢的乖孩子。张爱玲依旧默然，孙用蕃通过这样来彰显她作为继母的善良贤淑。写来练笔的文字，意外得到继母的赏识，她们之间的母女情缓和了几分。张廷重也为张爱玲的巧言令色感到欣慰。

　　在这个家里，弟弟张子静的处境则有所不同。有一次放假回家小住，张爱玲惊觉弟弟清瘦了许多，穿着不干净的老旧蓝布衫，在偷看租来的艳俗连环画。在继母的管教下，弟弟表面上胆小温顺，暗地里却逃学，还做出许多叛逆的事情，整天疯跑不着家。张爱玲心痛弟弟的堕落，生怕有一天会像父亲那般无可救药，想及时纠正他的坏思想，可是，已经长大的张子静根本听不进去。一天全家人围坐进餐，父亲因琐碎的鸡毛蒜皮之事，就给了弟弟一巴掌，张爱玲心疼地强忍眼泪，头差点低到碗里去，孙用蕃捕捉到继女的反应，冷冷地嘲笑："咦，你哭什么？又不是打你！你瞧，他没哭，你倒哭了！啧啧！"张爱玲丢下碗，冲到隔壁的浴室里去，闩上了门，无声地抽噎着。她立在镜子面前，看着自己挚动的脸，眼泪滔滔流下来，像电影里的特写。她咬着牙说："我要报仇。有一天我要报仇。"如果母亲还在这个家，她和弟弟的境遇也许就会不同。对于母亲，张爱玲始终没有怨恨，她甚至觉得离开反而是种解脱，母亲是她向往的自由女神化身。事实上到了后来，张爱玲并没有痛恨继母，只是那些煎熬，抹杀了她对父亲的爱恋。

　　一切的不堪，都被隔离在文字的世界之外，命运随手涂鸦，却染不黑天才少女的内心。浸润在书香里的童年，徜徉在学海中的少年，和即将迎接的青年始终清澈纯净，生活中的阴霾，似乎只是成长必经的迷幻烟幕，这样的经历也成就了张爱玲的写作特点。1937 年，张爱玲中学毕业了。典礼上，同时有四个人到场，一方是父亲和继母，另一方是母亲和姑姑，黄逸梵这次回国带回了自己的美国男友，她美得更加有风韵，如漂洋过海来看张爱玲的超级偶像。张爱玲更加珍惜自己获得的毕业证书，看着同学们的喜悦安足，她内心的感受截然不同，出国留学才是张爱玲的梦想，这也是她一直以来的夙愿。张爱玲的母亲黄逸梵是无比支持她这个决定的；父亲张廷重的反对在张爱玲的意料之中。但她没有想到父亲会偏激地认为，她是受了母亲蛊惑，要去走她的老路。想想有朝一日，她们母女会在国外团聚，张廷重彻底失去理智，绝情地警告张爱玲："小心打断你的腿。"继母自然不肯放过这个借题发挥的好机会，毕业典礼上，看到张廷重知性美丽的前妻，她这个沉迷鸦片的总统千金顿显萎靡，可耻的嫉妒让她心里生出熊熊火焰。极度的心理不平衡总要找碴发泄出去才好。孙用蕃指着张爱玲的鼻子讥讽："你母亲离了婚还要干涉你们家的事。既然放不下这里，为什么不回来？可惜迟了一步，回来只好做姨太太！"

　　张廷重和孙用蕃靠着吸食鸦片度日，又住着租金昂贵的豪宅，仅靠着有限的经济维持着他们的生活和面子，张爱玲在他们的眼里甚至是一种负担，更别提出国留学这样需要大量花费的事情，简直像一个小孩子在讲着一个天大的笑话。母亲黄逸梵也只能从精神上给予女儿抚慰，她的能力刚刚够得上自己吃穿用度。父亲和母亲的生活分割开来之后，各自有各自难言的苦衷，两个享受惯了优越生活的人，自私到薄情。张廷重在老旧的思想里堕落，无限陈腐地萎靡下去，黄逸梵也借着新时代做掩护，吃喝玩乐，逍遥自在。没有人肯为了女儿的前途牺牲半分享乐的资本，看似道不同不相为谋的陌路夫妻，实则骨子里的惰性都是相同的。

　　时代的巨变在此时，为张爱玲的尴尬解了围。夏天的时候"七七事变""八一三事变"相继爆发，上海也难逃日军突袭的劫数，随即沪战爆发。张宅临近苏州河，乒乓作响的炮火声，听来仿佛身临其境，本就心烦意乱的张爱玲，更是被吵得辗转反侧。恰逢后母出门，她前脚走，后脚张爱玲就给父亲打了招呼和母亲相聚去了。回国后的黄逸梵住在弟弟家里，看到租界里时有穷苦人家拖儿带女来避难，就非常担心女儿的安危。和张廷重商议后，将张爱玲送去了伟达饭店，与舅舅一家人暂住一起。那两个月的久违时光，让张爱玲又重温了一次幸福滋味。她和母亲一起去国泰影院看电影，顺便在对面的"老大昌"买些滋味甜美的糕点边吃边看，霞飞路的灯红酒绿和丰美的物质享受，让一直在继母管束下的张爱玲难以忘怀。多年后，与母亲形同陌路的张爱玲在日本吃馅饼，又吃出了"老大昌"的美味，大约是忆起了和母亲的甜蜜过往。当她望见橱窗里的美丽衣服，只会默默地缩着脖子看上很久，并不敢开口让母亲买，一些受宠若惊的小小疼爱已让张爱玲感到满足。她并没有过分贪婪这份温暖，抽出时间去参加了留学考试，小到家庭大到乱世，都再找不到她的立足之处，唯有奋力一拼，前方才有曙光闪现，最重要的是，她要在遥远的国度里和母亲相互陪伴着，去过童话般的美好生活。

与母亲相聚了两个星期之后，张爱玲回到张宅迎面就撞见继母，在她的厉声责问下，张爱玲虽然恭敬地解释清了原因，孙用蕃心里却生出别样滋味：穿旧衣服长大的张爱玲，竟然在炮火连天里还矫情地嫌吵，无非是仗着生母回国有了靠山，还明目张胆地擅自离家，简直就是变相地挑衅。想到这儿，孙用蕃冷笑着呵斥张爱玲为何出去时不和她打招呼。毫无心机的张爱玲根本没有发现继母的脸色变化，她低着头随口说，已经过父亲允许。孙用蕃听后，一耳光就扇在了张爱玲脸上，口中骂道："那你给'娘'说了吗？你眼里还有没有我？"看着眼前这个以娘自居，却恨不能把自己拿圆捏扁的继母，张爱玲的自尊心被践踏得生疼，她条件反射地抬起手，想要冲过去和孙用蕃理论。一旁的佣人们慌忙将她拦住。张爱玲如此冲动地反抗，是孙用蕃始料未及的，事态发展到这一步正中其下怀，孙用蕃表面惊诧内心欢喜，并趁机又哭又闹，跑到楼上找丈夫张廷重告状："打人了！打人了！她居然敢打我！"张爱玲不知道接下来会发生什么，她木然地站在楼下的客厅里，被楼上响起的木屐声震得心惊肉跳。她眼睁睁望着父亲，像一只面目扭曲的野兽，狂跳着，怒喊着："你打人我就打死你！简直无法无天了，今天非打死你不可！"她的头像被狂风肆虐的花朵，在父亲的拳头下忽左忽右地甩动，他拖着女儿的头发痛打，毫不手软，像是要把张爱玲打入十八层地狱。张爱玲在一瞬间生出疑惑，平日疲软如泥的父亲，哪里来的这么大力量，他们父女之间曾一度相依为命的温情，何以在继母到来之后沦落到如此不堪的地步。佣人们也拦不住这个疯狂的父亲，他们也不敢强行将主人拦开，自始至终，张爱玲也没有说一句求饶的话。从小将张爱玲带大的何干扑在她的身上挡住了张廷重的重拳烈脚，直到张廷重打累，拂袖而去。孙用蕃毫不掩饰胜利的得意，盯着狼狈的张爱玲，直到她冲进了浴室。

母亲黄逸梵当初与父亲分手，曾叮嘱过女儿，万一有一天他打你，不要还手，不然，说出去总是你的错。这句话是母亲留给她的护身符，张爱玲紧紧地收藏在心底，没想到这一天还是来了，可是却不能保护她不受伤害。镜子里那个瘦弱的女孩，鼻青脸肿，面目悲戚，她被她的父亲狂殴，心里的伤有多重没人看得到。报告巡捕房来抓张廷重的念头在张爱玲的脑海里反复浮现，在这个没有天理的家中，只能寻求法律援助，她哭喊着要冲出去，却被人拦下来关进了房里。张廷重扬言要用手枪打死她，还命人将窗户钉死，门紧锁上，将张爱玲监禁了起来。张爱玲在文字里难掩心里的绝望："我生在里面的这座房屋突然变生疏了，像月光底下的，黑影中现出青白的粉墙，片面的，癫狂的……楼板上的蓝色的月光，那静静的杀机。"

女儿和父亲在剑拔弩张过后，势必决一死战。张爱玲咄咄逼人地挑战张廷重，像极了第二个黄逸梵，幸好有妻子孙用蕃慰藉，他们统一维护起的联盟，才稳固到四平八稳。直到妹妹张茂渊听到风声赶来求情，张廷重躺在烟雾缭绕的榻上，听都不听她说完，就用手中的烟枪砸了过去。尽管之前妹妹曾挽救过他的生命，但在张廷重眼里，她们三人都是这个家的背叛者，孙用蕃现在给了他强大的自信，来抗衡她们的挑衅。在张廷重的眼里，孙用蕃是他的贤妻良母，没有谁能撼动她在这个家的地位。张茂渊面对这个面目全非的哥哥愤然离去，张爱玲失去了唯一的亲情庇护。脑子里浮现出读过的《基度山恩仇记》《三剑客》《九尾龟》等小说里的逃跑画面，却无奈自己的势单力薄，无法逃脱这个监禁她的牢笼。外界信息如隔天外，只有头顶盘旋的轰炸机在粉碎着这个黑暗的世界。张爱玲写道："我希望有个炸弹炸掉我们家，就同他们死在一起我也愿意。"最痛的伤莫过于在家庭的屋檐下，亲人之间陌如路人，何况是冰冷如蛇蝎似的亲生父亲。张爱玲在这所老宅里出生，又在这里长大，最后却在这里被监禁，像极了一个巨大的茧，将她束缚起来。十几年来，身边的人来来去去，唯有父亲始终不曾远离，往昔时光老旧到如今一碰就碎，那个教导她读书写字的父亲，从此后恍若天涯般遥远了。陈旧如蛇蜕的老房空气笼罩着她青春鲜嫩的肌肤，时间像一方粗粝的纱布，打磨着张爱玲受伤的心。

伤心欲绝的张爱玲不肯进食。自由如空气般，新鲜清透地徘徊在房外，在这浑浊不堪的环境里，张爱玲患上了严重的痢疾，差一点死去。本就瘦弱的她，病情更加严重，张廷重不但不给张爱玲药，也不为她请医生，还坚信她没有力气之后，就再也嚣张不起来了。张爱玲躺在床上，看着秋冬的淡青的天，对面的门楼上挑起灰石的鹿角，底下累累两排小石菩萨——也不知道现在是哪一朝、哪一代……朦朦胧胧地生在这所房子里，也朦胧地死在这里吗？死了就在院子里埋了。
何干心疼得直落泪，第二天趁着孙用蕃出外办事，就向张廷重禀告，
她昨晚梦见老太太托梦，一定要他全力抢救自己的孙女儿。张廷重这
才让人请来了医生，给张爱玲注射药剂。半夜时分，何干悄悄带来了
黄逸梵的口信，母亲告诉张爱玲，要仔细想一想，跟父亲自然是有钱
的，跟了她，可是一个钱都没有，倘若吃得了这个苦就投奔她而去，
没有反悔的。连眼前都看不到活路，至于以后，张爱玲已经不能够信
任父亲，痛苦了许久之后，她思索着："在家里，尽管满眼看到的是
银钱进出，也不是我的，将来也不一定轮得到我，最吃重的最后几年
的求学的年龄倒被耽误了"。

　　她始终是清醒冷静的，并不带任何负气和恼恨的情绪，只希望有
机会能好好读书。出逃的信念已定，她每天躺在床上侧耳倾听外面的
动静。外面的大门每开关一次，锈涩的门闩都会发出咕滋加滋的声
响。打开门时的呛啷啷巨响，还有仆佣走过通往门口那条煤屑路时，
沙子发出的吱吱声，都一一被她收入心底。这些声响刺激着她，让她
产生了更大的逃离欲望。身体稍微恢复了一些，张爱玲就装作闲聊，
从仆人口中得知了巡警交接班的时间。这是个逃跑的好机会，她迅速
用望远镜仔细观望，确定路上没有行人之后，就贴着墙谨慎地摸到铁
门边，拔开门闩后闪身离去。"当真立在人行道上了！没有风，只是
阴历年左近的寂寂的冷，街灯下只看见一片寒灰，但是多么可亲的世
界呵！"街上的世界，已经不是昨日繁华，纷扰的战火将旧上海摧残
到破败，可在重获自由马上可以到母亲身边的张爱玲眼里，却另有一
番使人欣喜的美好。张爱玲蓬勃的少年豪情，顷刻就将多日来遭受的
磨难冲刷殆尽。她"在街沿急急地走着，每一脚踏在地上都是一个响

亮的吻"。从这些喜悦的词语中，洋溢出的尽是勇敢和坚强，没有丝毫落魄仇恨。体力不支的张爱玲，在离家不远的街角，拦下了一辆黄包车，再三讨价还价后，手中的钱勉强够支付车费，她才坐上车直奔姑姑的寓所。

直到母亲和姑姑抱着形销骨立的自己，张爱玲才松了口气，后怕地叹："我怕他追来……"母亲心痛得凄然泪下，抚慰女儿："别怕！我绝不会让他带走你！"一向男子气的姑姑嚷道："来了才好！我借不到手枪也要让他头上缝几针回去！"张爱玲松懈下来，因为恐惧和委屈瑟瑟发抖，也只有在温馨的亲情里，她才流露出孩子的柔弱。她写了一生的文字，却并没有浓墨重彩地去描述这段不堪的往事，那些诅咒的话语停留在一个孩子的记忆深处，并未随着时间发酵成肆意渲染的题材，她是个文人，却不愿意抨击父亲给予她的伤害。她在文里写："这样的出走没有一点慷慨激昂。"这些话里饱含着多少留恋啊，若非情非得已，又怎能从此视若路人。

父亲对张爱玲的器重，因母亲的离去，继母的到来，渐渐发生着微妙的变化。看着从小在自己身边长大的女儿，一点点不露痕迹地倾向于前妻，张廷重所寄予的厚望眼看着被一个千里之外的女人夺去。他将所有的不甘和愤怒都施加到了张爱玲身上。张廷重对黄逸梵是有爱的，对女儿亦是爱的，她们在他独断专行的掌控下，生出触角般的尖刺，悄无声息融进肉体，剔之不去，深深刺入他的心头。何干不忍心看着张爱玲受监禁，希望她早日脱离苦海，却又不希望张爱玲与父亲决裂，她说的话犹然在耳："千万不可以走出这扇门呀！出去就回不来了！"在张爱玲心中，父亲从前那个"懒洋洋灰扑扑的家"永远也回不去了，虽然"我喜欢鸦片的云雾，雾一样的阳光，屋里乱摊着小报，看着小报，和我父亲谈谈亲戚间的笑话……"。可是那个父亲再也寻不回来，但从这些细节中不难看出，父亲爱好读报的习惯，和他们作为谈资的"亲戚间的笑话"，都影响了张爱玲，成为她写作"新鸳鸯蝴蝶派"的文体来源。

　　父亲张廷重在她成长的过程中起着至关重要的作用，以至于她在恋情上，也倾向于大自己十几岁的成熟男士。或者也可以理解为，一种缺失的眷恋。而之于张廷重来说，眼看着自己亲手养大的女儿，将被前妻不费吹灰之力就要带离身边，心的背叛再一次刺伤了他的自尊，迷失心智的张廷重将女儿视作最后的筹码，即使不能长久拥有也不能让黄逸梵得意。这场残忍的闹剧过后，父女之间的情意，自然是恩断义绝。与父亲不同的是，母亲在张爱玲的心目中，一直是遥不可及的，这次投奔是她长大后，母女间真正意义上的第一次朝夕相处。此时的张茂渊和黄逸梵已经没有当日的排场，过度的挥霍使她们无力支付巨大的开销，卖了车子，辞退众多仆佣，只留一个贴实的男仆，负责每周采买家用，两个十指不染阳春水的女人，开始动手自己做家务。

　　隔山隔水地去看，母亲的美，从容优雅。而在同在一个屋檐下生活之后，张爱玲接触到了母亲的另一面，柴米油盐酱醋茶的凡俗生活里，她亦是忧愁的。战争爆发时期的上海，物价高得离奇，没有收入的黄逸梵，日常里除了交际就是打牌，靠着祖上遗产生活的她，并没有多余的能力供养张爱玲，更没有耐心去听女儿"微不足道的小心情"。弟弟张子静，几日后也抱着报纸包的球鞋，前来开纳公寓投奔母亲和姑姑，一副不愿再回去的打算。黄逸梵几乎不假思索，就断了儿子的念想，明白地告诉他，自己的经济能力有限，只够抚养姐姐一

个人，他尽可以回去，做好他的张家小少爷。张子静未听完就泪流满面，张爱玲晓得在那个家中受到的压迫和苦难，可她也只是个自身难保的小姑娘，无法帮助弟弟脱离那个家。心酸无助使她也痛哭了起来。黄逸梵却足够冷静，眼前这个长相酷似自己的男孩，骨子里却和他的父亲张廷重有着一样的习性，想想就令她生厌。说来残忍，曾让张爱玲羡慕的清秀男孩，因为容貌同样被继母视作眼中钉、肉中刺，张子静像是一个可怜的落魄王子。

张爱玲的母亲思索再三之后，给了她两个选择：一是拿着一小笔钱去读书，二是嫁人。张爱玲选择了第一个。她与母亲有着相似的思想和追求，何况张爱玲还目睹了父母之间的恩怨情仇，心底早已对婚姻产生恐惧感。但在张爱玲伸手要钱，选择继续读书的过程中，经常要忍受黄逸梵阴阳怪气的谩骂，她在文里坦言："问母亲要钱，起初是亲切有味的事，因为我一直是用一种罗曼蒂克的爱来爱着我母亲的。"在窘境中，所有的美好都会变得悲凉，她在《私语》里说："看得出母亲是为我牺牲了许多，而且一直在怀疑着我是否值得这些牺牲。"张爱玲就这样看着母亲黄逸梵的脸色，"为她的脾气磨难着"，母亲是她历经磨难才回去的故乡，却永远充满着情怯的矛盾感。因为，她永远不能像那些被家庭溺爱的小姐们那样，肆无忌惮地与母亲交流，作为女儿，张爱玲难免有些不满，然而这些不满又在她敏感的内心里生出愧疚。她"为自己的忘恩负义磨难着"。童年残留的那些点点滴滴的温暖，被眼前这些"琐碎的难堪"慢慢毁灭。

父亲那所老宅的门，再也不会为她敞开。继母将关于张爱玲的所有东西都分送给了别人，只当家里从来没有过这样一个女儿。他们做出这样的决定，并没有影响到张爱玲的心情，既然下了决心离开，就没有再打算回头。然而，母亲的家，其实也是"不复柔和的了"。没有退路的少女，在心里暗暗告诉自己："母亲的钱无论如何我是要还的。"可在黄逸梵看来，女儿的懒散和幼稚令她失望，当初让张爱玲读书的初衷，是希望能将她培养成现代淑女的，可是女儿连苹果也不会削，出门时完全是个路盲，家里来了客人更是表现得木然局促。更让她无法忍受的是，张爱玲在家里住了两年，连电铃在哪里也找不到。为了让张爱玲在生活能力上有所提高，黄逸梵督促女儿不但要学洗衣煮饭，缝补袜子，做一些简单的家务，还要"练习行路的姿势、看人眼色、点灯后记得拉窗帘、照镜子研究面部神态"等等。虽然只是些简单的技能，张爱玲却用了极其漫长的时间才掌握，简直是"惊人的愚笨"，好强自立的母亲常忍不住呵斥和责骂女儿，这让张爱玲更加怯懦怕生。她知道，自己无论如何努力，都赶不上母亲的优秀，总也不能让母亲满意。黄逸梵时常懊恼地说："我懊悔从前小心看护你的伤寒症。我宁愿看你死，也不愿看你活着使自己处处受苦难。"也许是黄逸梵的期望过高，对张爱玲要求过于严格；也许她无拘无束惯了，在自己闲适悠然的生活里加入一个女儿，既影响了她的生活质量，又约束了她恣意妄为，更加让她没有心情去思考自己的过错。

黄逸梵希望女儿能自强自立起来，在这离乱的世道里，不被人欺凌小觑。现实尽管不如意，黄逸梵还是以每小时5美元的报酬，为女儿聘请了家教。母亲对待张爱玲虽然没有耐性，也没能做到轻言慢语、细心呵护，但是出发点是好的。母亲黄逸梵没能让女儿张爱玲像别的富家小姐般肆意挥霍，倒也做到了尽心尽力。饱尝了巨大落差的张爱玲，心里却是介意的，觉得母亲是个自私的女人，为了享乐还要

挥霍有限的金钱，对待自己的女儿却要百般计较。张爱玲写道："能
够爱一个人爱到问他要零用钱的程度，那是严格的试验"，尤其是到
她独立生活之后，在金钱方面的态度曾使姑姑笑她："不知从哪里来
的一身俗骨。"张爱玲的父母都非完人，但并没有张爱玲身上市井小
民的锱铢必较。孰是孰非，只因立场不同，并不能完全责怪于张爱玲
的偏激，毕竟她只是个十几岁的孩子，况且从她的成长历程来看，张
爱玲一度甚至有自闭的现象。由此可见，张爱玲来到母亲身边生活，
与从前并没有太大的区别，没有人真正地去关心她。相比张茂渊和黄
逸梵的成长史，两个人是家里的大小姐，尤其她们的父辈比较开明，
不仅可以任由她们去追逐自己的理想，而且还为她们留下了充足的物
质遗产。虽说"所有女人都是同行"，但无论是从亲情角度或是世事
经历，她们都走过了不同的道路，俗与不俗更多时候是物质基础熏陶
出来的气质。就像张爱玲的出现无形间还原了母亲黄逸梵如怨妇般的
俗世形态一样。

　　张爱玲所经历的畸形家庭裂变和身边亲人的冷漠自私，尤其是在
金钱上遭受过的窘迫和难堪，都深深地影响了她的人生观。尽管母亲
在她出逃之前曾坦率地告知过她将面临的生活，但一个出生在贵族里
的少女，感受过黄逸梵的奢靡挥霍，对于她的美丽优雅却仅止于远
观。生活这面真诚的镜子，让张爱玲看到了光环后的现实，这是她始
料未及的。抛却仰慕崇拜之情不提，母女间欠缺的温暖，作为母亲的
黄逸梵却从未舍得牺牲自己，去弥补女儿。黄逸梵在张爱玲眼中再也
不是那位"辽远而神秘"的知性母亲，可她在各个方面的思想和作为
却深深地影响了张爱玲，对于女儿教育方面的主张，无疑是出自新
女性所信奉的价值观，甚至是对张爱玲父亲张廷重的无言的对立抗

拒。将张爱玲培养成为一个淑女，亦然出自黄逸梵的自身原则。张爱玲写道："在父亲家孤独惯了，骤然想学做人，而且是在窘境中做'淑女'，非常感到困难……常常我一个人在公寓屋顶的阳台上转来转去，西班牙式的白墙在蓝天上割出断然的条与块。仰脸向着当头的烈日，我觉得我是赤裸裸地站在天底下了，被裁判着像一切惶惑的未成年人，困于过度的自夸与自鄙。"从这段话里，我们可以感受到张爱玲安全感极度缺乏，再加上母亲的严厉指责，张爱玲是手足无措的。由于天生因素，她是偏爱孤独的："我懂得怎么看《七月巧云》，听苏格兰兵吹 bagpibe，享受微风中的藤椅，吃盐水花生，欣赏雨夜的霓虹灯，从双层公共汽车上伸出手摘树颠的绿叶。在没有人与人交接的场合，我充满了生命的欢悦。"环境造就性格，性格与环境又格格不入，清冷时的自怜，喧嚣时的惶恐，都是一部黑白影视剧，于张爱玲的世界里无声演绎。在张爱玲的成长里，父母的角色，读者无法给予中肯的评论，毕竟在新旧年代交替的乱世里，教育也是种模棱两可的存在。成年人无法回避现实的烦恼，小孩子有成长必须经历的愁绪，剖析这些事例，不过是使我们能更清晰地明了一代民国才女的成长历程。

第六章

展翅·港岛如梦

　　黄逸梵毕竟是个聪敏的母亲，她发现一向与现实格格不入的女儿在学习方面有着超人的感悟力和执着。为了应对留学考试，张爱玲彻夜苦读，黄逸梵毫不犹疑，她从生活费里挤出来一部分，聘请了数学老师为女儿补课。考试时，张爱玲以华东地区第一的好成绩，回馈给了母亲。眼看着遥远的国度，在大洋彼岸向她招手，第二次世界大战却在此时一触即发，欧洲虽未能成行，她还是凭着这份骄人的成绩进入了香港大学读书。1939 年的夏天，战火比天气还要如火如荼，全球人类像热锅上的蚂蚁，不知该去往哪里，才能寻求到安宁庇护。张爱玲心中却是舒爽通透的，仿若明信片上蔚蓝清亮的海水，她满心期待着离开上海，前往一个全新的地方。战火要烧到香港仿佛为时尚早，"七七事变"后茅盾、夏衍、萧红、戴望舒等著名作家，纷纷来到此地继续潜心创作，并创办了《文艺阵地》《华商报·灯塔》《大公报·文艺》《大风》《时代文学》《时代批评》等文艺刊物，在文学构筑起的"世外桃源"里，造就出香港文学史上短暂而辉煌的新时代。生命中的人来来去去，生命的路途又延伸出新的轨迹，张爱玲还在懵懂前行，香港文坛即将迎来天才少女的如潮美文。

时任《南华日报》主笔的"流沙"正是活跃非常，后来与张爱玲有着浅喜深爱的男子，胡兰成。彼时，她的青涩，他的张扬，是两条各自运行的抛物线，还未到完全重合的时间，缘分的奇妙就在于"于千万人中，恰好就遇上了，没有早一步，也没有晚一步"。

第一次远行求学的张爱玲，生活自理能力令人担忧。母亲和姑姑就委托在英国时认识的好友李开第先生做她的监护人。那是一个晴好的午后，轮渡乘风破浪到达香港码头，谦良儒雅的中年男士早等候多时，这位李开第先生后来落魄，姑姑张茂渊在照顾他的过程中，两人互生情愫结为夫妇，冥冥中一切似乎自有天意，那时已是1980年，成名后的张爱玲远在美国，获悉两位至亲老人的境遇，毫不犹豫将自己在国内的著作版权，全权授予李开第先生，所得稿费赠予他们作为赡养资费。

面对张爱玲的拘谨和沉默，李开第开始低缓温和地向她讲解当地的风土人情。香港的奇异与上海的奢靡相比，有着热烈刺激的色彩，在这个接近亚热带的地理环境中，海蓝如宝石，山崖红如珊瑚，植物也长得不同寻常，此间的天地仿佛浓墨重彩泼画出的景致。她像是进入了迷幻的海底世界，这一切，让真正开始接触外界的张爱玲感受深刻。香港大学坐落在山上，与其间的繁茂花草融为一体，简直就是一座天然的大花园，更不乏随意栖飞的鸟雀。许多从未见过的奇花异草飘溢悠远，到处是一派蜂飞蝶舞的美景。行走在校园里的同学，多半为南洋华侨的子弟、印度人、安南人、马来西亚人、欧亚混血儿等，大多数人与张爱玲的种族和文化背景都不相同。张爱玲觉得他们的行为方式都带着神秘的色彩。这些富贵人家的同学们，活泼洒脱，阔绰骄纵，与张爱玲比起来，简直是两个世界的人。脱离了来自亲人的压抑氛围，大学的氛围是轻松活泼的，可是张爱玲在这样的环境里却更加沉静，她以备战的状态倍加勤奋地读书。这里的每个人，优越感都极强，这更激发了张爱玲努力学习的决心，成绩好不但可以获得奖学金，减轻母亲的负担，更重要的是，优秀毕业生将有机会被保送到英国留学。虽不知战火何时停息，张爱玲却不愿轻易搁浅梦想。

　　当张爱玲深入进学习当中，远离故土的惆怅，也就被抛之脑后。这个繁盛的异乡，将是她重生的涅槃之地，当眼界渐渐开阔，时髦的衣服和八面玲珑的交际能力都已消失在她的向往里，整个内心唯有梦想二字熠熠生辉。张爱玲直到十七岁，都没有一个人上街买过东西，中学时在学校管得比较严，现在脱离了那些清规戒律，摆脱了母亲的淑女教条，在如此优良的环境下，不静心读书简直就是暴珍天物。课间闲暇，她独自登上后山，与和风窃窃私语英文，在大自然宽阔的怀抱里复习功课，张爱玲僵硬紧绷的神经，终于柔软舒展开来。张爱玲这株他乡的植物，似乎格外适宜香港的气候，在这里，她终于可以尽情地向上生长。也有小动物和她开玩笑，一条二尺长的大蛇，不知从何处爬到近前，待到沉浸在书本里的张爱玲发现，一时忘了逃走，呆望对视多时，方才迈开吓软的双腿跑下山去。张爱玲偶尔也会奢侈一次，和同学相约着到"青鸟咖啡馆"，要上一杯醇香幽苦的咖啡，配着一种叫"司空"的面包，极小资地聊着八卦新闻。热闹的场合下，张爱玲永远是那个最冷静的人，更多的时候，她喜欢默默观察陌生人，对方的一个动作、一个表情都会触动她的好奇心，让她细致入微地用眼神探索未知。在这个令她尝试着可以打开自己的环境里，所有的点滴积累，都是张爱玲走上写作道路的铺垫。图书馆是张爱玲待得最多的地方，她爱极乌木的长台，沉沉的书架子，精装书的厚厚书脊，和弥漫着书香的空气。在书的海洋里，张爱玲像一尾遨游的鱼儿，文字的洪流将所有世俗的污浊都净化成清澈愉悦的清泉，汩汩流淌进文学少女的灵魂。张爱玲在特殊的家庭环境下，未及成年就看透人生百态，带着稚拙又认真的自我偏执，酷爱文字和金钱带给她的安全感。那些在苦难里积累起的处事经验，足够她应付生活。她是那么精灵清透的女子，不涉足太深的红尘，只在文字的精神世界里，做一个孤绝善良的孩子。长期不通风的旧书库空气凝滞，令学生们退避三舍，因此来读书的人并不多，然而这阴冷古怪的空间，却使张爱玲眷恋，在这里她仿佛回到了小时候，那段在老屋读书的时光。手拂过一页页老旧泛黄的书页，好似文字与她之间天生脉络相连，一念古荒一念今人，再也没有阻隔，只泛舟在文海里，双桨轻摇好时光。

张爱玲时常提起笔，写信给上海的姑姑和母亲，张茂渊的回信洋洋洒洒，写满些诗情画意；母亲则句句都是叮咛嘱咐、殷殷关切。张爱玲在感动之余灵机一动，尝试着以英文与她们通信，想以此来提升英文水准，这样的话，留学时就能游刃有余了。可当她们之间真正进入英文模式沟通，张爱玲才赫然发现渐渐词穷。有限的英文，在学识丰富的长辈面前，显得苍白无力，张爱玲立即放弃了写文章的时间，来恶补英文。除了这个直观的因素，张爱玲心中也期望着有一天能如林语堂一样，用英文写出好的作品，而这些都要在储备够丰沛的英文知识后才能实现。因而，她阅读了大量英文原著，如蠹虫般，慢慢啃噬那些原汁原味的文字，也是在这大学三年里，张爱玲将西方文学都烂熟于心，打下了坚实的基础。潜心学习英文的张爱玲，依旧眼观六路耳听八方，入学后不久，她敏锐地捕捉到上海《西风》杂志的征文信息，就挥笔写下一篇《我的天才梦》参赛，文中她剖析出一个真实的自己："我是一个古怪的女孩，从小被目为天才，除了发展我的天才外别无生存的目标。"天才往往是那个高处不胜寒的孤独者，仿佛写出好的作品，是她生来的使命。开头的金句："生命是一袭华美的袍，爬满了虱子"，惊艳了无数人。文中的轻描淡写，别有生动韵味，华丽辞藻读来意味深长。获得首奖似乎是毫无悬念的结果，可是这个首奖竟然包含了十三个人的名字，张爱玲因年龄最小，被排在最末，500元的奖金不能加减，更无法相乘，除来除去拿到手的金额少得可怜，后来这些文章被结集成书，亦保留了《天才梦》之名。

张爱玲就读文学专业的过程中，遇见了许多有趣的老师。教西方文学的教授最钟爱莎士比亚，讲述那些美妙的情节常使他将自己代入，陶醉不已地点上一根雪茄，仿佛面对的不是学生而是满屋的故友，大家从四面八方赶来，只为坐在一起畅谈文学。仙风道骨的古典文学老先生，让张爱玲在异地倍感亲切，尤其是他诵读诗词时，辽阔悠远的语气，在教室里荡气回肠，张爱玲在唐诗楚辞里，感受到时代的豪放和悲凉。她潜心学习，细腻深入地琢磨知识点，深刻地将学识印入脑海，同时，这个东方女孩也以优异的成绩使大家深刻地认识到一个瘦弱的学霸。每次考试成绩公布时，她的科目总是名列第一，连获两年的奖学金。一位以严格挑剔闻名的英国教授，心悦诚服地当众赞扬张爱玲："教书十几年来，你是唯一一个让我给出最高分数的学生。祝贺你，高才生！"她的英文水平也在这段时间内实现了质的飞升，不仅能流畅地用英文写作，就连随手拿起手边的自然科学著作，她也能张口就来，读得熟稔随意。

　　张爱玲具有天生的文学才能，从最初的家庭熏陶到后来她的嗜书如蠹，更多的时候她都是在以自己的悟性，摸索前行。即便在圣玛利亚女校知遇汪宏声老师，她依旧淡淡的，不曾有过欣喜，而在香港大学，张爱玲邂逅了影响她颇深的历史教授佛朗士。这个玩世不恭的英国人，犹如从远方来到现代的，国外版陶渊明。虽然生在开明时代，却避开喧闹的街市，在人烟稀少的郊外，按照自己意愿建筑起三幢房子。每幢房子里都不通水电，家里唯一的现代化交通工具是一辆汽车，只用来方便佣人赶集买菜，更让人大跌眼镜的是，其中一幢，他竟然用来专门养猪。这位英国绅士身上满是中国文人的名士气，喝酒，抽烟，爱好写中国文字，且写得颇有风骨。因为对中国文化感兴趣，曾专程去往广州一个名声颓败的尼姑庵，只为一窥尼姑的真容。平时更是不修边幅，放浪形骸，骨子里似沿袭了魏晋之风。如此真实的人，不屑矫揉造作地去教授历史课。张爱玲说："官样文章被他耍着花腔一念，便显得十分滑稽。"

　　枯燥乏味的教科书，在他的授课方式里不复存在。张爱玲对佛朗士的"独到的见地"尤其欣赏："现实这样东西是没有系统的，像七八个话匣子同时开唱，各唱各的，打成一片混沌。"对知识有探索欲望的她，希望教授能挖掘出更深的内涵来教授，希望历史评论家"多说点不相干的话"。这些教科书之外的见解，间接地启迪了张爱玲在文学方面和人生方面的感悟。张爱玲在文字中称，她从佛朗士的教授中"得到了一点历史的亲切感和扼要的世界观"，从学习的角度来说还"可以从他那里学到的很多很多"。能让孤傲的才女说出如此钦佩的话语实属难得。从张爱玲的人生观来看，佛朗士的高调作风，也潜移默化地在这段时期，深入了她的思想观念。如果说香港大学之前

　　的张爱玲是拘谨收敛的，经过这一时期的历练，之后的张爱玲表现出的我行我素，似有若无地映射出佛朗士的性情。

　　若说学习是在规划理论，那么现实生活中的洞察，当是最好的实践途径。香港大学这一群青春活泼的女学生中，少年不识愁滋味者比比皆是，张爱玲以一贯的沉默，体验着奇妙的新鲜感。那些与她认知里截然不同的文化和生活，亦如一本神秘的书，正一页页地翻新开来。青春的肆无忌惮，是没有人种和国界之分的，在陌生的同龄女孩子面前，张爱玲也会偶尔放开自己，和同学们疯玩起哄，孩子气地拿腔捏调学说他乡话，一起手舞足蹈地跳异域舞蹈。其中最活跃的叫金桃，是位黑黑的马来西亚华侨姑娘，她出众蹁跹的舞姿，掩饰了面部的龅牙。据说在马来西亚，当地人都要在修道院进修，她却吃不了苦，读了不到半年就借故开溜，就是这个抗拒教条的大小姐，在校园里掀起了一股马来舞蹈热潮。她煞有介事地将男女分成两排，大家摇摆着身体迈着小碎步，或是原地摇摆着，女生们手里捏着大手帕，情意绵绵地挥舞着深情地唱："沙扬啊！沙扬啊！"沙扬在马来语中是爱人的意思，整首歌表达的感情简洁而热烈，有着诚挚质朴的感染力。金桃告诉大家，马来女人平常都穿洋装或短袄长裤，装束非常严谨，只有在宴会和节日时才穿旗袍，她居住的那个城市有家电影院，是上流社会的小姐、太太们每晚必去的场所。与其说是去看电影，不如说去争奇斗艳，如果哪家小姐撞见别家小姐的行头在她之上，那家小姐必然会不顾电影开映，赶回去换衣服。这些风俗和规矩与上海是不同的，听起来很是新鲜，积淀下来就成了张爱玲日后写作的素材。《红玫瑰与白玫瑰》中，南洋华侨女子王娇蕊的装束和性情，乃至于肤色都与这位金桃小姐如出一辙。张爱玲还以犀利的笔触生动地将这种文化比喻为"倘若画在纸上，该是一种原始意向做底，再附上一层小家气的文明"。更觉得"就像一床太小的花洋布棉被，盖住了头，盖不住脚"。

集体生活让张爱玲有机会接触到不同类型的女生。宿舍里有位姑娘极为美丽清新，皮肤白嫩透明，大眼睛明亮地忽闪着，甜蜜又可人，连女人都忍不住想要亲近她。有一次她从浴室里洗了澡出来，穿着白底小花的睡衣，散发出淡淡的幽香，礼貌又温婉地夸这里洗浴方便。说起在家乡修道院读书时，要和同学们一起在水门汀的大池子里一同洗，每人都穿上一件背后开条缝，宽大得像蚊帐的白罩衫，站在水里将罩衫捋到膝盖上，偷偷地在罩衫底上擦肥皂。讲述的过程中，她笑得如春光般灿烂明媚，直到吸引所有人的目光。大家相处熟稔之后，她就进一步讲家里的事情，诉说商人父亲被一个不正经的女人迷住，抛家舍业也在所不惜，讲起这些，愁云布满她美丽的脸庞。在众人屡次劝说下，她兀自坚持着自己的观点，眨着纯真的大眼睛，她那因坏女人的巫魔破坏而伤痛的表情使人难忘。

在这群打扮入时、千娇百媚的姑娘中间，衣着朴素的张爱玲显得毫不起眼，内在的修养却使这个瘦弱的女孩眉目间散发动人光芒。在这个宽容的空间里，张爱玲越发回复到自然状态，骨子里的娴静和温柔，吸引着更多的同学不自觉靠近。在香港大学，最令张爱玲喜悦的是，遇见了生命中的挚友炎樱。这个调皮又可爱的锡兰姑娘，原名叫莫娅，因为喜爱中文，又钦慕张爱玲的才华就总爱找她玩儿，因为共同的爱好，两人很快就情同知己。张爱玲为极其热爱东方的莫娅取的中文名为莫黛，怎么听发音都像"麻袋""毛头"，这个满脑子精灵古怪、爱幻想做梦的姑娘，就根据日本古传说中吃梦的兽的名字"貘"，

又改名为蓦梦。云鬓高耸的炎樱，确像一只长着触角的可爱小兽，张
爱玲称赞这个名字妥帖。后来，张爱玲又为她更改了一个朗朗上口，
又好听的名字——炎樱。从字面意思来看，意为金色夏日中红润鲜泽
的樱桃，仿若焦躁的日子里，一颗清凉果实，张爱玲非常珍爱这种晶
莹的感觉。从这个名字里，足以能看出张爱玲对这份友谊的珍惜。看
她孩子气地自顾自地欢喜，并不认同的炎樱对此表示默认，温馨的友
谊，使张爱玲绝缘多年的无理取闹又活泛过来，一如小时胡乱为仆佣
取名的恣意妄为。炎樱的父亲是阿拉伯裔锡兰人（今斯里兰卡人），
信奉回教，在上海开有一家摩西甸珠宝店，母亲是天津人，当年为了
与炎樱的父亲自由恋爱与家中决裂。这个有爱的家，并没有太多新潮
的形式，在张爱玲看来是个典型的守旧人家。炎樱是自由恋爱的结
晶，性格活泼可爱，有着无拘无束成长出来的笃定，生得娇小漂亮，
丰满圆润。其实她们早就相识，在来港大就读之前，两人曾共随一位
老师补习英文，许是缘分，来学校报到时竟又在船上遇见。后来炎樱
说，在船上初见张爱玲时觉得"真好玩"，精通英文的张爱玲，将炎
樱的表达理解为"身形奇怪，略带嫌弃"的意思。青春期的女孩对美
好总是向往的，对于炎樱的印象，张爱玲笔端尽是可爱甜美："个子
娇小，婴儿脸，肤色金黄，大大的眼睛。"在她的书中，张爱玲更是
不吝美词将炎樱粉饰推崇，许多人看到炎樱的照片后，却以为并没有
张爱玲形容的那般出众。张爱玲是个感性的人，肯定一个人，当然会
把她的性格和才气一并融合起来，才得出优异的结论。

　　不知道是不是炎樱的乐观造成的危机，她丰满的身材时有发胖的
可能，这在她的心里是微不足道的，甚至是根本不去担忧的，还调皮
地用英文自我标榜："Two armfuls is better than one armful。"（两个满

怀胜于不满怀）精通中英两国语言的张爱玲，用古典词语翻译成"玉温香抱满怀"，来形容她的美。两个小姑娘将世俗和精神融合进文字，乐趣盎然。炎樱随口说出的语言有着诗意的美，张爱玲把她和炎樱在一起的玩闹话语都一一记录了下来，"说者无意，听者有心"，要有多珍惜，才能这么细腻地将这些琐碎点滴印在心上？这份友谊是照亮她内心最柔和的光。有人说："我本来打算周游世界，尤其是想看看撒哈拉沙漠，偏偏现在打仗了。"炎樱说："不要紧，等他们仗打完了再去。撒哈拉沙漠大约不会给炸光了的。我很乐观。"这样的话让张爱玲心中生出更多的坚定，无论世事如何变幻，总会有希望。生活中的炎樱玲珑剔透，狡黠的小心思也让人无可抗拒。"炎樱买东西，付账的时候总要抹掉一些零头，甚至于在虹口，犹太人的商店里，她也这样做。她把皮包兜底掏出来，说："你看，没有了，真的，全在这儿了。还多下二十块钱，我们还要吃茶去呢。专为吃茶来的，原没有想到要买东西，后来看见你们这儿的货色实在好！"从这些语录能感受到炎樱是一个活泼可爱的女生，持有和张爱玲相同的金钱观。犹太女人见惯了讨价还价的，毫不客气地拒绝："二十块钱也不够你吃茶的……"，然而店老板大约是被她的可爱打动，让步道："就这样吧。不然是不行的，但是为了吃茶的缘故……"张爱玲看到他不仅将东西卖给了炎樱，还热心地指点附近哪家茶室的蛋糕最好，心中又开启了想象之门，也许他曾有过这样一个棕黄皮肤的初恋，或是早夭的姐妹也未可知呢。两个人平时最大的乐趣，就是到报摊上翻阅画报，往往翻遍之后，却根本不买，摊主带着气讽刺她们："谢谢你！"炎樱看着对方气呼呼的样子，笑着回奉："不必客气。"炎樱说的有些话，还带着生活里的哲学味道。几个人一起出去散步，默默走着的一位女同学忽而悠悠叹道："我是这样的脾气，我喜欢孤独。"炎樱紧接了一句："孤独地同一个男人在一起。"一向索然的张爱玲被逗得大声笑起来，那位女学生并不恼，跟着嘻嘻地笑，炎樱的心直口快大家已经非常熟悉。炎樱对中国谚语非常感兴趣，写作文时常拿来杜撰，"三个臭皮匠，凑成一个诸葛亮"这句古谚和西方的"两个头总比一个好"，有着异曲同工之妙，炎樱读到后兴致一来，信手就接出神句："两个头总比一个好——在枕头上。"并明目张胆地当作作业交给了身为神父的教授。

张爱玲将炎樱所说的富有诗意和哲理的有趣话语整理成《炎樱语录》，带着孩子气的炫耀。我的朋友炎樱说："每一个蝴蝶都是从前的一朵花的灵魂，回来寻找它自己。"这句话触动了张爱玲灵魂深处的一根弦，让她想落泪。月亮在人们心目中一贯是清冷高绝的形象，可炎樱却说："月亮叫喊着，叫出生命的喜悦；一颗小星是它的羞涩的回声。"从一句诗意的言语里，就能映射出炎樱内心的灼热和奔放，这样的她和张爱玲是互补的。关于一则加拿大人一胎生了五胞胎的新闻，到了炎樱这里就平添出几分趣味："一加一等于二，但是在加拿大，一加一等于五。"她见到有个女人的头发奇黑无比，就说："非常非常的黑。那种黑是盲人的黑。"这样的形容带着直抵人心的视觉感，贴切至极。炎樱的鬼马精灵里，还带着小小的嚣张，这种无所顾忌的天真，让张爱玲感到放松，敏感的她不用再顾及许多，说的对与错都不会遭到奚落和嘲讽，她们可以随心所欲地谈论心中的想法，谈天说地甚至是指东道西也别有情趣。炎樱是张爱玲成年后，唯一一个能直抒己见的人，一个从来都沉默的人，能向另一个人打开心扉，不得不说是难得的缘分。

有一天课余，炎樱一定要拉着张爱玲去看电影，说是父亲的老友邀请。张爱玲推脱再三，最后考虑到她一个人去不合适，只好陪同前往。地点是在香港中环，一家仿早澳时期的古建筑，门口的广告牌大而浮夸，不过是些震撼的场面，血流成河的有些乌烟瘴气。两个人无精打采地观赏着，等待着那位先生来临。直到一个先生，身穿二十年前流行的泛黄白西装出现，炎樱赶忙拉着张爱玲介绍这是她的同学，那个像极了毛姆小说里走出来的人，眨动着印度式大眼睛，窘迫地从口袋里掏出两张票塞过去，让她们进去观看。张爱玲这才看清楚，他的肤色和白头发都泛着陈旧的脏黄色，脸部唯一生动的眼睛布满了血丝。那人摆了摆手就要告辞，走了几步之后，又折回来将手里的纸包塞给她们，拒绝了炎樱要去补票的想法，匆匆离去。老式的电影院大得有些不得当，走进去只感觉到无边的阴暗、污秽，一路走来的狭窄街道相比起电影院来，犹如依附在外面的一截羊肠。两个人跟着领票员，按照票上的位置来到了楼上，小心地爬上陡斜的大坡，走过钉着麻袋色的棕草地毯，坐下来往下看让人觉得头晕，必须抓住座位扶手才能勉强适应。在如此高远的距离下，银幕厅小的像块镶嵌在黑暗里的瓷砖，闪烁着放映机里光怪陆离的影像，模糊着，影影绰绰。

　　看不清听不见，两个人就打开纸包，吃夹着糖鸡蛋的煎面包，想起那位先生的表情又觉得索然无味，两个人就索性出门坐车回校。斑斓的霓虹勾起炎樱的回忆，她在车上讲起了凄凉往事。这位叫潘那矶先生，是个帕西人（parsee），祖籍波斯，是名印度拜火教徒，小时候却在香港生活，长大了就跟着家人做事，生意一度非常红火。这时就有个麦唐纳太太做媒，非要将自己15岁的女儿宓妮嫁给潘那矶，正在学校读书的女孩死活不应允，就被她骑在身上痛打一顿，硬逼着嫁了过去。麦唐纳太太是个广东人的养女，前后嫁了三次，最后在一起同居的是个苏格兰人，于是就跟了先生，自称麦唐纳太太。她前后生养了许多孩子，自然要想办法维持生活，宓妮就这样成了家庭的牺牲品。潘那矶是喜欢宓妮的，可是这样的婚姻注定是个悲剧，维持了七年后，22岁的宓妮独自带着儿子与潘那矶离婚，却百般阻挠他探望儿子。多年的付出不仅没有得到宓妮的心，最后连儿子也见不到，潘那矶颓废地无心再去经营生意，很快就蚀本亏损，他只落得个落魄不堪的下场。

宓妮现在在一家洋行做事，儿子已经19岁，和她看起来更像是一双姐弟。这个发生在炎樱身边的真事，更像是书里的故事，张爱玲感受到潘那矶对宓妮的情深，也哀叹这桩婚姻的不幸。巨大的好奇心让她在不久后，见到了故事里的女主角宓妮。炎樱和张爱玲一起前往赴约，宓妮在一家广州茶楼招待她们吃茶。宓妮看上去只有二三十岁，装扮时尚干练，长相与张爱玲的母亲黄逸梵属于同一类型，深目高鼻，薄嘴唇，因此喝着她亲手斟的菊花茶，张爱玲倍觉贴心。宓妮后来嫁给了她儿子的朋友，年龄比她小，一家人生活在一起却幸福美满。后来，香港战事爆发，张爱玲在炎樱家中见到了麦唐纳太太，六十岁的人还在囤货做生意，她微哑的嗓音和有说有笑的神情，都鲜明地留在张爱玲的记忆里。这个故事在世事流离中深刻如画，张爱玲后来根据它创作出了小说《连环套》。

上海风云，浮世悲欢，都让张爱玲收在笔端，这些离奇的经历使她历练出岿然不动的心性，像一个站在世外俯首众生的智者，心安理得地安享着凡俗的小资小调。1942年12月，太平洋战争爆发。18日，日本军队登陆香港，战争的炮火一路蔓延至此，张爱玲的港大生活戛然而止。战事没有丝毫停歇的迹象，大考被取消，同学们兴奋地欢呼雀跃起来，如临世界末日的恐惧感和刀兵相见的刺激感，让这些娇小姐们感到新奇。就连那位胆小美丽的月女姑娘，也忍不住和一群女孩子跑到阳台上，偷偷观望列兵经过。一个有钱的华侨，此时还在担心自己的排场有失大雅，在宿舍里叫起来："怎么办呢？没有合适的衣服穿呢！"从跳舞到宴会各种社交场合的行头她都不缺，唯独没有准备打仗时穿的衣服，针对现实情况，她想办法借了件灰布棉袍，以减少外出时空军对她的注意力。从此看来，她对服装的审美还是会审时度势的。

　　另一个叫苏雷伽的女孩子，来自马来半岛上的一个小镇上。虽黑瘦娇小，对美的热爱却很强大，当炸弹掉在宿舍隔壁，大家都快速逃下山时，她却兀自冒着生命危险整理自己的衣服。她充耳不闻舍监的督促，哪怕大家劝她轻装前行，还是在紧急的情形下，将装满衣服的大皮箱运到了山下。这是个"天真得可耻"女孩，她报考港大选的是医科，却对一件事充满了顾虑：医科要解剖人体，被解剖的尸体穿衣服不穿？这个笑话让她很快闻名全校。苏雷伽加入了后方防御工作，在红十字会所充当临时看护，身穿绣着赤铜底绿寿字的织锦缎棉袍，蹲在地上劈柴生火，着装华服做粗笨的脏活，虽然有些可惜，却让她在众多衣衫简陋的女孩当中，显得优雅出众。因此，成功吸引了一众男护士，伴她谈笑风生，一起做工，也不觉得累，反锻炼出她的自信干练。这场战争对苏雷伽来说反而是一场升华的洗礼。张爱玲和同学们躲在宿舍下层黑漆漆的箱子间，听着外面的机关枪扫射过来，击打在屋檐上，似暗夜里雨滴轻敲荷叶，心境却不同。为了防止被流弹伤到，没有人敢走到窗前，就着亮光洗菜，因此每次吃饭时，菜汤里都有未死的虫子在蠢蠢蠕动。

一个从内地来的女孩子艾芙林，曾在前几年告诉大家，她是个身经百战的人，担惊受怕的事情对她来说都是微不足道的。但当战争真正来临时，日军的轰炸机在离宿舍不远的一座英军事要塞发出了震耳欲聋的爆炸声，令人没有想到的是，第一个歇斯底里哀号的倒是艾芙林。她喋喋不休地给女同学们讲述恐怖的战争故事，似乎要将她的恐惧传递给别人，她自己就能如释重负一样。而且吃饭的时候，艾芙林胃口大开，她想要通过进食的快感来暂缓恐惧与不安，大家为了节俭商量着实行分配制度，可她却极力阻挠，还劝导别人海吃胡喝，说是这些食物很可能就是她们最后的餐点，也许明天她们就要食枯粮绝，吃饱喝足、及时行乐才对得起自己。如此一来，她得了便秘症，吃饱了就瘫坐着哭泣。也有个叫乔纳生的英雄少年，他曾参加过志愿军上过战场，浑身都洋溢着狂热的浪漫主义，偏执使他脸色苍白，一缕头发垂在眉眼间，有三分神似诗人拜伦。他听说九龙作战的情形极为气愤，他们指派两个大学生冒着枪林弹雨跨出壕沟去抬一个英国兵，惹得他大发议论："我们两条命不抵他们一条。招兵的时候他们答应特别优待，让我们归我们自己的教授管辖，答应了全不算话！"投笔从戎的华侨学生，大约以为战争是基督教青年组织的九龙远足旅行，这样的浪漫主义确实有些"残酷"。战争拉长了战线，同学们松散如往日，张爱玲形容说，"像一个人坐在硬板凳上打瞌睡，虽然不舒服，而且没结没完地抱怨着，到底还是睡着了"。死里逃生的日子，更是要恣意安享。炎樱是胆子最大的一个，冒着日军的纷飞炮火，跑到城里去看五彩卡通电影画片，看完回来，又独自一人到楼上洗澡。正洗

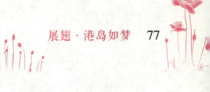

着，一颗流弹"哗啦"打碎了浴室的玻璃窗，她正哼着歌躺在浴盆里玩水，就像没听到一样丝毫不在乎。舍监为此大发雷霆，她要时刻为学生的安危负责任，炎樱却明目张胆地讽刺她们贪生怕死，让人实在头疼。

这时发生了一件让张爱玲心痛的事情，她们的历史教授佛朗士先生被哨兵误伤至死。大家还都记得那天在课堂上，佛朗士告诉大家，下周一将与同学们暂别，他要去"练武功"，想必是志愿军操演的气氛感染了他。这位心怀热忱的英国教授有一天黄昏在军营中散步，沉浸于自己的世界里，丝毫没有听到哨兵的警告，一声枪响过后，亲爱的佛朗士先生就被误了卿卿性命，瞬间化为历史里的一缕烟尘。一个历史学教授，以这样的方式死去，是不会在英格兰的史册上留下英名的。张爱玲感叹"一个先生，一个好人"的死是"人类的浪费"。佛朗士的一腔学问还没有传授给同学们，他就不明不白地死去，实在令人惋惜。战争的残酷无情，和张爱玲经历过的人世冷暖相比起来，让她感悟更深："房子可以毁掉，钱转眼可以成废纸，人可以死，自己更是朝不保暮。"再鲜活的生命，也抵不过意外的突袭，生活里的那些琐碎，不必放在心上刺伤自己，要像那些可爱的同学们和炎樱一样，面临再大的苦难，都要心情美美地穿漂亮的衣，去做自己想做的事情，不退缩，不畏惧，如此方不辜负一生。

香港是英国人的殖民地，和日本人的战争也只是他们之间的利益争夺，这里所有的华人和外来人士不过都是无辜的受害者，像是在这繁华之地，遭遇了一场无可抗拒的瘟疫。

港大早已停止办公，有处落脚的同学都已走得干干净净，张爱玲随着留下来的一帮同学，前往防空总部去报名。每个人都领到了证章，参加到守城的工作中去。为了能找到避难之所，大家迫不得已做起了志愿者。刚从总部出来就遭遇了空袭，众人从电车里一涌而出飞奔过人行道，然后都满满当当地挤进路边的门洞里。空电车像一个巨大的蝉蜕，孤独地停在街上，被轰炸得千疮百孔。刺眼的阳光发出虚幻光芒，张爱玲伤感地想，自己会死在异乡的陌生人群里吗？紧接着，从头顶呼啸而过的炸弹打断了她的思维，张爱玲迅速地用铁帽子罩住了脸，直到听到响声才感觉到炸弹落在了远处，她还好好地活着。即便如此，这样的无奈之举也没能保障基本的温饱，荒乱的战争里，只能分到米和黄豆维持生命。缺盐少油，又无柴薪可烹煮的境遇，为原本缺乏自理能力的张爱玲出了一道难题。她对着这些生硬的食材发呆，不知从哪里下手，连着两天都粒米未进，"飘飘然去上工"。张爱玲自嘲道："像我这样不尽职的人，受点委屈也是该当的。"

天上的飞机忙着抛掷炸弹，地上的防空洞里，八十多个青年人各有各的情绪，紧张的气氛下，他们蓬勃的朝气似乎并未减弱。对于张爱玲却有意外的抚慰，因为他们驻扎的地方，正好在冯平山的图书馆里，散落各处的书籍都被她捡起来整理好一一品读。平日里有太多的娱乐干扰他们的心神，而这里是隔离了硝烟的庇护之所，更适宜读书。即使教授在，也无须担心他们不读书，因为无事可做，读读《诗经》《圣经》，翻翻莎士比亚、诸子百家，不失为一项凝心定神的好方法。或许更多的人，只是用来排解沉闷，以它度过艰难，转移注意力也是好的。在光线昏暗的防空洞里读书，尤其是读字体极小的书，眼睛显得格外吃力，张爱玲笃定又负气地想，万一炸弹落下来，视力再好也无用。她沉浸在《醒世姻缘传》《官场现形记》的情节里，时常会被此起彼落的阵阵炮火打断思路，一边读书一边听炮火的经历实在铭心刻骨。这种朝不保夕的感受使她成长，培养了她气质里面临任何情境都岿然不动的心态，这也是张爱玲本性里纯真的一面。相对于更多的人来说，战争带给人们的强烈震撼除了恐惧，更多的是及时行乐。也许明日就会灰飞烟灭，那么此刻就算褪去道德束缚的外衣，恣意妄为也不为过。一时之间，男女学生之间的关系也变得异常暧昧，不再是学生气的爱情，大多是温和中带着一丝丝的伤感，像穷途末路时抓住的最后一丝温存。张爱玲写道："这一类的现象给人不同的反应作用——会使人惊悚回到孔子跟前去，也说不定，到底相当的束缚是少不得的，原始人天真虽天真，究竟不是一个充分的'人'。"身处乱世，穿行于战火硝烟，又毗邻情色男女，张爱玲始终是那个清醒又认真面对现实的人。

离乱的战火，迷乱的生活，医院院长甚至担忧有一批"战争小孩子"将要诞生，在这种情形下，一些管制和约束已经形同虚设。有一天，一个女生抱着长行的包裹，准备溜出宿舍，经过盘查后才知道，她不过是将做工换来的一袋米打包成了褓褓，以防路上被人劫去。

在这如同绝境的日子里，却有一对恋人来防空处借汽车去领结婚证书。男子是个医生，女子是个娇小美丽的看护，虽没有弄到结婚礼服，她也穿了件镶着墨绿花边的绿绸夹袍，因为战乱的缘故，她的打扮在大家眼里无疑是最美的。他们每次来都会等上几个钟头，并没有恋人间的窃窃私语，只是默默对视，微微地笑着，像是要把对方都刻进彼此的心里。同学们感受到了他们的快乐，虽说与大家无关，却也无端地觉得美好，都跟微笑了起来。死亡的迫胁下迟滞的时间显得虚空，没有人能预知下一秒，若不抓住点有分量的东西，似乎已经无法感知到自己的存在。婚姻是人生大事，如果没有明天，那么现在就是正当时，香港报纸上刊登满了结婚公告，其中也有许多学生，大有下一秒双双奔赴黄泉的决绝，反倒盖过了那些惊骇人心的、悲观新闻标题。

这样的欢喜里有着近乎悲哀的爱恋。"一般的学生对于人们的真性情素鲜认识，一旦有机会刮去一点浮皮，看见底下的畏缩，怕痒，可怜又可笑的男人或女人，多半就会爱上他们最初的发现。"多年后，张爱玲分析了当年的这一狂热婚潮现象，当时的她依旧坚定，因为她觉得过早结婚就会"限制自己的活动范围"。她的梦想是远大的，到底要走多远的路才能到达，她不知，但要保全自己不被命运出局，才有继续奔赴未来的可能。这场为期十八天的围困，成就了张爱玲后来的成名作之一《倾城之恋》："在这个不可理喻的世界里，谁知道什么是因，什么是果？谁知道呢？也许就因为要成全她，一个大城市倾覆了。成千上万的人死去，成千上万的人痛苦着，跟着是惊天动地的大改革……"故事结尾，保卫战从 1941 年 12 月 8 日开始，于 1941 年 12 月 25 日结束，香港沦陷。活着的活了下来，一切似乎从来平淡，从来没有如火如荼地发生过任何事情，绝望也只是那时候的感觉。它与希望、渴望、盼望一样，来得突然走得也快，那些亲历过幸存下来的人熬过了危机，躲过了死神的窥视，当阳光又洒满这座城池，大家可以非常平静地谈论这个真实的故事，就像是用了十八天去看了场惊险刺激的电影。

重生的欣喜，让人们像绽放在阳光下的花儿，心花怒放。港大的女学生们欢天喜地地高呼着："仗打完了！"三五成群地跑上街头，鸟群般到处觅食，冰激凌和唇膏成了她们的最爱，心里仿佛藏着一团火，一定要涂在嘴唇上，吃进口中才能将其宣泄。第二次世界大战期间，妇女们都涂上大红的口红，进入工厂或军队，作为对士气的鼓舞。但对劫后重生的女孩子们来说，涂口红更像是在给自己树立热爱生活的信心，毕竟战火还在世界的各个角落不停地蔓延燃烧着。可惜的是，城里的多家冷饮店并未整顿完善，她们一家挨一家地询问下，只有一家店许诺，第二天下午尽量做出她们需求的冰激凌。第二天，张爱玲和炎樱不惜徒步十里路进城，吃了一盘价格昂贵的冰激凌，虽然全是冰渣子，咬起来咯吱咯吱脆响，她们的心也是快乐的，听起来就像是一首快乐的歌。战后的香港成了饕餮之城，每个人都胃口大开，以食物的温润香甜来抚慰所承受过的巨大不幸，街头的饮食行业空前繁荣。生意人也审时度势，与其无法供应汽油，汽车行不如改头换面开成小吃店。绸缎铺和药房也卖起了糕点。律师和教员都做起了厨师，平均每隔五步或十步远都能看到一个衣冠楚楚的人，蹲在小风炉旁炸小黄饼，吃起来硬如铁块，因此营生并不如意，为了维持生计，他们又试验着推出了甜面包、三角饼和似像非像的椰子蛋糕。许多人立在食摊前，吃着刚出锅的萝卜丝饼，对不远处堆积的尸体视若无睹，人们并非没有悲悯之心，九死一生活过来的他们已经无暇他顾，唯有填饱肚子才能活下去，若不坚强也许躺在地上的死人就是自己。凄凉的惨景过后，人间烟火最鼎盛。街上到处都是小摊，有卖胭脂的、有卖牛羊肉罐头的、也有卖西药的，还有许多物品是从战乱中得来的战利品，西装、绒线衫、蕾丝窗帘、雕花玻璃器皿和整匹的呢绒等。张爱玲形容说："香港从来没有这样馋嘴过。"

　　唯有深刻的教训才能得出经验，"想做什么就马上做，否则就来不及了"，这是战火熄灭后香港人得出的认知，也影响了张爱玲的观念，想必"出名要趁早"的说法也是在香港就已衍生出的想法。战后的港大并未复学，原来的男生宿舍被改成了餐室，容纳了三十多个从战争中遗留下的病人。脚臭和腐烂的气味使空气污浊不堪，他们的头抵着床头的柱子，颈项和身体形成 90 度角，从早到晚保持这样的姿势，只在吃每天的两顿饭时，才能看到他们的眼睛眨动，嘴唇的开合，余下的时间让人觉得就像一堆木头人。女学生们被指派去了"大学堂临时医院"做看护，张爱玲在《烬余录》里毫不掩饰自己的态度："我是一个不负责任的，没有良心的看护。"上夜班的时候，她坐在屏风后面看书，吃着特送的牛奶面包做夜宵，勉强应付着工作，但有个病人生了奇臭的蚀烂症，令人抓狂的痛苦，让他整夜整夜地狂叫，忽高忽低的呻吟让其余人无比心烦。奇怪的是，他的面部表情却趋近狂喜，嘴微微地张着，像是有人不停地在他身上抓痒痒，让他忍俊不禁。直到吵醒了整个病房的病人，大家只好一起喊："姑娘啊！姑娘啊！"好让看护来解决问题，平息他的狂躁，张爱玲放下书问清他的需要，去厨房看了看并没有开水，只好转告他默默离开，病人叹着气安静片刻之后，又故技重演，嘴里哼哼唧唧地叫着，姑娘啊……姑娘啊……姑娘啊……其实，他就是想有人看他一眼，或是陪他一秒也好，孤独痛苦的人更加渴望有人关怀。

可他的绝望使张爱玲心慌，又使她觉得莫名的想发怒，世间的炎凉伤痛及生死幻灭与她隔得那么遥远，尤其一个陌生人的无助，更是想让她逃离，她觉得自己是一只"被猎的兽"。可是这样的麻木又让她觉得自责，凌晨三点，张爱玲抱着比卷心百合更美丽的肥白牛奶瓶，穿过病房去厨房，许多病人醒来，眼巴巴望着。她用肥皂清洗黄铜锅上的油垢，水冰冷如刀割，洗不净太多的痕迹，工人们用它煨汤，病人们用它洗脸，也许还有别的用途也说不定。张爱玲还是在清洗了无数次之后，将牛奶倒进去，看着蓝色的煤气火焰如青莲一般，将那些肮脏的东西历练成一尊铜佛。然而，那"姑娘啊！"的呼喊还是追了过来，将宁静温馨的氛围打破，天快亮的时候，他死了。与其煎熬不如结束痛苦，这样的死亡让大家觉得"欢欣鼓舞"，是一种好的解脱。"她的冷眼不仅给众生，给乱世，也给自己。"《烬余录》文末她如是说。

港大经过整顿后，开始上课，一朝天子一朝臣，学生们开始学日语。教师是一个年轻的俄国人，教学方式独辟蹊径，喜欢提问一些可笑的问题，试图通过自己理解的"语境"来和学生们交流。张爱玲对上课不感兴趣，常在课堂上画画，呈现的都是生活中的熟悉画面。她用笔描绘出暴躁的二房东太太，一笔一笔地将她的斗鸡眼画成两个凸出来的水龙头；还把一个少奶奶画成了电气吹风筒，她的整个头与颈连起来十分形象；而患了传染病的妓女，被她画得又像狮子又像狗，她们看似凶悍却又实在可怜。这些细腻的描绘，与她日后书写的文字，大有殊途同归的妙处，她在感受着所有经历的事情，努力将它们呈现笔端。她为炎樱画了一张穿着衬裙的肖像，洋溢着青春朝气，俄国老师非常欣赏这张画，最后以五港币购买作为纪念。时日不久，因为他教学方式不得当的缘故，原本每次爆满的课堂，最后只剩下稀稀拉拉的几个人，他觉得颜面尽失，辞退了工作。这段特殊时期，正是张爱玲的黄金绘画时代，这样的环境似乎激发出了她独特的创作才情。回国后，这些画作时常被她拿出来自我欣赏，有时兴致来了想再临摹一遍，却再也画不出那样的味道，那种生动形象又夸张不浮华的表达，再也表达不出来。这些人像正是她沉淀在心底的经历，随着时间的积累，自然而然逐渐成形涌现，之后所写的小说正是"注解式的传记"。

1942 年春，张爱玲与炎樱同乘一艘商船回国，船在水上行，人在江湖漂，张爱玲感到"时代的车轰轰地往前开。我们坐在车上，经过的也许不过是几条熟悉的街衢，可是在漫天的火光中也有惊心动魄。就可惜我们只顾忙着在一瞥即逝的店铺的橱窗里找寻我们自己的影子——我们只看见自己的脸，苍白、渺小；我们的自私与空虚，我们恬不知耻的愚蠢——谁都像我们一样，然而我们每一个人都是孤独的。"张爱玲注定是一个传奇女子，不到二十岁的年龄，就经历了从晚清到民国的过渡，又在战火硝烟里感受到历史的蜕变，还有那些世事变幻，这些都将成为她书写的借鉴资本，一字一句，供人读阅。

第七章

绚烂·忽而成名

　　从异乡回故乡上海，张爱玲的心里跳动着小心翼翼的喜爱之情，这个熟悉又陌生的地方依旧没有脱离日本人的掌控。离开的许多日子里，她对这个城市是思念的，却没有可以怀念的人可以寄情，今日的她不再是昨天那个怯弱的女孩，再多的风雨她亦能从容面对。张爱玲回来了，落脚在姑姑家里，而母亲却去了新加坡，她们之间好久没有书信往来，倒是姑姑一直以母亲般的温暖，疼爱着这个爹不要娘不顾的孩子。粉红拷贝纸上，姑姑写下的蓝色娟秀字体，缭绕着淡淡的幽香从未散去。张爱玲离开上海时，她正在英商的怡和洋行做事，后来听了别人建议，投资股票失败又遇时局动荡，辞职到电台工作了一段时间后，又去了大光明戏院做翻译。彼时，供职在外资企业，生活过得还算悠闲。无论生活怎样清贫，租来的屋子在姑姑的手里，依旧保持着她的风格，自己设计的家具和选购的窗帘，屋里的每一个小小的装饰品，都让张爱玲无由的喜欢。在赫德路一九二号的爱丁顿公寓里，张爱玲度过了多年来最为美好的时光。晚上在姑姑的唠叨声和楼下的电车铃声中酣然入睡，早上又在姑姑嘀嘀咕咕，催促她起床吃早餐的爱意里醒来，没有求职的烦恼，不必顾虑嫁人与否，就连中断的学业也暂时不去考虑。姑姑的这个小家是张爱玲飘零过后停泊的小小港湾，这段时间的感受都被她后来写进了《姑姑语录》《公寓生活记趣》。在亲情的呵护下，张爱玲的心柔软起来，看到街头的上海人也觉得亲切，即使做过那么多梦，张爱玲还是深恋着上海。弟弟张子静来看她，时间与距离的疏离让他们乍见之下，唯有以客套的话语来寒暄问候，两姐弟一个清丽飘逸，一个瘦而沉默，她还有姑姑疼爱着，而弟弟在那个继母当权的家里遭受着什么样的待遇，想想就让做姐姐的心酸。很晚才去接受新式教育的张子静，一举考上了复旦大学中文系，让人深感欣慰。但仅读了两个月也同张爱玲一样，因为战争的缘故，拿了转学证在家复习，准备转考圣约翰大学。

战火毁灭了张爱玲的港大成绩单，留学无望，弟弟建议她和自己一起，报考圣约翰大学，将学业顺利完结。离开母亲资助的张爱玲，不忍再给姑姑增加负担，为了姐姐能和自己在一个学校里上学，胆小的张子静避开继母将姐姐的情况说给父亲听。想不到张廷重沉吟之后，竟然同意出学费让张爱玲继续读书。也许是为了弥补歉疚，父亲的心里始终没有放下过对女儿的牵挂。尽管当初发生过残酷的囚禁事件，谁又能说那不是一个父亲对女儿最后的挽留呢？几天之后，父女相见，彼此都淡淡地维护着自己的尊严，张廷重让女儿先去报名，通过考试之后，再让张子静将学费亲自送去。短短的会面前后不足十分钟，这次相见是父女间的最后一次相见。转学考试对于一个学霸来讲实在是轻而易举的事情，结果却令人啼笑皆非。张爱玲竟然因为国文不及格而被拒之门外。炎樱倒是顺利考入，而且被校方指派为成绩优异的"学生长",在好友炎樱颇为自得的情形下,即将闻名上海文坛的张爱玲却待在国文初级班补习,这场"误会"究竟是对才女造诣的揶揄,还是对圣约翰大学鉴赏能力的讥讽,一时无法定论。

秋天来临的时候,张爱玲进入圣约翰大学四年级文学系,弟弟张子静读一年级经济系,开学不久,张爱玲就直接跳级到了高级班。炎樱和张爱玲这双从香港归来的姐妹,眼界和审美已不同往日,她们在衣服上的独特品位,与本地学生的着装比起来简直是奇装异服。张爱玲将一块在香港战后街头买的广东土布做成了短袖上衣,图案底色是鲜艳的玫瑰红,上印粉红花朵和嫩黄绿叶子,在上海人的认知里,只有乡下婴儿才会穿的衣服,就这样被张爱玲无所忌惮地展示出来,在频频侧目的回头率里飘然而过。

稳定下来之后,张爱玲以流畅深刻的英文功底写了一篇名为《中国人的生活和时装》(*Chinese Life and Fashions*),洋洋洒洒近万字,她还极为细致地亲手绘制了 12 幅发型服饰插图,投递给英文月刊《二十世纪》(*The 20th Century*),很快便被通知采用。这是一本面向生活在亚洲的西方人创办的综合性刊物,里面的内容包括时事报道、旅游攻略、书评影评等。酷爱电影的张爱玲信心倍增,相继发表了多篇影评,受到如潮好评。这些文章后来被张爱玲翻译成中文,收录进散文集《流言》。该报的主编梅涅特评论张爱玲:"与她不少中国同胞差异之处在于,她从不将中国的事物视为理所当然;正由于她对自己的民族有深邃的好奇,使她有能力向外国人诠释中国人。"梅涅特称赞张爱玲是"如此有前途的青年天才",之前张爱玲就在《西风》杂志上发表过《我的天才梦》,同学们早有耳闻,可她除了与炎樱在一起之外,很多时候都是独来独往。为了能自食其力赚取生活费,一边读书一边写稿的紧张节奏令张爱玲逐渐吃不消，两个月之后，才女骄傲的背影成为圣约翰大学的惊鸿一瞥，她果断退学，正式走上写作道路。同时，张爱玲以香港为背景创作出了《沉香屑·第一炉香》和《沉香屑·第二炉香》，这时，她体会到了中文小说的谋篇布局，畅意抒怀的创作更能让她淋漓尽致地发挥自己的才华，曾经向往林语堂方式的英文写作，远不如她书写生活中的市井生活和身边人的人生百态。

母亲有位叫黄岳渊的远房亲戚，是位老园艺家，技艺精湛，侍弄出了满园的奇花异草，吸引来许多文人墨客，名伶琴师。赫赫有名的鸳鸯蝴蝶派作家周瘦鹃，亦是此间的座上客。自幼家贫，六岁丧父的他，仅靠寡母持家勉强上到中学，为了生活走上文学创作之路，他的笔下才子佳人的爱情难有圆满结局，爱到缠绵悱恻也难逃分离宿命，张爱玲的文字里也有同样的悲情，许是因他们的命运都有着波折坎坷。这位在二三十年代就享誉中国文坛的才子，时任上海多家报刊的编辑，此时还正在为了筹备《紫罗兰》杂志的复刊而发愁，要想找到文笔优美且有深意的作者，不是一件容易的事情。黄岳渊老人读过张爱玲的文章，更知道她自幼在文学上的天赋极高，就向周瘦鹃推荐了张爱玲。手持老人所写的介绍信，张爱玲于1943年一个春寒料峭的下午，前往上海公共租界的周宅拜访，这一行，也成功打开了中国文坛的大门。初春的上海阴冷潮湿，周家书房却春意盎然，古香古色的书架上线装书整齐排列，紫檀悠然，茶香缭绕，周瘦鹃坐在书桌前看了小女儿送上楼的信，下楼与张爱玲相见。只见一位高挑文静的女子，梳着时尚的爱司头，身穿鹅黄缎旗袍，优雅清丽。在张爱玲的眼里，年过半百的周瘦鹃更是气度不凡，衣袍飘逸，儒雅淡然，一老一少聊得颇为投机。原本不擅与人打交道的张爱玲，那天的话却格外多，她说起了父亲旧宅书房里看过的《恨不相逢未嫁时》《此恨绵绵无绝期》等哀婉唯美的爱情小说，陪着她度过了清寂的童年。虽然她最为欣赏张恨水的文字，但周瘦鹃的才情也格外使她仰慕。而且她的母亲为周瘦鹃的哀情小说掉过无数的热泪，她甚至曾给周瘦鹃写过一封劝他封笔的信，不然她会忍不住继续一边哭着一边看。寒暄过后，周瘦鹃打开了张爱玲奉上的纸包，打开装订好的整洁文稿，大略浏览一下就已对《沉香屑》之名产生好感，告诉张爱玲他会认真拜读，给予回复。

夜晚灯下，更适宜读《沉香屑》。读过太多年轻作者空泛华丽的来稿，对于张爱玲的小说，周瘦鹃并没有抱太大期望，但随着张爱玲不疾不徐的叙述脉络，读者不由自主随着文章的深入渐入佳境，凝练老到的文笔时不时点缀上几句哲理性的美词妙句，彰显出张爱玲深厚的文学功底。既有东方传统小说的文笔，又吸纳了西方文学类比毛姆的思想精华，通篇文章读来深沉老辣，与他那天所见到的二十多岁的女子，完全不相匹配。周瘦鹃的欣喜，并非伯乐与千里马的赏识，而是伯牙子期的高山流水之音，他反复在书房内踱步，赞叹张爱玲是"中西合璧的天降奇才"。从小读《红楼梦》长大的张爱玲，又在港大将西方作家的作品统统学习过，将文学精髓淬炼进自己的文字里，形成了独树一帜的风格。一周后，当张爱玲再次登门拜访，周瘦鹃将两部小说分别拍板，作为《紫罗兰》杂志复刊后第一期和第二期的主打作品。因周瘦鹃先生一生偏爱紫罗兰，就将他的寓所称为紫罗兰庵，笔名亦是紫罗兰庵主人。这本杂志创办于 1922 年，后因故停办，于1943 年 5 月复刊。这份饱含他心血的杂志意义非同一般，而他将张爱玲的两部小说作为前两期的主打作品，更是显得郑重珍爱。第一次写小说就得到了高度肯定，年轻的女孩一时有些出乎意料，她的初衷最多只是为了让这位前辈指导一下自己的文章，提供一些投稿渠道，想不到却能有如此令人欣喜的好消息。初战告捷，张爱玲信心倍增，心中充满无可言喻的感激。

创刊号出来后，周瘦鹃带着《紫罗兰》杂志亲自登门拜访张爱玲。姑姑早已悉心收拾好小客厅，备上花色甜美、甜咸俱全的糕点，用精致的细瓷茶壶泡好热腾腾的红茶，同几只玲珑的茶杯，整齐地摆放在茶盘里，等着客人来喝下午茶。小房子的清新布局与典雅陈设，处处彰显着姑侄两人的生活格调和品位。周瘦鹃品尝着美味的茶点，与姑姑张茂渊侃侃而谈，从茶艺聊到园艺，三个人又古今中外地谈论到艺术和文学，短短的相聚，气氛活泼愉快。姑姑煞费苦心地招待了这个让张爱玲顺利跻身文坛的贵人，对他的知遇之恩十分感动，周瘦鹃更加觉得张爱玲是那么与众不同，在那两期的编辑例言中，直言不讳对张爱玲文学造诣上的赞叹和生活品位的欣赏。

尽管周瘦鹃对张爱玲的两篇作品极为推崇，但由于《紫罗兰》在读者心中的格调，始终贴着"恶俗"和"封建余孽"的标签，只迎合了市民阶层的喜欢，却无法深入追求新思想的主流文艺圈之内。复刊后的《紫罗兰》，在时代背景的冲击下，出版了18期之后再次停刊。虽然张爱玲的作品没有达到预期的热度，但她的才气很快在文学圈里得到瞩目，各大杂志的编辑纵然因为派别不愿贸然约稿，心中却对她的文章极为爱慕。张爱玲的作品也引起了《万象》月刊主编柯灵的关注，这位以写杂文和编剧本著称的出色编辑，也曾先后任职过上海《文汇报》副刊、《世纪风》《大美晚报》副刊、《浅草》《正言报》副刊、《草原》等副刊的编辑。沦陷后的上海，政治空气尤其敏感，太过炽热张扬的文字会招来事端，要想在这座靡乱颓废的城市中开辟一方新文学的净土，张爱玲的文字再合适不过。她笔下的散文或小说，华美世俗又寓意悠长，是一朵开在世俗边缘的罂粟花，读到最后是无止无尽的薄凉沧桑。一时间，张爱玲的文章如花绽放，朵朵都华丽地开在了上海的各大杂志报纸上，《杂志》《古今》《天地》等当时颇有分量的杂志上，都有她的一席之地。就在柯灵正要请周瘦鹃帮他向张爱玲约稿时，一位身着丝质碎花旗袍的年轻女子敲响了位于上海福州路画锦里《万象》编辑室的门，她正是张爱玲。当他接过她手中递过来的报纸，打开稿件看到文字和插图时，柯灵喜出望外地当即拍板了张爱玲所写的《心经》一文。这篇描写父女恋的小说，简直让身为编辑的他爱不释手，8月号的《万象》月刊一经推出，张爱玲的芳名更是让更多读者惊奇不已，之后的每期刊物上，基本都有张爱玲的连载文章，《琉璃瓦》《连环套》两篇小说，散文《到底是上海人》都是刊登在《万象》上的经典之作。

次年6月，张爱玲因为稿费问题与《万象》老板平襟亚反目，张爱玲便将投稿重心放在了《杂志》上。其实真正的原因是《万象》编辑柯灵有着"严重意识形态倾向"，他对叶绍钧、沈从文、傅雷等新文学作家的投稿更为重视，这本严肃的刊物也是他的抗战武器，却也相对矛盾地制约了张爱玲的灵气。周瘦鹃的《紫罗兰》所代表的鸳鸯蝴蝶派并非张爱玲所长，最主要的是，如果卖文受阻将增加她的生存危机，而文学的趣味性又决定了她所写文字的畅销程度。从《紫罗兰》到《万象》再到《杂志》，张爱玲一直在各种刊物之间寻找与自身文字的契合。《杂志》所集齐的章羽、谷正魁、洛川等，正是张爱玲在一定程度上所更为倾向的文风，又加上这家背景深厚的杂志对张爱玲青睐有加，有意将她重点推崇，因此，从 1943 年 7 月起，《杂志》成了张爱玲的专场。《心经》被《万象》刊载的同时，《茉莉香片》几乎同步于《杂志》上与读者见面，一时间张爱玲的文字引领了上海人的时尚，皆为"读张"而彰显自身品位。

如果说《紫罗兰》和《万象》是张爱玲文学路上的高调前奏，那么《杂志》才是真正推波助澜，令张爱玲蜚声文坛的杂志。《杂志》隶属于日本领事馆，为后台的《新中国报》系统，以走纯文学路线为标准，较一般以休闲消遣为主的杂志态度严肃。虽然当时正值沦陷时期，《杂志》旗下依旧集聚了大批才华横溢的作者，雄厚实力之下所产生的影响力，自然是其他杂志无法比拟的。这些复杂的背景对于张爱玲来说，并没有产生任何影射，她本就独立在生活之外，政治与她更是遥远，她只想飞向更高更远的未来。有了可以大展身手的地方，张爱玲创作的作品精彩纷呈，《倾城之恋》《金锁记》《花凋》《红玫瑰与白玫瑰》……这些在她创作生涯中堪称经典之作的一系列散文和小说，大多都首刊于《杂志》。小说奠定了她在文坛上的半壁江山后，张爱玲的散文也在《古今》和《天地》上刊出，一样反响不俗。苏青作为张爱玲的闺密，自然是对张爱玲的文字更为喜爱，读者也因此有幸能在同一期杂志上，看到张爱玲的三四篇文字。1943 年到 1944 年，张爱玲在上海文坛上可谓风光无限，在她迅速侵占读者的眼光时，她的个人隐私也成为人们好奇的焦点。《杂志》适时采用了媒体包装手段，将作家张爱玲的神秘面容推到了大庭广众之下，积极召开了以张爱玲为首的"女作家聚谈会"，还专门开辟专栏，对张爱玲的行踪活动进行事实报道，并热心地与读者互动，解答关于张爱玲的一些问题。她的贵族身世被公之于众。大红大紫的张爱玲不再是一个普通的作家，而是一种文化现象的引领者，更成为当时的风云人物，时尚代言者。

1944 年 9 月，张爱玲的第一本小说集《传奇》由上海《杂志》社出版发行，共收录了张爱玲从 1943 年 4 月到 1944 年 2 月之间，享誉度最高的十篇小说。书的封面是她亲自设计的，灵感来自母亲最爱的湖绿色，黄逸梵深深影响着张爱玲对美感的鉴赏。整个封面如片清洁澄澈的湖面，不加任何点缀和描绘，只有简洁的书名和作者的署名。张爱玲在前言中写道："署名叫《传奇》，目的是在传奇里寻找普通人，在普通人里寻找传奇。"文字亦贴着世俗的一人一物，沁出丝丝缕缕的苍凉，是老宅里的一袭丝绸旧锦，普通人或曾穿过也许只能远远望着，隔着颓败荒唐的光阴尘埃，看那些红男绿女，将人生演绎得千疮百孔。张爱玲的迅速走红也是时势造就的机遇，当时的上海处于沦陷的悲凉里，犹如港岛将倾的最后狂欢，所有人都惶恐不安。在那样一座光怪陆离的繁华城市里，张爱玲的文字将人们无措的心牵引着，华丽飞翔又黯然收场，失落着慢慢坠入深渊，错位着无法左右的黑白颠倒，毫不避讳地将当时的颓废灰暗扩张到无可救药。既然不能逃避，那就坚韧地面对浑浑噩噩，在文字里把思想上所有的负面情绪都散尽，然后再认真将路走下去。

她穿着老古董般的宽袍大袖服装到印刷厂去看自己的书，年轻清冷的面容在工人眼里，有着不食人间烟火的绝美。她曾对弟弟张子静说过："一个人假使没有什么特长，最好是做得特别，可以引人注意。我认为与其做一个平庸的人过一辈子生活，终其一生，默默无闻，不如做一个特别的人，做点特别的事，大家都晓得有这么一个人；不管他人是好是坏，但名气总归有了。"张爱玲在文字里，并未语不惊人死不休，却顺顺利利一举成名，衣着装扮上的独特也惊艳了众人，这些作为都遵循着她自身的人生哲学。偶尔张爱玲也会穿洋装，打扮成18世纪的少妇，穿街过巷地引来一群小孩子在后面闹："嘻，张爱玲来了，张爱玲来了。"正是春风得意，这些凡俗里的小温暖，似嘚嘚马蹄，敲在她的心间，她不恼，照单全收所有的幸福打扰。她也曾有过童年呀，有过这样的好奇欣羡，奢求过所有的宠爱和关注，可那都是过去的陈年往事，沉寂毕竟过去了，掌声、鲜花和崇拜将她推向华丽宝座，她一定要穿着华丽奇异的衣，才能匹配这鎏金岁月。一些进步评论家激愤点评，张爱玲的作品里展现出的醉生梦死和病态，极度影响了国民的身心健康，却挡不住《传奇》出版后四天就销售一空的局面。于当时的境况来讲，一本书的神奇热销，简直就是个奇迹。

　　张爱玲不再是一个单纯的写作者，文字圈之外她被彻底偶像化、时尚化，成为新时代文化的耀眼标志，无形中已被当局列入国际文化交流人物。张爱玲写的第一篇小说，于1943年8月在《杂志》上刊登出之后，11月份她就出现在朝鲜女舞蹈家崔承喜的欢迎会上；日本投降前，她又以主宾身份与"满洲国"电影明星李香兰参加了纳凉晚会。晚宴上的张爱玲，身穿祖母留下来的夹被背面做成的时尚服装，落落大方地与李香兰合影留念。当初《万象》编辑柯灵曾劝她，不要在《杂志》上发表文章，然而张爱玲还是义无反顾地借助它的名气和影响，成就了自己的名气，也获得了应有的财富。如果说从小到大压抑的独立渴望，让她等不及再沉寂下去，也无法再忍受一分一秒的等待，那么与当时那些明哲保身的文人们相比，张爱玲当然也看得到时代的利弊，但她眼中的上海和文化并不能因为现状选择停滞。

张爱玲说："上海人是传统的中国人加上近代高压生活的磨炼。新旧文化种种畸形产物的交流结果也许是不甚健康的，但是这里有一种奇异的智慧。"也正是上海这种特殊的文化环境，造就了张爱玲的独特。在上海这个污浊不堪的环境里，这样一个才华横溢的女孩格外引人注目，柯灵对年少成名的张爱玲是担忧的，于是又一次劝张爱玲，犯不着在"万牲园"里跳舞，文章不如待海晏河清后再刊行。甚至许多张迷都认为，张爱玲如果以一种递进的方式将作品呈现于世，也许她能写出更多更好的作品。然而一切不能设定，张爱玲在时代的缝隙中所绽放的奇异光芒，本就有别于循规蹈矩的规律。怜惜她的人无非是那些真正懂得文字的文人，但当时的上海已经不是欢乐场，文化也成为名利炒作，张爱玲名扬天下，也为商人赚得盆满钵满，同时她的锦绣文字也将纷乱的现局粉饰出太平表象。《杂志》对她不惜血本的包装，汪伪政府对她的大力吹捧，使许多文学大师看出了繁华背后的陷阱。当时正在全力购藏中华文化典籍的郑振铎，竟然破除了自己两耳不闻窗外事的作风，以及一众隐匿在开明书店的文学名宿王伯祥、徐调孚、王统照、周振甫等都联合起来，托柯灵转达了他们的惜才之情：不要在各方势力交错的上海到处投稿，一旦民族大节不保，再耀眼的才华也会被世人摒弃；并极力表明希望张爱玲能将新写的文章交付于开明书店保管，由其预付稿酬，待到局势明朗时再议出版事宜。

张爱玲婉拒了，她写道："一切都是那么虚幻，个人即使等得及，时代是仓促的，已经在破坏中，还有更大的破坏要来。有一天我们的文明，不论是升华还是浮华，都要成为过去。如果我最常用的字是

'荒凉'，那是因为思想背景里有这惘惘的威胁。"家庭的温暖在一朝之间便可离散，留学的梦想也一夕破灭，为了读书她委曲求全去了港大，还是逃不掉战火的蔓延。"在这动荡的世界里，钱财，地产，天长地久的一切，全不可靠了。"倾国倾城也只是须臾，所谓的文明也只是昙花一现，晚清转眼民国，而当今又危在旦夕，在无情的时间面前，没有谁能保证明天是福是祸，瞬间的灿烂辉煌她也贪恋。走过了二十余载的草木炎凉，她的美好生活唯有靠金钱去温暖，而她的明天就是过好每一个今天，才是对自己最好的交代。她痛痛快快地昭告天下："出名要趁早啊，来得太晚的话，快乐也不那么痛快。"有的人只看到了表面的虚荣，却不看向文字背后的世事背景，苦大仇深的时代洪流滚滚而来，她没有能力力挽狂澜，更不甘心被淹没在浊水污泥之中，她手中的笔是这个弱女子安渡寒水的船桨，助她去向更为安定的容身之处。每个人都希冀生活能过得诗情画意，更何况贵族出身的张爱玲？有滋有味、悠闲自得的小资情调，一如她毫不掩饰挂在脸上的高傲。任他明月下西楼，不管别人对她做何评价，都是别人的事情，和她是没有太大关系的。

巴尔扎克说："伟大的人物都走过了黄沙大漠，才登上光荣的高峰。"张爱玲经历过这么多动荡波折，犹如走过了黄沙大漠，成为许多人心目中遥不可及的女神，所有的孤独和艰辛，只是为了磨砺出更好的文字。她不是个平常见识的小女子，因此她的人生观与你和我，还有大家都是有别的。海明威也说过每个伟大的作家都有一个不幸的童年。而不幸之于张爱玲，就是多了许多别的孩子没有经历过的事情。爱尔兰著名作家科尔姆·托宾也表示，一个作家的杰出与不幸的童年是分不开的。由此看来，如果张爱玲的家庭是幸福美满的，那么中国文坛也就会少了一个出色的才女。这世上所有的事情都不会无缘无故地发生，好与坏，仅仅从表面或是眼前来看都是片面的，只有到了一定的阶段，才能看到真相。毕竟一些遭遇不代表全部的生活。

在她1945年出版的《流言》一书中，收录了一封她九岁时的投稿手记，在她还没有学会使用标点的时候，对文字的驾驭已经游刃有余。虽稚嫩却情真意切，她在信中写道："记者先生：'我今年九岁，因为英文不够，所以还没有进学堂。现在先在家里补英文，明年大约可以考四年级了。前天我看见编辑室的启事，我想起我在杭州的日记来，所以寄给你看看，不知你可嫌它太长了不？我常常喜欢画画子，可是不像你们报上那天登的孙中山的儿子那一流的画子，是娃娃古装的人。喜欢填颜色，你如果要我就寄给你看看。祝你快乐。'"张家常年订阅本埠的《新闻报》，副刊发的是本土人看人看世的观点，与晚报的副刊并无太大区别，投稿是大人授意还是小爱玲突发奇想，不得而知。其实她在七岁那年就写了第一篇家庭伦理悲剧，内容有着浓郁的鸳蝴派风格，也是她的处女作："一个小康之家，姓云，娶了个媳妇名叫月娥，小姑叫凤娥。哥哥出门经商去了，于是凤娥定下计策来谋害嫂嫂。"因为年纪太小，张爱玲还没有掌握足够的文字来写作，虽然文思泉涌，思绪流畅，可总被不会写的字拦住进度，她也不退却，遇到笔画复杂或不会写的汉字，就跑去向家里的厨子请教。

家里的小报尽是这类文风，章回体小说里的故事，又和家里佣人们闲聊的许多情爱纠缠，有着这样或那样的相同和不同，这些渠道都成为张爱玲灵感的来源。后来这篇文章不了了之，只因她又对历史小说产生了浓厚的兴趣，心中并没有具体的定位，就急急地以章回体的句式套了开头："话说隋末唐初的时候……"很显然，"的"字夹进去影响了古文的整体性，但也挡不住她在旧账簿上，挥笔疾书了密密麻麻的一张。大约小爱玲是自唐诗中读出了华丽大气，使她认定隋唐"是一个兴兴轰轰橙红色的年代"，至于要写出怎样的故事来，仿佛并不是最重要的，单是发生在隋唐就是令人兴奋开心的。偏巧这时有个三十岁左右的亲戚"辫大侄侄"到家里来，瞧见从头至尾都写得极有风采的章回体，为她的认真和不易夸了一句："喝！写起《隋唐演义》来了。"那惊喜欣赏的语气很是令小爱玲得意了一番。

　　八岁的时候张爱玲必是读过了类似乌托邦的小说，就换了新的文体写起了《快乐村》："快乐村人是一个好战的高原民族，因克服苗人有功，蒙中国皇帝特许，免征赋税，并予自治权。所以快乐村是一个与外界隔绝的大家庭，自耕自织，保存着部落时代的活泼文化。"这一年也正是她的父母离婚的时间，也或许是读了陶渊明的《桃花源记》，才在这八岁的年龄里，向往能有这么个地方容纳他们一家人，留住不断在变幻消失的家庭温暖。《天才梦》中张爱玲还为她理想中的社会绘画了许多插图，包括图书馆、演武厅、巧克力店、屋顶花园，而最绝妙的是在荷花池里的凉亭中，设置一座公共餐室。写作对这个思想超群的女孩儿来说，是一个极大的诱惑，胜过同龄小孩子搭建积木盖房子。现实的颓败和苍凉，让她更加热衷于沉浸在文字的世界里。十二三岁的时候张爱玲又写了一篇名为《理想中的理想村》的小说，其中洋洋洒洒写出了唯美篇幅："在小山的顶上有一所精致的跳舞厅。晚饭后，乳白色的淡烟渐渐地褪了，露出明朗的南国的蓝天。你可以听见悠扬的音乐，像一副桃色的网从山顶撒下来笼罩着全山……这里有的是活泼的青春，有的是热的火红的心，没有颓废的小老人，只有健壮的老少年。银白的月踽踽地在空空洞洞的天上徘徊，她仿佛在垂泪，她恨自己的孤独……还有那个游泳池，永远做一个慈善的老婆婆，满脸皱纹地笑着，当她看见许多活泼的孩子像小美人鱼似的扑通扑通跳下水去的时候，好快乐地爆出极大的银色水花……沿路上都是微笑的野蔷薇，风来了，它们扭一扭腰，送一个明媚的眼波，仿佛是在时装展览会里表演时装似的。清泉潺潺地从石缝里流，流，流，一直流到山下，聚成一片蓝光潋滟的池塘，在熏风吹醉了人间的时候，你可以耽在小船上，不用划，让它轻轻地，仿佛是怕惊醒了酣睡的池波，飘着飘着，在浓绿的垂杨下飘着……这是多么富于诗意的情景哟！"

　　张爱玲成名后，编辑们开始深掘她压箱底的旧稿，她搜寻回顾后拟名为《存稿》的散文，罗列了年少时的这些作品。张爱玲对"历史小说"的幼稚报以莞尔，看到《理想中的理想村》却认为是"最不能忍耐的新文艺滥腔"。当年她能在同学们之中模仿当红名作家的文风，做出这样华美的文章，老师们也是评价极高的。甚至还流行过一阵子她写的佳句："那醉人的春风，把我化成了石像在你的门前"，张爱玲拒绝"认领"句子，狡黠地叹道："我简直不相信这是我写的。"忆起来，大约是为了取悦老师才勉强作在台面上的文章，私下里她完成了人生中第一篇有始有终的小说，这时候她在上小学，用铅笔写在一本练习簿上，这个杜撰出来的三角恋故事，以女主角投湖告终。同学们传看得极为认真，有个姓殷的男同学看了手抄本就来兴师问罪，因为那个故事中的负心汉和他一个姓，他愤愤地自作主张改成了王梅生，张爱玲当然不愿意，又用橡皮擦了改成自己中意的名字，不知道是不

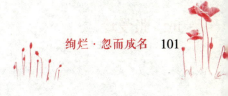

是又重了别人的名讳，最后在班里传来传去，擦来擦去，纸都被擦破了。

　　到了中学时代，张爱玲不再满足于小打小闹，笔锋转向大部头的长篇小说，与父亲合作了《摩登红楼》，在前文已有详细描述。她对《红楼梦》的熟知程度到了如数家珍的地步，书中的情节和人物都从陈旧的贾府搬到了现代，也让贾宝玉和林黛玉住上了高楼大厦，还慷慨地安排贾政坐上了火车，贾琏也学会了安排洋节日，懂得洋礼节。整部书依旧让他们按照曹雪芹笔下的性情行事，情节篡改上带着促狭的捉弄。林黛玉穿越到开明社会还是个小心眼，贾宝玉活了一辈子也还是惧怕父亲，贾琏这个公子哥依旧流里流气……剧情的反转以尤二姐吞金未遂出现转机，她泼辣勇敢地起诉贾琏始乱终弃，请了律师打官司；贾府里打发出去的芳官和藕官并没有流离失所，反而加入了歌舞团，赢得贾珍父子的追求；宝玉为了追随黛玉出国留学，使出离家出走的"撒手锏"，终于逼迫家里人让步。两个人漂洋过海去恋爱，最后却落得个各奔东西的下场，每日里不是吵架就是拌嘴，黛玉寻死觅活要和宝玉今生决绝，为了不给林妹妹添堵，宝哥哥只好独自回国。虽是游戏之作也不难看出张爱玲的思想所指，只为反映女性在新时代的觉醒和反抗旧风气的勇敢精神。这部章回体戏作，文笔流畅自如，无论从对话还是叙事方面来讲都已相当成熟，丝毫没有晦涩堆砌的痕迹。这样的通俗小说与《理想中的理想村》完全是两种不同的风格，同学们私下里传看，做作文时还是要遵从老师的要求，认真去写新体文章。

　　就读圣玛利亚女校之后，张爱玲的散文和小说习作屡见校刊《凤藻》，最初发表的《迟暮》带着母亲黄逸梵的影子，她"曾经在海外壮游，在崇山峻岭上长啸，在冰港内滑冰，在广座里高谈"，红颜易老终是"黄卷青灯，美人迟暮，千古一辙"，隐约有几分从古词人诗里借来的意境。高二时做过名为《秋雨》的写景文："天也是阴沉沉的，像古老的住宅里缠满着蛛丝网的屋顶"，语句已逐渐形成自身的奇特风格。在校外的报刊上她发表过几篇读书报告和一篇《论卡通画之前途》，张爱玲评论林疑今的《无轨列车》："这是一篇不甚连贯的漫画式的小说……中间插入二十余段与故事没有密切关系的都市风景描写，体裁很特别。全书开端以厦门鼓浪屿为背景，也是这地为作者所熟悉的吧，描写颇为真切流利，然而不久便不幸地陷入时下都市文学的滥调里去。写上海，写名媛，写有闲阶级的享乐，永远依照固定的方式，显然不是由细密的观察得来的……作者笔锋模仿穆时英，多矫揉造作之处。"从中可以感受到张爱玲在文字方面的鉴赏力和判断力，以及在小说领域的涉猎广泛和用心极深的研究。丁玲的《在黑暗中》，张爱玲评论其有着"特殊的简练有力的风格"。对于《莎菲女士的日记》张爱玲又融入了当时的社会现状："细腻的心理描写、强烈的个性、颓废美丽的生活，都写得极好。女主角那矛盾的浪漫的个性，可以代表'五四'运动时代一般感到新旧思想冲突的苦闷的女性们。"

在中国近代文学史上，鲁迅先生是真正将小说从一种微乎其微的文体，发展壮大成重要文体的。虽然鲁迅于1936年去世时张爱玲才16岁，但他一向对爱情小说没有多大好感的，对专写三角关系的张资平还曾给予嘲讽，也许是因为他和学生许广平之间产生了师生恋。他还对向他请教为文之道的许广平说过，女性作文长于抒情，议论则是所短，往往说到一大篇仍击不到要害。如果先生能看到张爱玲从初中时就写的极为成熟老到的议论文字，定当会刮目相看，何况他和张爱玲同样欣赏张恨水，对那些哭哭啼啼的文字和搞笑的风格并不排斥，鲁迅还经常买张恨水的小说给母亲解闷。就当时的诸多杰出文人来讲，鲁迅和张爱玲堪称那个时代的两个典型性代表。鲁迅以尖锐著称，从小说入道以杂文闻名，来批判黑暗社会和麻木国人，享有"伟大的文学家、思想家、革命家"之称，完全符合一个男性作家的形象。张爱玲则以睥睨之姿问世，以红尘男女的情爱之欢名扬天下，华丽的光环下，人们却忽略了她写过的小品文和散文之类的作品，其中不乏外文经典，篇篇都剖析得格外到位，对国人的心态洞若观火，读过文章的人不分国界人种，无不啧啧称奇。若论道行功力，张爱玲属于资质清奇，独成一派的女作家。她不要苦大仇深跳进政治海域，只做那个临水照花的小女子，写着自己的锦绣文章，冷眼旁观这红尘俗世。

《洋人看京戏及其他》中，张爱玲写道："据说全世界唯有中国人骂起来是有条有理、合乎逻辑的。英国人不信地狱之存在也还骂人'下地狱'，又如他们最毒的一个字是'血淋淋的'，骂人'血淋淋的驴子'，除了说人傻，也没有多大意义，不过取其音调清楚，聊以出气罢了。中国人却说：'你敢骂我？你不认识你爸爸？'暗示他与对方母亲有过交情，这便给予他精神上的满足。"简单扼要地举例说明，国人的劣根性便昭然若揭，并不施以太多愤慨的指责。张爱玲的文字从市井百态去反映人性，却又让人读出她自身的贵族气质，内敛而不咄咄逼人，连讥讽嘲弄都那么优雅。"因为缺少私生活，中国人的个性里有一点粗俗。'无事不可对人而言'，说不得的便是为非作歹。"也许她的离群索居，是不能与太过中国化的人群融合。她对爱国有自己独到的见解："多数中国人爱中国而不知道他们所爱的究竟是一些什么东西。无添加你的爱是可钦佩的——唯一的危险是：迟早理想要撞了现实，每每使他们倒抽一口凉气，把心渐渐冷了。我们不幸生活于中国人中间，比不得华侨，可以一辈子隔着适当的距离崇拜着神圣的祖国。"晚年时张爱玲曾在与粉丝的谈话中提到过鲁迅，觉得"他很能暴露中国人性格中的阴暗面和劣根性，这一传统等到鲁迅一死，突然中断，很是可惜。因为后来的中国作家，在提高民族自信心的旗帜下，走的是'文过饰非'的路子，只说好的，不说坏的，很是可惜"。张爱玲的张扬是带着幼稚的女子气，在政治和批判方面始终是含蓄低调的，对于鲁迅先生的尊敬虽在文里偶尔着墨，却从不赞颂，这与她的脾气秉性不无关系。甚至于她的好友苏青和当时比较有名的一批女作家，都不及张爱玲的造诣，从文笔的细腻微妙来讲似乎各有千秋，可她们的描写大多止于俗世生活，而未在人物故事的背后构建一个灵魂上的精神世界。

　　譬如大众之所以热衷追剧，说到底并非真正为了明星的颜值或演技，更多的是能从千篇一律的现实生活里探寻或幻想出一个虚无甚至是美好的心灵空间。一个善于雕琢世俗中物质外壳的细致作家，她是热爱生活的，后来与胡兰成结婚，婚书上撰写的"岁月静好现世安稳"，正是她终其一生作品里都在追求的一种思想上的认同。在《公寓生活趣记》中，张爱玲像一个爱玩的小女孩，兴致勃勃地描写了一系列日常景致，忽而又叹了句："长的是磨难，短的是人生。"所有的经历，让她将世间的无常看透，能把握的唯有眼前的幸福，至于后来的悲凉交集，那是很令人无可奈何的。她曾奢华美满享乐过，更能体会命运的苍凉，虚无的浮生，从真实到消散更加深刻。张爱玲的过人之处，是让更多的读者从她的故事里，将人生以无数种情节和可能经历了一遍又一遍，上海沦陷了又如何，并不代表着所有渴望生存的人都要在令人沮丧的现实里去回忆曾经的温暖，有一个地方，那就是张爱玲的文字空间，它使无数人毁灭又重生，堕落又升华。正是这两种极致的融合，使无数人迷恋。

张爱玲在她的书出版之前已经憧憬过无数次："她会走到每一个报摊上去看看，看她有着湖绿色封面的书，给报摊上开一扇夜蓝的小窗户，人们可以透过那扇窗口看月亮，看热闹。她会装作不经意、不相干的样子问报摊的主人：销路还好吗？——太贵了，这么贵！真还有人买吗？"一直被忽略的小女孩，成了万众瞩目的大才女，《杂志》月刊在上海康乐酒家举办了一场《传奇》集评茶话会，邀请了文化界的苏青、南容、柳雨生、哲非等名家，主角非张爱玲莫属。她穿着橙黄色绸底上装，青灰色长裙，长发在鬓角处俏皮地向上翻卷，鼻梁上架一副淡黄色玳瑁边的眼镜。端庄清丽的形象在到会的众人中，如一抹绮丽的典雅色彩，是书卷里走出来的大家闺秀。大家在茶会上各抒己见，有人说张爱玲的作品有着读不尽的妙处；有的说简直美妙到"横看成岭侧成峰"；还有人说是"用一个西洋旅客的眼光观赏着古旧的中国"。张爱玲的好友苏青说："我读张爱玲的作品，觉得自有一种魅力，非急切地吞读下去不可，读下去像听凄幽的音乐，即使片段也会感动起来。她的比喻是聪明而绝妙的，有的虽不懂，也觉得它是可爱的。它的鲜明色彩，又如一幅图画，对于颜色的渲染，就连最好的图画也赶不上，也许人间本无此颜色，而张女士真可以说是一个'仙才'了。"

张爱玲孤傲，苏青清高，却难得一见如故，历来文人相轻，她们之间却互相欣赏，正如张爱玲那句经典"因为懂得，所以慈悲"，这样的懂得是女人间难得的友谊。细细去听，苏青的肺腑之言又是张迷们的万千心语汇集。张爱玲的闺密炎樱也光彩夺目地出现了。她穿着大红上衣，白色的短西裤，胸前佩戴着印度风情的象牙首饰，火辣热情一如热带气候。炎樱是圈外人，但作为张爱玲最挚爱的姐妹，她是必须要来捧场的，在场的每个人都在谈论对作品的见解和认知，唯有她在讲张爱玲对待文字的虔诚，也因了这份背后的执着，才有了众人贪欢的好文："她写作前总要想两三天，写一篇有时要三个星期才完成。若平时她想到好的句子，是马上用本子记下来的……"张爱玲坐在那里，像是在听一个美好的故事，与她无关，然而那字字句句使她幸福，她微笑着，静静地听。这次茶会是热烈哗然的，有了这些文人和好友的评价，这部作品才算是真正的圆满，走过那么多年的落寞和清欢，张爱玲这时才觉得在这滚滚红尘里，她终于如明珠一般灿然夺目地闪闪发光。

在沦陷之中的上海，如动荡飘摇的航船，任凭时代命运将它载向无可未知的未来。不同政治倾向充斥下，时代错综复杂，身处其中人人举步维艰。张爱玲的文字纤秀玲珑，然却有神奇力量，汪精卫政府的达官贵人或是日本文化界的人士，乃至军人的宇垣大将来中国时都想结识张爱玲，甚至不同文学圈子的人都放下了文人相轻的姿态。《紫罗兰》代表的鸳蝴派，《古今》走的是周作人、林语堂的文字格调，《万象》坚持的则是新文学人道主义，就连标榜要走纯文学路线的《杂志》，在张爱玲的文字出现之后竟然一致推许，不吝褒奖，不单单毫无辩驳地接纳了她的存在，还顺理成章地将张爱玲推向了所有人都尊崇的位置。文学史浩渺的历史中，张爱玲的文字是珍奇异宝，人人爱慕，精心收藏。《古今》杂志是汪精卫政府中朝野级人物书写文章的专场，刊旨偏重考据、掌故、文史随笔之类，名士气里暗隐遗老遗少之风，似新生时代的隐逸文人。社长朱朴曾任政治交通部政务次长，与周佛海交情非同一般，社内任职的周黎庵曾编写过《宇宙风乙刊》，陶亢德曾编《宇宙风》，同为林语堂出版物系统的人物，《杂志》仍沿袭了《宇宙风》《论语》的趣味路线，文风不乏轻灵。由于这本刊物的气质趋向于男士文笔，月出两期尽被头面人物、名流雅士占据，与各杂志都有女性作家坐班的情形大不相同，张爱玲没有写作之前，几乎只有苏青一人偶尔浮现，而之后，张爱玲的名字连刊两期，再也见不到了。

并非难以继续插足这男人的天下，而是张大才女敏感地嗅到《古今》与自己的性情不相投，而转向了苏青的《天地》散文小说月刊。《古今》编辑赏识她的不同凡响，张爱玲却依旧我行我素去寻找适宜自己的天地，她更愿意书写具有颇多女性色彩的文字。张爱玲历来只买自己的账，"人红是非多"这条训言她亦是不屑的，是非自有公道，更不在她的思想范围之内。世人毁誉，且作耳边风，身外事，这红尘的小温暖才与她有关，别的都是浩荡长风罢了。正如她在《传奇》序言里所书：蛮荒世界得势的女人，其实并不是一般人幻想中的野玫瑰，燥烈的大黑眼睛，比男人还刚强，手里一根马鞭子，动不动抽人一下，那不过是城里人需要新刺激，编造出来的。将来的荒原下，断瓦颓垣里，只有蹦蹦戏花旦这样的女人，她能够夷然地活下去，去任何时代，任何社会里，到处是她的家。

《传奇》很快再版，这次的封面张爱玲启用了好友炎樱设计的图案："像古绸缎上盘了深色云头，又像黑压压涌起了一个潮头，轻轻落下许多嘈切嘁嚓的浪花。细看却是小的玉连环，有的三三两两勾搭住了，解不开；有的单独像月亮，自归自圆了；有的两个在一起，只淡淡地挨着一点，却已经事过境迁——用来代表书中人相互间的关系，也没有什么不可以。"《传奇》初版，张爱玲更多的是陶醉和喜悦，第二次重印她更注重文章所表达的内涵。《传奇》的再次热销并没有令她欣喜若狂，张爱玲觉得，一切不过是自然而然。生活中的她一边享受生活，一边研究服饰，做出散文《更衣记》。文中叙述了 20 世纪前半叶中国时装的演变史，她不屑于"中国人不赞成太触目的女人"，这一千年沿袭下来的老传统。清朝三百余年，时装的色彩乏善可陈，她因此要将清人从未尝试过的各种风格和衣色统统演绎一遍。张爱玲并非庸脂俗粉，她也不是仅仅懂得服饰搭配的时尚小姐，《更衣记》的字里行间能让人读出，对人性以及社会风气的考问和讥讽。艺术上天生的敏锐，使张爱玲在对衣服款式和颜色的搭配中，体现到了极致。她在旗袍外面罩上短袄；有时偏爱穿前清那种类似寿衣的古旧风格；在家中招待闺密亦然要穿上隆重华丽的晚礼服。对比强烈浓郁的衣饰，糅合进大雅与大俗，大胆又细腻的审美观，正如她所表达的文字一样，显现出一种奇异的美丽。通过这些舆论评说，人们眼里的张爱玲真正活成了现实世界里的传奇。

从港大回到上海，张爱玲开始在文字里如鱼得水，一系列的好运与新书的热卖，使她可以从容地开始过自己的小生活。成名后的风光像是窗外的无边春色，她欢喜着却从未因为美景停止过写作。还在圣约翰大学读书的炎樱，无课时就来找张爱玲，像从前那样窃窃私语一番小儿女的私话，嘻嘻哈哈地开开不大不小的玩笑。也只有在她面前，张爱玲才会放松地做回自己。她们最关心的共同话题总离不开衣饰，闲暇时一起跑去逛街，顺手买回许多布块，亲自动手裁剪制作衣服。购物与看电影带给了张爱玲无拘无束的快乐，这是任何人都给予不了的，也正是这些琐碎随意相处的点点滴滴汇成为张爱玲笔下的鲜活文字。每次玩够了，炎樱都会主动征求张爱玲的意见，去吃些什么才好。多年相处下来，炎樱深谙张爱玲千篇一律的爱好，她是喜欢吃"软的，容易消化的，奶油的"食物，而每次炎樱都不忘再问一次。

咖啡馆成了她们的好去处。到了店里，每人要一块奶油蛋糕，各自再要一份奶油，再美美地喝上一杯热巧克力加奶油，仍不觉得满足，以至于各自还会再要上一份奶油，还不忘调侃诱惑对方，不要再添点什么了？真的一点也吃不下了吗？少女的任性在美食面前是没有限度的，身段清瘦的张爱玲是不惧肥胖的，身材圆润的炎樱也不在乎。甜蜜的氛围里，两个人从圣诞节的舞会说到了男女私情，时而严肃时而活泼，说着说着，就又说到了印度披肩以及西方时装。日常的话题外，总不忘谈一谈中西文化，往往最后会扯到日本文化上。思维独特的张爱玲和古灵精怪的炎樱各自都有自己的见识和观点，每次两人相聚，都有聊不完的话题，亲密无间的样子像极了双胞胎姐妹。可她们用餐时，必须清楚地 AA 制，就连逛街回家坐三轮车，也要在车上计较着车费，为着彼此要怎么付才算公平，每每到了最后，争得不可开交也没说出个所以然。这也是她们之间的小斗争，在唇枪舌剑和锱铢必较里体会出世俗的红尘烟火，那样的感觉也是小幸福。

张爱玲常自嘲在金钱上的小气，哪怕跟自己最好的朋友也要分得清楚。这其实并不奇怪，也并非许多人认为的斤斤计较，因为她身边最亲近的亲人，也就是她的姑姑，对张爱玲的影响最深。在姑侄俩相处近十年的时间里，张茂渊性情开朗随和，平易近人，又时时充满幽默感，姑侄间亦师亦友，相处得极为融洽。张爱玲甚至可以亲昵放肆到"押着"姑姑品鉴自己的作品，还会"嘀嘀咕咕"和姑姑"唠叨"家常话，最重要的是，姑姑是张爱玲遇事时唯一能推心置腹，为她拿主意的家长。张茂渊是一个学识修养颇高的新时代女性，思想独立，行为洒脱又不脱离人群，张爱玲认为姑姑是一个少有的，"说话有一种清平的机智见识"的"轻度知识分子"。

《姑姑语录》里，但凡出现姑姑的文字，都是亲切里满溢幸福的笔触。姑姑自己赚钱自己花，自给自足，小日子过得悠然而又自在清逸，不与周遭世俗的人和物纠缠接近。下班后，就蜗居在清净的小公寓里，读喜欢的书，做自己喜欢做的事情，整个人透着优雅从容的气质。炎樱和姑姑对于孤傲的张爱玲来说，是生活中最为精彩的部分，她们都是新时代女性，自然对待彼此都要以最为妥善的方式相处，才会更符合她们追求的生活质量。在金钱上的泾渭分明，也是她们最为推崇的适宜相处。张爱玲的《流言》一书，需要在卷首附一张她的玉照，炎樱为她设计好了最为时尚的造型，还像个尽职的导演一般为她做详解，"现在要有一张维多利亚时代的空气的，头发当中挑，蓬蓬地披下来，露出肩膀，但还是很守旧的，不要笑，要笑就笑在眼睛里"。张爱玲从炎樱的文字描述里，意会到最为到位的状态，那样的表达是"增一分则太过，减一分则太少"的意境，唯有彼此默契懂得，才能演绎到最佳。

照片洗出来的时候，是个极为炎热的下午，炎樱骑着脚踏车去距离很远的照相馆取了相片专程给张爱玲送去。她累得满头大汗，冲到好友张爱玲面前，带着撒娇的口吻邀功："吻我，快！还不谢谢我！……现在你可以整天整夜吻着自己了。没看见过爱玲这样自私的人！"仿佛这样的一帧照片，就会占据了她在张爱玲心里的位置似的。炎樱俨然成为张爱玲的私人助理，为她设计出新潮时尚的衣服，还将妹妹的帽子和自己的首饰无私地贡献出来装扮张爱玲，为她塑造出美好的形象，拍下一张又一张照片。张爱玲的新书也是炎樱为其设计封面，在新书发布会上，炎樱大张旗鼓地为内敛的张爱玲欢呼呐喊。她们之间的友谊，包含着新时代的风气，以她们认为舒适轻松的方式相处。

　　生活稳定下来，张爱玲时常去菜市场买菜，回来家慢条斯理地学庖厨。自强自立使这个二十多岁的女生对人世多了几分顺从的温情。《童言无忌》里她着墨了去买菜的细节："一个卖菜的老头称了菜装进我的网袋的时候，把网袋的绊子衔在嘴里衔了一会儿。我拎着那濡湿的绊子，并没有什么异样的感觉。"这在从前，张爱玲定会断然放弃，当初钢琴女老师吻她的额头，她都会牢牢记着，过后再偷偷擦去。童年时期的习惯和心理，在成年后能有些微妙的改变，实属不易，张爱玲"发现与前不同的地方，心里很高兴——好像是一点踏实的进步，也说不出是为什么"。从封闭的自我世界里，小心翼翼迈进独立自主的生活，渐渐适应周遭，对她来说是一种可喜的进步。也正因为她融进了世俗生活，笔下的故事越发丰满鲜活起来。

　　生活清明安宁，张爱玲把搁置的许多爱好都一一捡拾起来，她所钟爱的音乐、电影，丰盈了她写作之余的日常生活。贵族家庭里长大的女孩，琴棋书画都是她们的必修课，母亲黄逸梵悉心教导张爱玲弹琴，并不希望将来她能成为钢琴家，这些途径，只是上层社会高雅的消遣方式而已。把自己的女儿培养成才艺双馨的淑女，也是他们的骄傲。十几岁时她在《天才梦》里写道："对于色彩、音符、字眼，我极为敏感。当我弹奏钢琴时，我想象那八个音符有不同的个性，穿戴了鲜艳的衣帽携手舞蹈。"她更希望"做一个钢琴家，在富丽堂皇的音乐厅里演奏"。那时的张爱玲，为了能博得母亲的关爱，努力想让自己完美灵动，希望能靠近她渴盼的温暖。尽管她不是非常具备音乐天赋，但如果音乐能成全她的幸福家庭，那么她付出再多的辛苦也是值得的。可是，最后的期盼都成了泡影，那种认真执着的信念让她对音乐失望，因此在后来所写的《谈音乐》中开篇一落笔她就表明："我不大喜欢音乐。不知为什么，颜色与气味常常使我快乐，而一切的音乐都是悲哀的。"尤其是"我最怕的是凡哑林，水一般地流着，将人生紧紧地把握贴恋着的一切东西都流了去了。胡琴就好得多，虽然也苍凉，到临了总像是北方人的'话又说回来了'，远兜近转，依然回到人间。"张爱玲对乐器的认知独到又通俗，使人仔细思索，真如和一个人对面说着琐碎家常的话，无意间也被带入了一种意境。

与生俱来的艺术天赋，使张爱玲对各个流派的音乐风格另有一番认为。说起异域音乐，她的比喻令人惊艳。"南美洲的曲子，如火如荼，是烂漫的春天的吵嚷。夏威夷音乐很单调，永远是吉他的琤琤。仿佛在夏末秋初，席子要收起来了，控在竹竿上晒着，花格子的台湾席、荒草席，风卷起的边缘上有一条金黄的日色。人坐在地上，把草帽合在脸上打瞌睡。"任何一种感受，在张爱玲来说都是一种心灵的体验，不曾认真深入地思考过，单纯靠文字凭空捏造是写不出这么深的感受的。她谈交响乐"那是浩浩荡荡五四运动一般地冲了来，把每一个人的声音都变成了它的声音，前后左右呼啸喊嚷的都是自己的声音，人一开口就震惊于自己声音的深宏远大；又像在初睡醒的时候听见人向你说话，不大知道是自己说的还是人家说的，感到模糊的恐怖"。将置身的时代信手拈来入文，让身处其中的人众感同身受，就像是张爱玲道出了所有人心中的话，不得不佩服她字字句句的刻骨三分。母亲对于张爱玲幼年的影响始终是深刻的，黄逸梵在生活中的许多爱好与举动，并非只是简单的消遣娱乐，更多的是内心对艺术的一种向往，她与一个"胖伯母"坐在钢琴边，模仿电影片段的场景，都对张爱玲的艺术天分有着潜移默化的熏陶和启蒙作用。

那些生动又形象的人物塑造，令张爱玲迷恋上电影，开始时避免不了和别的孩子一样，总是急切地想要知道剧中的每个人物是好是坏。随着年龄稍大一些，张爱玲就不再只是一味地观影，而是写了一篇关于卡通电影的论文《论卡通画之前途》："卡通画是有它的新前途的。有一片广漠的丰肥的新园在等候着卡通画家的开垦。未来的卡通画绝不仅仅是取悦儿童的无意识的娱乐。未来的卡通画能够反映真实的人生，发扬天才的思想，介绍伟大的探险新闻，灌输有趣味的学识。"如果说成年后的张爱玲是孤傲的，那么并未完全形成人生观的小女孩，对知识的探索，有着深远的预见，直至今朝，卡通画的意义不再只是单纯的儿童动画影像，而是从题材内容方面更加具有教育意义。

电影的想象空间，也成为张爱玲精神世界的重要来源。她的弟弟张子静对此有很深的印象，作为张爱玲幼时最为亲昵的伙伴，他说一向沉默的张爱玲，唯有在聊起电影时才"逸兴飞扬，侃侃而谈"。即使是张爱玲和父亲闹崩后，偶尔与弟弟见面，她也只谈刚看的电影或又读的小说。精彩美好的影片空间可以覆盖现实的不堪，与其愁苦眼前的悲凉，何如以精神取暖。从此也可以理解，年少的张爱玲，始终处在一种迷茫又健忘的状态，想来是沉浸在自己的精神世界里，来躲避所有不愿接纳，又必须要面对的种种。弟弟张子静回忆："三四十年代美国著名演员主演的片子，她都爱看。如葛丽泰·嘉宝、蓓蒂·戴维斯、琼·克劳馥、加利古柏、克拉克·盖博、秀兰·邓波儿、费雯丽等明星的片子，几乎每部都看。中国的影星，她喜欢阮玲玉、谈瑛、陈燕燕、顾兰君、上官云珠、蒋天流、石挥、蓝马、赵丹等。他们演的片子，她也务必都看。"

张爱玲对电影的痴迷，还曾发生过经典事件。那一年，姐弟俩随着家人，和一众亲朋好友到杭州游玩，谁料抵达后，张爱玲就从报纸上看到谈瑛新片《风》马上上映的预告。她于是果断中断旅程，在当天赶回了上海，因为当时的杭州并没有电影院。弟弟只好陪着姐姐一起往回赶，他清晰地记得，姐姐一下火车就带着他直奔电影院，连看了两场才罢休，旅途疲惫的弟弟听到精神百倍的姐姐说："幸亏今天赶回来看，要不然我心里不知道多么难过呢！"她仅比弟弟大了一岁多，思想和认知与同龄人却有着天壤之别，对自己所钟爱的艺术表现出的热爱使人惊讶。影评是她敲开文坛之门的点金石，也正是电影和小说让她从有限的空间，开阔了眼界。当她正式以创作小说和散文为主之后，对电影的钟情也一如从前。

　　除去这些爱好，张爱玲还热衷于从报纸杂志上剪存议论她的各种文章，并将许多爱慕者写来的求爱信与读者的建议信都一一收藏，却从不回复，也不去参考借鉴。张爱玲认为"但凡人家说我好，说的不对我亦高兴"。她这般带着童贞的兴致，是既得意又开心的，人们对她的关注和用心都在文章里尽显，就算略有微词也奈何不了一个小姑娘。即便是吹捧奉承的话，亦入不了张爱玲的心里，哪怕他们错了，她也认为是对自己善意的提醒。总之，任何流言在她都是免疫的。却偏有文学泰斗傅雷，因了她的《金锁记》动心起念写了篇《论张爱玲的小说》，发表时署他的笔名迅雨。这位著名的翻译家、艺术理论家在文学、美术和音乐等方面皆造诣深厚，曾远渡法国专修西方艺术史以及艺术理论，在为人处世和艺术追求方面都力求完美，著有闻名于世的著作《傅雷家书》。傅雷的高傲是洁净到目中无尘，静心做文章与外界少有来往的他在读到张爱玲的《金锁记》时，赞叹之余，又寻遍所有能读到张爱玲文章的书籍，统统读了一遍。他对作者在《金锁记》里能将音乐、绘画、历史等调配的"富丽动人"成"色彩明艳，收得住，泼得出的文章"感到惊叹，他认为《金锁记》是"张女士截至目前最完美之作，至少也该列为我们文坛最美的收获之一"，更是"对过去文坛流行理论、创作倾向之偏颇的一个最圆满肯定的答复。"这位对于艺术始终怀着宗教般虔诚信仰的孤高大师，竟然给予张爱玲作品如此高度的评价，实属难能可贵。

　　这位严苛不苟的大师坦诚，自己看中的仅有《金锁记》这一篇文章，他用了多大半篇幅对张爱玲的其他作品做出了不同程度的评析，包括所有的中长短篇。批评她在选材方面太过随意，并未深度挖掘内在的东西，通篇写得过于繁杂，主题不够鲜明，尤其是她的文风过于华丽唯美，只偏重于技巧写作，若不适时发展新思路和写作方式，日后的路只会越走越窄，怕是会将自己逼进死胡同，他欣赏张爱玲的才华，不忍任何一位有才华的人亵渎自己的天赋。他在文章结尾感慨地写道："一位旅华数十年的外侨和我闲谈时说起：'奇迹在中国不算稀奇，可是都没有好收场。'但愿这两句话永远扯不到张女士身上！"文学是个极为宽广的领域，在各个作者的笔下，都以不同的笔触呈现，张爱玲较之于傅雷对艺术的膜拜，更多的是一种自由自在的书写抒发。

傅雷将这篇文章署名迅雨，交给了柯灵。《万象》杂志立即刊发并郑重推荐："张爱玲是一年来最为读者所注意的作者，迅雨先生的论文，深刻而中肯，可说是近顷仅具的批评文字。迅雨先生专治艺术批评，近年来绝少执笔，我们很庆幸能把这一篇介绍于本刊读者。"因了傅雷在前言中批判了当代新文学作家，并未对生活有过多么深刻的体验，只凭技巧盲目追随所谓的先生思想，缺乏独到深邃的人生见解，并提到了当时最有影响力的新文学作家巴金。柯灵读后，觉得远在重庆抗战前线的巴金被傅雷在危机四伏的上海刊物上点名，深恐敌伪以此为把柄陷害巴金，也就在未经作者允许的情况下擅自删减，惹来耿直的傅雷大发雷霆。虽然他们都非常敬重巴金先生，但在艺术面前，耿直的傅雷是不愿让步的，尤其就当时文坛状况，他认为要举就举最具代表性的人物，不然这篇评论也就达不到他想阐述的观点，由此可见，张爱玲在傅雷心中，乃至当时新文学界的崇高地位。傅雷甚至认为张爱玲的《金锁记》"颇有《狂人日记》中某些故事的风味"。艺术表达方式不同，所凸显出的艺术效果却可以在柔美华丽中见深刻。

张爱玲只在诸多具有影响力的报刊上看到过无数赞许，却还是第一次听到如此中肯的评价。同样是高傲的人，而她只是个两耳不闻窗外事的女子，即便是直逼身前，张爱玲依然写着自己的文字，就像从未听到任何风雨。孩子心性的张爱玲，并不把傅雷的评论当作批评，她于数月后在《苦竹》上发表了一篇《自己的文章》随笔，她称自己"不过是个文学的习作者"，"一般所谓'时代的纪念碑'那样的作品，是写不出来的，也不打算写"。又从容不迫地道出自己对于写作的想法："我的作品，旧派的人看了觉得还轻松，可是嫌它不够舒服。新派的人看了觉得还有些意思，可是嫌它不够严肃。但我能做到这样，而且自信也并非折中派。我只求自己能够写得真实些。"至于《连环套》沿袭旧小说滥调，她毫不掩饰地承认，那是为了整体谋篇布局所需要而营造的时空距离感。纵使几十年后，张爱玲对当初写作《连环套》过于粗略深表遗憾，但所坚持的观点和立场却不曾改变。

艺术与文字如果从高尚的角度来评判，必然是至高无上的，然而并非只有文学家才有资格书写或阅读。所有不着尘埃的存在落实到现实里，都有着凡俗里的欢喜。立场不同，只要热爱着，就是无限欢喜。更何况傅雷在《万象》上发表评论的同一个月，有位名为胡兰成的作者也在《杂志》上发表了《论张爱玲》长文，文风唯美华丽："张爱玲是一枝新生的苗，寻求着阳光和空气，看来似是稚弱的，但因为没有受过摧残，所以没有一点病态，在长长的严冬之后，春天的消息在懵懂，这新鲜的苗带给人间以健康与明朗的，不可摧毁的生命。"他还认为："她的小说和散文，也如同她的绘画，有一种古典的，同时又有一种热带的新鲜的气息，从生之虔诚的深处迸溅生之泼剌"，与傅雷相同的是胡兰成亦然认为，张爱玲身上不乏鲁迅先生的精神。"鲁迅之后有她，她是个伟大的寻求者"……明眼人都看得出这篇文章歌颂之势，意在驳倒万千评判，文风如仙乐飘飘，悦耳动听。正如傅雷写的："作家读到的诱惑特别多，也许旁的更悦耳的声音，在她耳畔盖住了老生常谈的声音。"从客观角度来讲，当时的文坛由于张爱玲的独树一帜，确实熠熠生辉，胡兰成的评判并不为过。有时候，太过孤高的才华难免高处不胜寒，褒贬不一。立场不同，所谓的评论或赞颂并不能说明什么，反而从侧面更加提升了张爱玲的知名度，无意间推波助澜地为张大才女炒作了一番。这位名为胡兰成的文人，彼时正与张爱玲热恋。事业爱情两得意的她，散文集《流言》继《传奇》之后再次风靡问世，与此同时根据她所创作的《倾城之恋》改编的剧本被搬上舞台，并于新光大戏院隆重上演，获得空前好评。

第八节

情事·桐花万里

　　风华正茂时邂逅才子，佳人之心如春风拂水。在一次座谈会上，张爱玲就记者的提问，曾发表过自己的择偶观："常常听见人家说要嫁怎样的一个人，可是后来嫁到的，从来没有一个是像她的理想，或是与理想相似的。看她们有些也很满意似的。所以我决定不要有许多理论。"同在座的好友苏青不同，她没有要求对方性情忠厚，也没有要求他必须具备硬件的物质基础，更不去奢望他有强壮英武的神气，苏青所提到的生活情趣她也保持沉默。唯有一点类同：男子的年龄应当大十岁或十岁以上。我总觉得女人应当天真一点，男人应当有经验一点。张爱玲对爱情抱着随缘的态度，少了些条条框框，她对一切包括爱情，甚至都没有太过狂热的表现，更多的是一种"女人的天真"。于是，她遇见了胡兰成。他的名字带着阴柔之气，原名胡积蕊亦然让人觉得细腻，似乎彰显了他自身的文人气质，和深谙女子内心的本性。

　　胡兰成出生于浙江绍兴嵊县的一个偏远山村，是个"行事洒脱，不拘于常情"的荡子。在绍兴读中学时，只上了一学期的课，就因学生运动回了家；后来到杭州蕙兰中学读书，又因编辑校刊得罪校务主任，而在临近毕业的前夕被学校开除。两年后，迎娶了乡里郎中的女儿玉凤，这是早在两年前父母就为他订下的婚约。已为人夫的胡兰成，在村里谋到教书的差事，做了几年后又离家到杭州邮政局当邮务生，可好景不长，三个月后再次被开除。不甘碌碌无为的胡兰成，在动荡不安的时局下辗转各地，开始了长达十年的教书生涯，生性不羁又不畏人权的他，难逃被屡次扫地出门的结局。他的妻子玉凤与婆婆安居乡里，于1932年离世，他又于两年后再娶第二任妻子全慧文。之前的浪荡游历都是在等待合适的机会。看似弱不禁风的文人，却从未懈怠过对政治时局的关注，胡兰成在他默默无闻的数年间，曾经受过太多的酸楚和无奈，他坚信自己是个治国安邦之才，教书自然也只是他的过渡时期。1936年5月，桂系军阀大动干戈地反对蒋介石，发动了"两广事变"。渴望出人头地的胡兰成抓住这一闪即逝的时机，在《柳州日报》上刊文，鼓劲支持两广与中央分裂。乱世造就英雄亦能造就功名，作为一介书生，他早已厌倦了飘零江湖，在底层挣扎的抑郁不得志，妄图通过手中的一杆笔闯出一条路。两广事变在中央军的反击下，迅速以桂系军阀的溃败而告终，兴风作浪的胡兰成银铛入狱。

　　他在报纸上所鼓吹的观点："对日抗争必须与民间起兵的气运相结合"，深得亲日分子的欢心。出狱后，胡兰成欣然为汪精卫系的《中华日报》撰文，连载的约稿还被日本刊物译载。没有显赫的家世就不可能有正途的光明，胡兰成从此走上了偏门旁道。他的政治文章在纷乱的时局里已然崭露头角，抗战爆发后，汪精卫以重金拉拢他于羽翼之下，胡兰成成为他们的御用文人。随后又煽动起的"和平运动"中，汪伪政府调胡兰成为香港的《南华日报》主笔，他的文字锋芒毕露，俨然成为汪精卫的左膀右臂。汪伪政府成立后，胡兰成走马上任宣传部部长，若说汪精卫对胡兰成有知遇之恩，他应当至死效忠才对，可他却屡次将汪精卫置于尴尬之地，大有一副只认死理决不盲从的气魄。随着太平洋战争的爆发，抗战依旧僵持不下，胡兰成丝毫不顾及自身安危，大笔一挥提出"日本必败"的言论。他对汪伪政府抱有的希望完全丧失，也因此激怒汪精卫。文人的狂妄就在于他的自命不凡，在胡兰成的内心里，汪精卫不过是乱世里的跳梁小丑，也是他跨进政治舞台的跳板。

在胡兰成性命堪忧的情况下，幸亏日本友人全力搭救，1944年1月24日，胡兰成释放后，开始了荒诞流离的逃亡。汪精卫对他彻骨的恨意，使他又一次成为失足的浪子。而张爱玲正是他逃亡期间偶遇的华美风景，流连忘返后，继续踏上了他寻觅远方的路途。

春天的南京，推开窗是一天一地的暖日柔风，道旁的林荫投下斑驳光影，彼时，蒋介石还未为宋美龄植遍梧桐，却早有多情的男子在十月里种下心事。胡兰成在庭院草坪上的藤椅中安详，心随着文字的海荡漾，《天地月刊》杂志刊登的一篇《封锁》小说，瞬间让他迷恋，认真细读继而深读，还用心地捧去让朋友读。又心心念写信给苏青，方知那个叫张爱玲的人确为女子，其余的却不得而知，他珍惜这寥寥讯息："只觉世上但凡有一句话，一件事，是关于张爱玲的，便皆成为好。"更觉得这无端读来的刊物更是珍贵，第二期杂志寄来，似有天意，他不仅又读到了张爱玲的新文字，还看到了登在纸上的玉照。已是中年的心，竟莫名其妙地欢喜起来，如爱慕绝世美玉，只期待着某天能目睹神泽。为此，他专程去往南京的张家旧宅，循着残垣断壁，去感知张家昔日的风采。他不仅渴望功成名就，更期盼自己能像张家先人那样，做出一番惊天动地的大事业。也许，从那一刻起，他就动了结识张爱玲的念头。才子配佳人历来都是流传后世的佳话，他径直去找了好友苏青，久别相见，他吃着蛋炒饭，掩紧激动，装作无意地提起张爱玲，苏青看透了胡兰成的心思，如实告诉他，张爱玲难得见人。但也拗不过胡兰成百般好言讨要，终究还是迟疑着提笔写下地址：静安寺路赫德路口一九二号公寓六楼六五室。

此时，胡兰成刚出狱一个月，正值新春佳节过后。张爱玲和姑姑深居公寓，感染着外界的欢喜和喧嚣，过着她们安逸又与世隔绝的生活。当门敲响时，张茂渊从门洞里看到一张焦灼渴盼的脸，这个身穿黑呢大衣、头戴礼帽的中年男子，彬彬有礼地说明来意之后，也不出意料地吃了闭门羹。苏青在给他地址之前强调过，"张爱玲是不见人的"，当听到门里的人果真说了："对不起，张小姐是不见人的"，他随即掏出纸笔，写下自己的身份和地址托请转告，才告辞离去。胡兰成对于张爱玲的向往，已从对文字的欣赏中生出别样的情愫，对于这次寻而不见的结局，恃才自傲的男子，心里是怏怏不乐的。自认为风流倜傥，又在事业上有所建树的胡兰成，并没有赢得张爱玲的热烈欢迎。这让情史丰富的胡兰成更加好奇，她究竟是怎样一个奇女子。

胡兰成与发妻玉凤在家乡育有一子一女之后，就出外求学谋事。在同学斯颂德家寄宿时，与其妹关系暧昧。直至发妻病逝之后，他在广西一中教书，又与同事李文源纠缠不清，对方因此被解雇，而他却以"不宜家室"为由，拒绝女子要追随他的愿望。随后，他又转到百色第五中学教书，才算定下来与全慧文结婚，并育有一子胡宁生、一女小芸。当他于当局辟出一席之地后，又在上海百乐门抱得红舞女小白杨嫙娣归，她此时正在南京做他的如夫人。

胡兰成并不因为初见碰壁而沮丧，他有的是耐性寻找机会拜见张爱玲。能在政治上谋篇布局，亦能为中意的女子编织情网，对于一个才高八斗，又经历过太多世事的胡兰成来说，他和张爱玲之间的情缘还没有真正开启。虽是大寒天气，呵气成冰，他的心中却升腾着欢乐的小火苗。才女毕竟是居之高阁的，适当矜持更能令人觉得趣味万千，他希冀这段情如填古词，平平仄仄仄仄平，婉转迂回，才韵味悠长。张爱玲拒绝胡兰成的造访，原因简单到有些幼稚，只因他没有带名片，无法确证他的身份。关于他的新闻旧事，张爱玲早就有所留意。姑姑将那张字条交给了张爱玲，也掀起了她心中微澜，张爱玲翻来覆去地看上面留下的字迹。从胡兰成的名字和电话号码，联想到先前听闻关于他的点滴，以及从报刊上看到他撰写的诸多文章，忽而心潮涌动。对这位素未交集的政客，产生出的莫名好感，也许早就隐匿在心底。张爱玲在感情上是一张白纸，对于异性亦是抵触，虽然早听苏青提过这个名字，但当胡兰成真的热忱到访，她还是有些措手不及，当即就拒绝了相见。一向不懂敷衍的张爱玲，又觉得对这个千里迢迢赶来的客人太过残忍，就给胡兰成去了电话，说要登门回访。胡兰成一路寻来终于见到张爱玲，也算是如愿以偿，没有人知道这场看似是必然的相见，也将是张爱玲在劫难逃的情劫。

张爱玲的直率决定又让胡兰成猛然一惊，他实在是想不到昨日还拒他于千里之外的女子，今天就一通电话打过来决定与他相见，

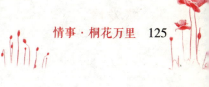

纵使他谋略过人也思索不出，张大才女究竟走的是哪步棋。他以为张爱玲是情爱上的博弈高手，岂不知她只是个懵懂到天真的女子，在自己感性敏锐的精神空间里，犹豫着、徘徊着，胡兰成并不知道她下这个决心摒弃了多少羞涩和忐忑。对于胡兰成这个风月场上的男人来说，初次见到张爱玲并没有期待中的惊艳，只觉得与他所想的全不对。照片上清秀婉约的头像，与眼前这位身材高瘦，神态拘谨的像是"十七八岁正在成长中，身体与衣裳彼此叛逆"的女子，似乎并非同一个人。张爱玲打量着眼前这位眉眼俊秀的中年男子，谈吐间带有湖南口音，举止文雅得当，很像个职业志士，倒是不大像个在政坛上混得风生水起的人。这是一次普通到有些尴尬的会面。此刻两个人面对面聊天，张爱玲竟然"连女学生的成熟亦没有"，传说中风靡上海的才女沉默着，与文字里那个世故风情，口吐莲花的妙人儿有着天上人间的差距。

　　张爱玲心里对这个中年男子存着几分好感。早在苏青口中听过他对于她的欣赏，是"一回又一回傻里傻气地高兴"，未曾相识前，她与炎樱闲聊甚至称他为"这时代的笑话"，岂料这样的一个人后来竟走进了她的人生。虽然胡兰成的经历使他显得与众不同，但张爱玲现在已是闻名于世的女作家，任何男子与她匹配起来，仿佛都不太相称。她所憧憬的爱情与对人生的价值观，似乎有着相同之处，不求惊天动地但求惊世骇俗。张爱玲对胡兰成的才华亦带着钦慕和认可。早在胡兰成入狱期间，张爱玲竟也随着苏青到周佛海家说情，期望对他可以施以援手。他们本是政治上的宿敌，没有落井下石已是胡兰成的幸运，盼周佛海出手相救只是张爱玲天真的想法。

　　这个素来默然的女子鬼使神差地插足了政治事件，这在她是极其难得的，也许是冥冥中的宿命安排。大她 14 岁的胡兰成从现今政局聊到张爱玲的文章和自己对写作的理解，又看似漫不经心地谈起关于他自己多年来的人生经历。这一切，都是胡兰成在竭尽全力引导张爱玲，希望双方在言谈上能流畅互动，他甚至无所忌惮地谈起了对爱情和战争的理解，想来胡兰成的诸多观点，也是揣摩着张爱玲的心思，临场发挥的见解。谈到关键处，胡兰成还不忘恰到好处地对张爱玲嘘寒问暖。张爱玲在为人处世上所表现出的幼稚与她老练独到的文章形成了强烈鲜明的对比，这让胡兰成生出一种得意的表现欲。先前拜读张爱玲文章所产生的崇敬感，此刻早已不存在，坐在面前的是在认真听他讲话的小姑娘。

　　这一聊，他就足足说了 5 个多小时，就连她高人一头的身高在胡兰成看来，也是才思高深的象征。还在刚见面的时候，胡兰成这样描写对张爱玲的印象："张爱玲很高，不漂亮。看上去比我叔叔还高了点儿。服装跟人家两样的——奇装异服。她是自己做的鞋子，半只鞋子黄，半只鞋子黑的，这种鞋子人家全没有穿的；衣裳做的古老衣裳，穿旗袍，短旗袍，跟别人家两样的。"张爱玲的奇装异服使这个阅人无数的文人诧异地认为："我常以为很懂得了什么叫惊艳，遇到真事，却艳亦不是那艳法，惊也不是那惊法。"胡兰成本是小地方出身，自然不比从小生长在繁华上海的张爱玲，他眼界里对女人的认识，从未出现过这款类型的奇女子。在这世间绝无仅有的张爱玲，让他见识到了真正的惊艳。

　　张爱玲在与胡兰成见面之前，经过了慎重思索，她大约认为胡兰成也是见过世面的当局名人，隆重的服饰和装扮既显得对他比较重视，又可以掩饰内心的拘束，她打定了心思要以这样的奇特出现在胡兰成的眼前。而此刻两个人早已从胡兰成的揣测里演变成相互间的惺惺相惜，初始他还在排斥的奇装异服，也成了张爱玲富于创造力的产物。胡兰成依依不舍地送张爱玲到衖堂口，肩并肩走着，暧昧的气氛在两个人之间萦绕，他说："你的身材这样高，这怎么可以？"张爱玲自小接受的都是淑女教育，从未有异性说过冒犯的话，她诧异于胡兰成这样有学识的人，初次见面就"出言不逊"，不免面有愠色，但内心也是欢喜的。她在《小团圆》里写单身光景："这天晚上在月下去买蟹壳黄，穿着件紧窄的紫花布短旗袍，直溜溜的身子，半卷的长发。烧饼摊上的山东人不免多看了她两眼，摸不清是什么路数。归途明月当头，她不禁一阵空虚。二十二岁了，写爱情故事，但是从来没有恋爱过，给人知道不好。"若在青春正好的年纪里等不来骑着白马的王子，却恰巧遇见了一个同路的有缘人，他就会被她粉饰成想象中的美好形象，也不至于辜负了良辰美景。现实苍凉到千疮百孔，有个懂风情的男子对自己百般宠爱，又青眼有加，也是不错的情缘。

　　在胡兰成的纠缠情史里，张爱玲在才情和名气上是独一无二的一个，也是唯一与他在内心深处产生共鸣的女子，这一切都足以令他爱慕迎合。他更深地感触到，张爱玲的孤高性情，仅靠彬彬有礼去暖化矜持是极其艰难的。"只这一声就把两人说得这样近，真的非常好。"从未有过恋爱经验的女孩，遇到情场老手的进攻，当时惊愕过后自会回味，胡兰成的这句暧昧之言可谓投石问路，在张爱玲心里激起阵阵涟漪。胡兰成以名士自诩，当他得知张爱玲鲜少会客，依然兴致勃勃前往，渴望结交的想法不乏猎艳心理。从登门未遇，到张爱玲亲自回访，胡兰成已生出志在必得的斗志。从和她谈论今时流行作品，到文学艺术方面的话题，胡兰成有意在眼界和才情上压过张爱玲一头。因着年龄上的差异和男女优劣的认为，胡兰成坦诚："我向来与人也不比，也不斗，如今却见了张爱玲要比斗起来。"这样唐突的话语在他来说，不过是先入为主的招数，情感上的出奇制胜，同样能为他的名士身份增辉。分别时已是月上柳梢头，胡兰成当即就与张爱玲约定，次日便去回访，心里充满了焦急的喜悦，好似还有满腹的话语要说与她听。

张茂渊并不赞成张爱玲与胡兰成的约见，听到第二天胡兰成要到公寓回访，她的心里更多的是对侄女的担忧和不解。心情澎湃的张爱玲简单地解释几句，安抚了姑姑之后，就开始精心打扮。与第一次和胡兰成相见完全不同，她穿了一身宝蓝绸裤袄，戴着嫩黄边框眼镜，人越发明媚如明月皎洁，心里有着从未有过的喜悦。胡兰成进来后，又一次从被房间布置惊艳到，他仔细打量，陈设与家具并不昂贵、式样亦简洁，整体气质与他平时多见的中式布置不同，有着新鲜刺激的现代华丽感。张爱玲给予胡兰成的完全是新奇感，初见未惊艳再见却惊心，她优雅华美的形象与昨日截然不同，与她的小天地融为一体，有着强大的女王气场。

闺房凸显出的超凡品味有一种震慑力，即便是见惯了大阵仗的胡兰成，也惶恐将自己比喻为古人。"三国时东吴最繁华，刘备到孙夫人房里竟然胆怯，张爱玲房里亦像这样的有兵气。"他对她与其说是爱慕，不如是一种努力攀附。他仰慕于笼罩在她身上的光环，张爱玲的贵族家世使他自愧不如，昨日在他的家中，他还有勇气细数自己的过往，今天来到张爱玲家中之后，他只敢说些理论上的话语，又讲起他昨日还未讲完的闲话。他没有什么值得夸耀的地方，唯有以自己的经历来引起张爱玲的好奇。说来说去胡兰成还是将话题扯到了才学上，他与张爱玲的相识，早已是他心底处心积虑的预谋，他将自己想象成说书人口中的秦少游，而张爱玲就是三难他的苏小妹，甚至想以此制造出文坛上才子佳人之间的相悦佳话。

不由聊到了与张爱玲家族有关的《孽海花》，胡兰成有意提起张佩纶与李菊耦当年因诗结缘的往事，张爱玲淡然地将祖母的诗抄给他看，并告诉他那是经过祖父删改的，其实祖母的文采并不好，与书中出入极大。胡兰成从一介寒士爬到如今的位置，那些上流社会的美好，始终在他心中梦一般地存在着，不承想在一个青春女子的心里，竟然不值一提。骄傲如张爱玲，她自有她的万丈光芒，无须以自己的颓靡家世来衬托；而她的不屑与他的渴望形成的鲜明讽刺，也只有胡兰成心里才清楚。在人情世故上一向懵懂的张爱玲，根本不懂胡兰成的心思。张爱玲说起昔日，听闻胡兰成当日在南京坐牢，心中竟然动了怜才的念头，他听了心里既诧异又安慰，诧异的是能在文章里洞若观火的张爱玲，为人处世上却幼稚到以为去说情就能平息复杂的政事。

胡兰成与周佛海同属汪精卫左右翼，平时少不了暗中争斗，这次入狱也多因周佛海暗中使坏。胡兰成又安慰于从未有过交集，且历来与世无争的张爱玲，竟然为了他的安危出头。殊不知张爱玲只是感性于他的落难，关于胡兰成的经历她也略有耳闻，因小时被进行过长久的关押，她对这个身世坎坷的文人极为同情，又听多了苏青对胡兰成的褒奖，就生出一种亲近感。女人的爱情，往往就是从同情一个男子开始的，尤其是胡兰成文弱的书生气，更在无形间增添了张爱玲对他的体恤。她仿佛还记得他们初相见时，他穿着旧黑的大衣，风尘仆仆地赶来，让她有一种同是天涯沦落人的感触。

回家之后，胡兰成提笔写了封信给张爱玲，他不敢过于卖弄，又苦于不知以什么样的笔触书写，才能入得了才女法眼。写来写去写成了像五四时代新诗的体裁。完全出乎张爱玲的意料，一个成熟稳健的中年男子，能写出这般轻狂灼热的东西，令她莞尔。她欢喜他在面前的拙手笨脚，坠入情网的人大多都有这般"病症"，她亦被胡兰成察言观色的体贴入微而感动，她对他的感情带着知己间的默契。她回信说他："因为懂得，所以慈悲。"一句话似万语千言。他对她的懂得和悲悯，在这两日的相处里，融入每一个眼神、每一个举止、每一句赞美，令感性的张爱玲一点点深陷。她虽涉世未深，但对人性感触颇深，因此在从未有过恋爱经历的情况下，就写过精彩的爱情文章，胡兰成刚好在她功成名就、渴盼爱情的时机下出现，这个成熟风趣又多情多才的中年男子，走入了她的世界。

胡兰成从此后，每隔一天，必去公寓与张爱玲相见，相见三四回之后，张爱玲写了一张字条，差人送给胡兰成，希望两个人能保持朋友之间的距离。胡兰成像压根没看到，比平时更加频繁地去看她，每天像上班一样，来到公寓报到，看似风轻云淡侃侃而谈，实际上却是步步紧逼。张爱玲的家教，使她对人到中年的胡兰成始终是尊重的，想不到他不但没有矜持地保持他的威严，反而任性鲁莽得像个孩子，张爱玲无可奈何却也并没有发怒，因为他的任性竟萌生出甜蜜的感觉。胡兰成在《今生今世》里声称自己只顾着惊喜，没有去比拟张佩纶当年，同为老夫少妻，而且同为牢狱之灾过后，邂逅的名门才女。大约认为他与张爱玲的情缘，也预示着有朝一日自己能东山再起。究竟是处心积虑还是缘分所至，到这时都已不再重要。胡兰成和张爱玲，在同一个屋檐下耳鬓厮磨，他的气息渗透进了张爱玲的心底。《小团圆》里，她用深刻鲜明的笔触写："她永远看见他的半侧面，背着亮坐在斜对面的沙发上，瘦削的面颊，眼窝里略有些憔悴的阴影，弓形的嘴唇，边上有棱。沉默了下来的时候，用手去捻沙发椅扶手上的一根毛呢线头，带着一丝微笑，目光下视，像捧着一满杯的水，小心不泼出来。"尽管张爱玲已暗自心动，胡兰成仍谨慎地保持着自己的绅士风度，有几分小心翼翼地靠近，就有几分试探的胆怯，他的细腻，早将张爱玲的骄傲清冷融化，令她产生出多年来从未有过的归属感。他与她之间共生出的默契，是张爱玲从未感受过的强烈洪流。胡兰成装作无意间提起，他第一次在杂志上看到她的照片，由于印刷得很不清晰，感到很遗憾。言语上的进攻已然是久扣柴扉，只等着张爱玲回应后敞开心门，她当即并未回应。第二天，胡兰成收到了一张照片，背面的一句话彻底令他心跳加快又无比心安："见了他，她变得很低很低，低到尘埃里，但她心里是欢喜的，从尘埃里开出花来。"胡兰成在《今生今世》里描述那段时光，美好成了一幅画："两人伴在房里，男的废了耕，女的废了织，连同道出去游玩都不想，亦且没有工夫。"胡兰成肉麻又自得地标榜张爱玲对他的痴迷："听我说话随处都有我的人，不管是说的什么，爱玲亦觉得好像'攀条摘香花，言是欢气息'。"

　　张爱玲从女神的宝座上施施然走下来，眼前这个并不起眼的男子，唤醒了她对红尘男女的情爱欢愉。自古情关连英雄都难过，何况骨子里原本柔弱的女子。胡兰成确定了张爱玲对他的态度，开始约她出现在公众场合，鸡尾酒会上张爱玲的装扮格外醒目，"她戴着淡黄边眼镜，鲜荔枝一样的半透明的清水脸，只搽着桃红唇膏，半鬈的头发蛛丝一样细而不黑，无力地堆在肩上，穿着件喇叭袖孔雀蓝宁绸棉袍，整个看上去有点怪，见了人也还是有点僵，也不大有人跟她说话。"闻名遐迩的才女，彻底依附着他，所有的光芒都集聚于他一身，从胡兰成的笔触里，可以看出他膨胀的自信。张爱玲看到胡兰成与旁人坐在沙发上，从容地谈笑风生，脸上那骄傲的神情和不屑的眼神，与自己在一起的内敛丝毫不同。他的举止和神情稳健潇洒，这让涉世未深的张爱玲无比崇拜。在公寓里待久了，他们偶尔也会出去拜访客人。那是个清冷的冬夜，胡兰成骑着儿子的自行车，为张爱玲叫了辆人力三轮车，一路上边走边聊。张爱玲坐在车上，看着他守护在左右，浪漫弥漫在空气里，她心里冒着幸福的泡泡。那位叫邵洵美的客人，与张爱玲还有些渊源，因他从小过继给大伯邵颐，他们说来还是亲戚关系。邵洵美长相出众，素有美男子之称，又是当时著名的文人，风头与张爱玲不相上下，可他想与侄女见上一面，亏了胡兰成从中传话。寒暄后，大家落座畅聊，张爱玲又一次从胡兰成脸上观察出带有"轻藐的神气"。联想到两个人在一起的时光，她更加感动狂浪不羁的胡兰成对自己的包容。从迷恋上他的成熟味道，到感知到胡兰成身上的才气锋芒，张爱玲对他的情感掺杂进崇拜的敬仰。她乐于甘拜下风，做那个低眉垂目的小女人，正如她说过的："女人要崇拜才会快乐，男人要被崇拜才会快乐。"爱情是他们快乐的源泉，她只希望这样的快乐能永远留下来，乱世离乱，这份温暖张爱玲无比珍惜。

胡兰成第一次登门时，张茂渊微笑着，话里有话地询问他，可是偕同太太一起来的？张爱玲的变化逃不过姑姑的眼睛，胡兰成已有家室，他们在一起无疑是看不到未来的。侄女不谙世事，不知深

　　浅地与这位政客交往，作为长辈她只能严厉地让胡兰成懂得进退。胡兰成厚着脸皮问候张茂渊，随意地聊了几句，将这个尴尬的话题掩盖过去，而如今，他们的感情升华到了明眼人都能看穿的境地，张爱玲依然不惊不乍。家庭氛围熏陶出的观念，促使她对待男女之情与众不同。从小眼见着并不相爱的父母，由于一纸婚姻的束缚，闹到相忘于江湖。母亲后来并没有再婚，只与自己喜欢的人相伴在一起，自由洒脱地过了这么多年，生活似乎多了许多快乐；不像再婚的父亲，在后母的管制下活得过于拘束。张爱玲对于爱情，抱着"无目的的爱才是真的"态度，她更不愿介入胡兰成的婚姻，再相知相爱的两个人，也会在围城里被困到穷途末路。想想曾享受过的荣华富贵和经历过的各种苦难，"世间好物不坚固，彩云易散琉璃脆"的世事无常，早已深入张爱玲的骨髓，她只贪恋这将倾之城的一时温暖，这一刻，他对她是真心诚意地爱着就好了，至于明天会发生什么样的事情，她从不想去过多地思索。过好眼前的每一天，才是她所秉承的生活态度。在乱世罅隙里，她追逐着鲜衣怒马的生活，桌上有笔墨，身旁伴知己，这样的日子是她生命里的一段锦绣繁花。

　　一向静守孤寂的张爱玲，自从爱上了胡兰成，他的一言一行，都令她觉得富有魅力。她看他把烟掏出来含在唇齿间，用烟火点燃轻轻地抽吸吐纳，烟雾缭绕中，胡兰成别有一番独特的吸引力，使张爱玲无限着迷。她从没有如此长时间又近距离地与一个男子相处，她不愿与外界接触，而他在人群中间中却显得那样如鱼得水，为她抵挡了世俗的烦琐。最可贵的是，他们在文学方面有谈不完的话题，这样的匹配胜过神仙眷侣，余生能如此琴瑟和鸣该有多好。张爱玲看着胡兰成一根接一根地抽烟，烟雾散尽，余灰燃尽只剩下烟灰缸里的无数个烟蒂，她的幻梦也回到了现实。每当胡兰成走后，张爱玲都会拿出旧信封将那些烟蒂装起来收藏。如果相聚终会离别，那就将他所有的痕迹都留下来取暖。

　　有一天晚上，到了他该走的时间，胡兰成摁熄手中的烟蒂，把双手按在张爱玲胳膊上，盯着她清透的双眼，求她拿掉脸上的眼镜。他散发着烟草香的唇，吻上了她的唇，"她感到一阵强有力的痉挛在他的胳膊上流下去，可以感觉到他袖子里的手臂很粗"。他深情用力地拥抱着她，张爱玲的初吻献给了胡兰成，脑子里一片空白。平静后认为"这个人是真爱我的"，她后来将这句话写进了《色·戒》里。爱到痴缠的情侣，窝在张爱玲的小小公寓里，胡兰成时常会亲昵地问张爱玲，"打搅你写东西了吧？"他知道有他在小姑娘没有心思再做别的事，可他就喜欢明知故问，看她每次都会甜甜地笑着摇摇头。她对他的期待和依恋一日大过一日，胡兰成心里无比满足，他佯装着生气教训张爱玲，不知爱惜自己，吃住都在屋里，仍过着学生般的生活；她也不恼，理解为那是胡兰成对自己的疼爱，更是甜蜜地说不出所以然；他怕她闷，偶尔也开玩笑逗她，张爱玲写作时胡兰成就盯着她看，突然很煽情地说，你脸上有神的光。张爱玲羞涩地笑着说，那是我的皮肤油。胡兰成听了再也装不得一本正经的样子，跟着也大笑起来说："是满面油光吗？"男女恋爱，总不乏日常里温暖琐碎的点滴，如春天的雨，夏天的风，温软到令人沉醉。

　　惺惺相惜的两个人能越走越近，并没有外人眼中认为的那般离奇，他们也会聊起彼此吃过的苦，受过的艰难。张爱玲慨叹，如果没有足够的钱去过精致生活，连爱吃水果这种爱好都会变得"不道德"起来。胡兰成则毫不避讳，自己从前落魄时在邮局工作，曾私自克扣下别人邮寄的一本字帖；窘迫的他，还因为凑不够400元盘缠，断送了一段美好姻缘，曾经相爱的同乡"四小姐"只好独自赴日本留学。张爱玲体会过伸手向父亲要学费的凄楚，对胡兰成提起的往事更是感同身受，他们在金钱观上都有着绝不能受穷的认同。张爱玲对他提起过往情史颇有微词，傻傻地分辨不清是故作玄虚的炫耀，而只是嫉妒地认定，"她大概一定早已结了婚了"，心里这样一想就轻松了许多，仿佛胡兰成永远都会属于她一个人。

倾听胡兰成诉说，耗费了张爱玲许多精力。身体单薄的张爱玲，每每陪他坐一下午之后，都会"累得发抖"。晚上，总会呆坐在姑姑的小电炉前取暖，姑姑像顾及病人的感受，尽量轻声言语，做事时轻拿轻放。还在南京工作的胡兰成，每个月都会专程抽出八九天时间，停留在张爱玲寓所，张爱玲不但要陪聊，还得在聊到华灯初上时分准备两个人的晚餐。不擅烹厨的她，平素离不开姑姑的照应，平添出一个胡兰成，她不好意思再去麻烦姑姑。想来想去，只有出去旅行这个借口才能暂时挡住胡兰成的脚步。一个人独处惯了，她对这样的两人世界竟然生出抵触心理。然而外界兵荒马乱，又盛传有位出门的女教员在火车站遭遇日本兵的欺辱，张爱玲只好打消了逃离的念头。可这一切胡兰成似乎并未察觉，每次都像小别重逢，兴冲冲地奔向寓所对张爱玲说一句，"我回来了"。像一位出外奔波，为了家庭操劳的丈夫，都是为了这个留在家里翘首守候的女子带来幸福。他不在的时候就写信，一刻也不能让张爱玲在心里模糊他的影像。远在南京的他，每次收到张爱玲的来信，就仿佛"手里接到了一块石头，是这样的有分量"，可他又强调这"并非责任感"。胡兰成喝醉时，坐在她身边认真地说，"我们永远一起好不好？"白首偕老是一件多么遥远的事情，张爱玲对于他提起的将来"感到轻微窒息"。一个汉奸的露水姻缘，与天长地久压根扯不上关系，她淡淡地对胡兰成说，"我想过，你将来在我这里来来去去亦可以"。这句话使花心的胡兰成得意过后，心底又生出隐隐不安。几乎没有女人能逃得过他的这句"我们结婚吧"，唯有这个与众不同的女子清醒从容地告诉他，自己现在还不想结婚，过几年会去找他。眼前是动荡的时局乱世，身后有他的家室儿女掺搅，结了婚迎接的未来必定不容乐观，何况她美好的人生才刚刚开始，就这样仓促地婚嫁难免惋惜。

张爱玲的爱像雾像雨又像风，缠绵悱恻过后转眼就没了痕迹，而他离开的日子里，张爱玲仍会写一封封信寄托相思，两个人的碎碎念总好过一个人的清冷，她对他的依恋，让他的征服欲望如一块石头落到了心底。张爱玲在胡兰成的眼里，并非只是个懵懂的女孩，而是他浪子生涯中增辉添彩的名门之女，尤其是她现在的名气，更有益他的仕途。雄心勃勃地奔走在上海和南京之间，胡兰成犹如双翼生风，他急着有满腹的话要说与张爱玲听，真的四目相对时，他却又自嘲在她面前说什么都像生手拉胡琴，辛苦吃力。张爱玲天生有一种洞察世事的能力，她不参与任何俗世争斗，却有本领将人情世故看得通透，爱情在她的眼里也一样纤毫毕露。她一边安享这个男人对她的宠溺和仰慕，一边又对他无比崇拜。只因来往张爱玲居住的公寓次数太过频繁，胡兰成被势利的门房低看，最后忍不住出手将门房狠揍了一顿，从他书生意气里迸射出的野性，震撼了张爱玲的心。胡兰成虽然大男子主义极深，他对张爱玲的呵护也并非只是口头上的空谈，听闻她说起要攒钱还给母亲黄逸梵，以解开多年心结，他就拎来满满一手提箱的钞票供她还债。虚无缥缈的情爱落实到现实里，他柔情地给得起她诗酒花，也霸道地给得起她物质保障，这让一向靠自己走到现在的张爱玲，彻底交付了一颗心。他的冲动和勇猛制造出中世纪的恋爱感，"骑士爱上主公的夫人，主公即便睁一只眼闭一只眼，这场爱恋最终也无法结出皆大欢喜的果。"胡兰成这个冲动勇猛的骑士，想象不到高高在上的张爱玲心里有着无法表达的烦恼。"她崇拜他，为什么不能让他知道？"胡兰成有一次与张爱玲分开后，顺便到朋友家逗留了一会儿，不巧朋友在与人打牌，他看了一会儿便坐立不安地想"啸歌"，想说话。历来稳重的胡兰成为张爱玲所做的一切，使他更有些豪气云天的感慨。从这些失常的举动和内心的澎湃不难看得出，他是个理性与感性交加的男子，有着古代名士的英雄情结。

胡兰成对张爱玲的懂得，不只是捕捉到了她心中的敏感点，还在于他们在文学上的共同认知。这个时期，胡兰成的谈论为张爱玲带来了诸多灵感，她所写的散文《爱》就是根据胡兰成庶母的真实经历创作而成的。《色·戒》的题材也是从胡兰成断断续续的讲述中，综合她的艺术加工，又将自己和胡兰成的情感交集糅合而成。离群索居的张爱玲，以往只写自己经历过的世俗百态，后来又从胡兰成走南闯北的丰富阅历里提炼出精髓，以优异的文笔一一呈现在读者眼前。他与她的缘分，说起来与世道格格不入，却也成全了彼此。他们的血液里有相似之处，都带着狂热的自我追逐，不惧世人的眼光和评判。胡兰成这个当过教员，做过邮差，在上海沦陷时期就是个思想激进分子的男子，被关押在汪伪特工总部，得到李士群赏识，一时之间被提升为《国民新闻》主笔，负责撰写反共亲日文章，继而投靠敌伪成为汉奸。胡兰成进入汪伪政府后，结识了李士群的警卫员吴世宝，并对其非常膜拜。青帮流氓出身的吴世宝，后来被任命为政治总署警卫大队长，带领一帮乌合之众，屠戮抗日先进人士和爱国志士，作威作福，横行上海。胡兰成是个旧式男子，笃信乱世出枭雄的传说，极为欣赏他们一文一武，掌控时事的威风，幻想着有朝一日打下江山时，论功行赏他们当是汪精卫的功臣，左膀右臂的搭档定会传为佳话。其实，胡兰成真正佩服吴世宝单枪匹马闯天下的英勇。太平洋战争爆发以后，吴世宝肆无忌惮地抢劫日本银行，被日军活活毒害而死，胡兰成也因与吴世宝交往甚密，而遭到汪伪政府的传唤，然而胡兰成非但没有厄运缠身，还借此机会将自己的责任推卸得一干二净，大发附逆反共言论为他们出谋划策，受到汪伪政府重视，当即将他的职位提升为宣传部副部长。胡兰成还在由他创办的《大公》周刊上，不吝笔墨地美化汪伪政府的"曲线救国"，实行"党必统一""宁渝合作"合作，日、蒋、伪三位一体集中力量一致反共的反动谬论。抗战后期，日军败退，汪伪政府面临着岌岌可危的政局，胡兰成却又不慌不忙，面孔一转任职伪行政院的"法制局长"，从一个执笔求生的小喽啰成为汉奸长官。

　　胡兰成官场得意，情场上却碰了壁，当张爱玲拒绝了他酒后的求婚，胡兰成借着微醺的蛮横拦她在门口，一言不发地盯着张爱玲无声地笑着。张爱玲早已没有了往日的羞涩和拘谨，她面无表情地端详他的脸庞，望进他的眼睛深处，像是在剖析他的内心。他们之间始终在争斗，而胡兰成所处的劣势也从未改变过，他有些阴柔的"女人气"与张爱玲高冷的气质对峙起来，实在没有胜算。正如初见时，他暧昧地说："你的身材这样高，这怎么可以？"不同的是，这一次胡兰成又轻佻地对着张爱玲说了句："你眉毛很高"，却没有了下文。张爱玲在他的心目中仍旧那么高不可攀，虽在身畔却隔了几千里距离，可他还是要紧紧拽着那根剪不断理还乱的情爱丝线，继续将这个欲罢不能的游戏玩儿下去。没有承诺的感情只剩下了激情，沦陷区这座孤岛上的气氛，像极了当年的港战乱世，两个从精神到现实都互相依赖、难分难舍的恋人，不过是棋逢对手的博弈。胡兰成从万花丛中片叶不沾身走过来，遇见眼前这个在他看来还是个小丫头的女子，连他自己都没想到，竟会乱了分寸。张爱玲拒绝得很彻底，一时之间胡兰成无计可施。那晚走后，胡兰成一连两个星期不再出现，与之前每日都要坐上一整天的情形，显然是天壤之别，连一向排斥胡兰成的姑姑张茂渊都忍不住问，胡兰成好些天没来了。当一种习惯让人觉得习以为常时，难免会没有缘由地牵挂，何况是缠绵恩爱的两个人？张爱玲并没有太大情绪，只轻轻应和了一声告诉姑姑：胡兰成说他可以离婚，永远和她在一起，张茂渊提醒张爱玲，在婚姻上她跟胡兰成情形不同。

　　胡兰成的消隐，对张爱玲是一种暂时的解脱，她不但可以恢复到从前规律的作息，还要认真写作并腾出时间和炎樱逛街玩乐。要做的事情实在是太多了，她没有心思去想一个逼迫她结婚的人，年轻的心是一朵云，停留过之后更希冀自由自在地飘逸。一个人从小到大，经历过太多的事情之后，张爱玲练就了自动屏蔽矛盾和烦恼的心态，她只希望这件事到此为止。尽管心里"也有点怅惘"，虽然她钦佩他的才华，却也排斥他带着市井气的霸道。有着良好教养的上海人，对于胡兰成这样的外来客，多多少少有点排斥，尤其是他殷勤地追逐使她感到约束。她对他的情感都写在了《爱》这篇散文里，寥寥三百多字，字字玲珑，尽管那是别人的故事，却也是她的故事。"于千万人之中遇见你所遇见的人，于千万年之中，时间的无涯的荒野里，没有早一步，也没有晚一步，刚巧赶上了，那也没有别的话可说，唯有轻轻地问一声："噢，你也在这里吗？'"缘来不拒，缘去不留，这大约是她要表达的心声。若缘分太浅，相逢终会擦肩，尔后，一生再也不负遇见。她的心正如马路上两行梧桐刚抽出的叶子，每一棵高擎着一只嫩绿点子的碗。年轻是那么丰盛诱人，还有太多没有尝试的东西，在前方对她招手。宿命擅长弄人，张爱玲素喜食，偏偏胡兰成就是块"牛皮糖"，令她吞咽不进亦撕扯不断，哪怕想清理干净也不能全身而退。坊间有句俗语，似为胡兰成最贴切的写照：流氓不可怕，就怕流氓有文化。这个熟读书卷的文人，涉猎广泛，对佛学颇有研究，写过一本《禅是一枝花》，全书宗旨围绕着"顿悟"与"洒脱"撰写禅宗故事，写得洋洋洒洒。胡兰成将悟出来的道理运用得倒是无处不在，成功掩饰了他的拙劣品德。他洒脱起来可以半月不见张爱玲，仿佛两个曾互生情愫的人从未相逢，可当他又起念时就厚颜出现。后来他在书里冠冕堂皇地写道："那时候我想着真是不行也只好算了"，风月场上的老手写下这样的话，大有得了便宜还卖乖的意味。他善于揣摩女人心思，再高冷有才的女子骨子里也只是个女子，他没有达到目的当然不肯善罢甘休。

他们又回到了从前，张爱玲房间里的沙发上又出现了胡兰成的身影。他带来几册日本版画，拉着她的手演绎起了才子佳人的场景，巧的是胡兰成看到张爱玲从袖子里伸出的手腕十分细瘦，不知是出自真心的疼惜还是诧异，他"咦"了一声。张爱玲下意识解释说，平时自己并没有这么瘦。到底是有些感情存在的，胡兰成怔了怔抚过去，轻声问，"是为了我吗？"人非草木，哪能轻易就忘却一个已经熟悉的人，张爱玲红了脸，低下头以沉默来掩饰害羞。她没有经历过情感，平常又少与人来往，面对步步紧逼的胡兰成，她都是拿从书本里学来的计谋应付他的变化多端。常年的孤僻生活和写作的幻想空间，使张爱玲脱离了现实，她常常拿小说里的经验来判断胡兰成对待她的真伪，她在思索着那些小说情节，而她的举动不由得也与那些故事里的人物一般模样："怎么样也抬不起头来，有千金重。"胡兰成能不计前嫌再次相见，张爱玲是又惊又喜的，高傲的性情由不得就想矜持一番，可这次失而复得的感觉让她意识到，自己已经不愿意再失去这个善解人意的男子。此时胡兰成在等待着她的回应，而张爱玲兀自沉浸在内心的戏里问自己，面对胡兰成的深情到底是真正的感动还是虚假的演戏？正如张爱玲痴爱的《红楼梦》里有一句：假作真时真亦假，真作假时假亦真。感情的事从来就没有对错，因此从来也分不清真假，两个不对的人，在错的时间里做着真假难辨的事情。可是在那个黑白颠倒的时代，一切的存在都仿佛顺理成章。譬如，他再一次毫不思索地吻上她的唇，胡兰成从来都是个善于把握时机的人，他不再轻易就被她的冷漠蒙蔽，她也瞬间被眩晕冲击得不再思考，两个人进入了忘我的境界。老到的胡兰成察觉到张爱玲吻技的熟稔，忍不住问她为何那般有经验，她腼腆地笑着告诉他是从电影里看来的。

　　胡兰成终于看透了眼前这个人的所有伪装，一个靠着书本、电影在独自生活的幼稚女生，根本没有任何抵抗能力。而他总是"使尽武器，还不及她的只是素手"。张爱玲的纯粹，就这样轻松自如地将老奸巨猾的胡兰成玩转，他有千条新计，她只守着一个老主意，他历尽千帆，拜在了一个轻柔宁静的小小港湾，到了后来，他又扬帆远航去往下一个目的地，只留下了死水一潭任她独自伤感。那都是后来的事，后来的事谁又说得准呢？他们只贪恋眼前的欢乐。她如驯服的小兽，温顺地被他揽着坐在膝盖上，脸贴脸，四目相对时，隔在彼此之间的冷漠已经被撕去。胡兰成眼里流淌出的温润之光，贴着她的面颊，张爱玲觉得就像是"亮晶晶的钻石耳坠"，她说，"你的眼睛真好看"。他笑了，"是难看的三角眼"。望着她的明明是这么温柔美好的眼眸，想到这儿她噘起了嘴，竟有点小小的生气。她自己并不晓得，自己已经那么在乎关于他的一切。楼下人家很应景地传来"郎呀妹呀的曲调"的广播声，俗气的流行歌听来另有一番浓情蜜意。胡兰成江湖里来去，珍爱这样烂俗的腔调，浪漫的情景下，张爱玲脑海里浮现的是她小时候经常听姑姑唱的英文歌："泛舟顺流而下，金色的梦之河，唱着个恋歌……"气氛恰到好处地渲染着，张爱玲在胡兰成的臂弯里，渐渐打开了紧闭的心门，她呢喃着："过了童年就没有这样平安过。"之于她来说，依赖一个人的温暖是幸福的奢望，而此刻的拥抱那么情真意切，仿若永恒。胡兰成看着张爱玲的笑容，舒展如和风春花。他欣慰地说："你就是笑不好，现在好了。"张爱玲听了越发笑得妩媚，柔柔地说："不过是笑得自然了点。"她那两只孔雀蓝袍袖软弱地溜上他肩膀，围在颈项上，整个人彻底卸下了防备，痴痴地想，用她特有的思维去认为"过去未来重门洞开，永生大概只能是这样"。

这世间的色彩，张爱玲只爱夸张浓郁之风，她所倾心的亦镀上华丽光芒，令原本平凡的男子也变得神奇。许多时候，她就在屋子外面望着屋里的胡兰成："他一人坐在沙发上，房里有金粉深埋的宁静，外面风雨琳琅，漫山遍野都是今天。"温润如玉的时光令人眷恋，胡兰成突然忧愁地计算起自己的年龄来："我三十九了，一般到了这年纪都有一种惰性了。"或许他指的是他的事业，想着不能继续如日中天，会与年轻的张爱玲产生差距。胡兰成又提到了鲁迅和相差17岁的学生许广平在一起生活了九年，似乎太少了点，他认为许广平是鲁迅的学生，鲁迅对她也还是当作一个值得爱护的青年。说过了这对师生恋，他又说起他的顶头上司汪精卫和陈璧君，那个矮胖又其貌不扬的女人为了追求英俊潇洒的汪精卫，愣是在雨夜里站了整整一个通宵。把这些名士的爱情一一剖析，与他和张爱玲相比起来，胡兰成说道："我们这是对半，无所谓追求。"想了想又觉不妥，加了句："大概我走了六步，你走了四步。"张爱玲笑他计较来计较去的样子真像个女人，却不懂胡兰成靠近他的目的起始于男人猎艳的心理。传闻他曾放言："一生只爱两种人，敌人和女人。"俘获女人，不过是他满足自己膨胀心理的手段，柔情总会有几许，却也是过眼烟云。男人与女人，理性与感性，永远泾渭分明。然纵如张爱玲聪慧，却也不可避免地陷入了这段虐恋，与其说这是她的宿命，不如说是每个女人的软肋。更何况在爱情面前她已丢盔弃甲，往后的残酷和伤害如刀如剑，她也会流着鲜血捂紧伤口往前走。

　　胡兰成和张爱玲因彼此钦佩对方的才华才得以相识继而相恋，两个人在一起多会谈论文学。他在《岁月山河》里形容两个人在房里好像"照花前后镜，花面相交映"，他与她是同住同修，同缘同相，同见同知。胡兰成亦然是怀才之人，但却坦诚自己遇见张爱玲之后，学识方面"不准确的地方夸张，准确的地方又贫薄不足，所以每要从她校正"。他听说张爱玲从九岁学钢琴学到十五岁，去香港办事就专门买来贝多芬的唱片，以期能得到张爱玲的指导，通过音乐的熏陶提升鉴赏品位，以附和当时名士附庸风雅的时尚。兴冲冲买回去，本以为张爱玲会夸奖赞许他一番，不承想她只是淡淡地说了句，其实她不喜欢钢琴，不过是母亲为了培养她的淑女素养。胡兰成怅然若失地听她讲起京剧和绍兴戏以及中国流行歌的妙处，他不禁为东方古典美迷醉。多年来为了追逐名利，他早忽略掉了身边事物的美好，听了张爱玲的见解他才发现找回了自己。胡兰成大了张爱玲许多岁，自然想在古书上压过张爱玲风头，他们最喜两杯香茶，一本古书，谈谈《诗经》，说说古词。胡兰成每念到一首诗，或是说出绝妙的句子，张爱玲都能即刻发表出自己独到的见解，胡兰成也只有崇拜自嘲的份儿："我才知我平常看《大学》以为懂了，其实竟未懂得"，原来"爱玲的聪明真像水晶心肝玻璃人儿"。张爱玲在十几岁时就写过《我的天才梦》，可见她在文学作品上领悟力超出常人，在写作上也有着极高的天赋。他们对彼此，一个是为人处世上的崇拜，一个是文学上的敬仰，这份懂得，确实难得。胡兰成说："张爱玲是民国世界的临水照花人。看她的文章，只觉得她什么都晓得，其实她却世事经历得很少，但是这个时代的一切自会来与她交涉，好像'花来衫里，影落池中'。"他们每每在房间里看日本的版画、浮世绘、朝鲜的瓷器以及古印度的壁画集，胡兰成都非常虔诚地听张爱玲对于美学的鉴赏和评论，只要她说出哪一个画得好，他才能按图索骥地理解出其中的奥妙。

沉迷于精神世界不等于与世隔绝，他们像所有的饮食男女一般，谈论再多高大上的东西也填不饱肚子，就相携到热闹的静安寺街上去买小菜，也去少有人去的洋式食品店里买牛肉鸡蛋。在胡兰成看来，对自己情有独钟的才女，本不该来这样世俗的场所，而她执意要挽着他来逛，像一个幸福的家庭小主妇。他们回来后就继续艺术上的探讨，从拉斐尔谈到达文西，又从米开朗琪罗的人像雕塑谈到张爱玲的《倾城之恋》，然后，相依相偎着站在阳台上，眺望红尘霭霭的大上海。胡兰成望着夕阳西下感慨万千，不禁告诉张爱玲时局要翻，来日大难。张爱玲听了很是震惊，更觉得这乱世里分秒必争的爱情是那么珍贵。她无限感怀地对他说："你这个人嘎，我恨不得把你包包好，像个香袋儿，密密的针线缝缝好，放在衣箱里藏好。"女子一旦动了情，唯愿与爱人一世相守，想着胡兰成随时都会逃亡天涯，张爱玲心有悲戚，她回转身到房里倒了杯茶端来，他接过来茶，夸夜色中的伊人别有风情。她幽幽地说："你是人家有好处容易得你感激，但难得你满足。"张爱玲是懂得胡兰成的，世人对他在政治上的作为褒贬不一，声誉亦是好坏参半，可他分明是个感恩奋进的人，从小我的角度来讲，胡兰成也称得上是才华横溢的才子。她只愿意和眼前这个男子过柴米油盐的日子。天气晴好的午后，张爱玲穿着桃红单旗袍，和胡兰成去附近的马路上散步，明朗的天色里她美得摇曳生姿，胡兰成忍不住夸她，张爱玲告诉他，桃红的颜色闻得见香气。怕是只有如此明媚的色彩，才能昭告天下她的幸福吧。从来行事自我的小女人因了胡兰成从静安寺庙会上买来绣花鞋，每次他从南京回来，她必穿了鞋头连鞋帮绣有龙凤的鞋子，迎接她的良人。

连平常日子里张爱玲走起路来，胡兰成都会找言语来描述，想来想去总找不到合适的词。在张爱玲面前胡兰成不敢贸然开口，听他央求再三，张爱玲便随口说出小说里写孟玉楼的片段："行走时香风细细，坐下时淹然百媚。"胡兰成佩服她比喻的巧妙，让她说"淹然"两字的寓意。张爱玲说道："有人虽遇见怎样的好东西亦滴水不入，有人却像丝绵蘸着了胭脂，即刻渗开得一塌糊涂。"他听得神往，又问他们在一起的感觉，张爱玲看着他说，"你像一只小鹿在溪里吃水"。张爱玲信手拈来的功夫令胡兰成着实钦佩，她告诉他，"还没有过何种感觉或意态形致是她所不能描写的，唯要存在心里过一过，总可以说得明白。"赌书泼墨的日子酝酿出文思泉涌，《红玫瑰与白玫瑰》《花凋》《年青的时候》《童言无忌》《烬余录》《谈女人》《女人》《诗与胡说》都出自此段时间，张爱玲正处创作丰硕、情感收获的人生佳境。外界对于她的情感亦是众说纷纭，他们由《天地》结缘，苏青自然是功不可没的红娘，走到如今这一步，苏青心有歉疚，于是就委婉地询问张爱玲，"听外面疯传你和胡兰成走得非常近？"张爱玲明了苏青在提醒她把握好尺度，尽量从感情的旋涡里全身而退，听到流言邵洵美也以长辈的身份告诫她不要引火烧身。善意的提醒张爱玲却并不放在心上，倒是毫不掩饰地说与胡兰成，自负又嚣张的胡兰成当即就反驳她说，邵洵美非常欣赏他手无寸金，还奋发有为，他与这个人品不错的朋友也算是深交。胡兰成的自以为是让他深信大家对他的尊敬和赏识，他甚至得意起与张爱玲的这段情缘。他非常享受被人关注的快感。这个靠献媚谋划出人头地的男人，早已不再计较别人的闲言碎语。

　　胡兰成一路走来早已是饱经沧桑。1932 年，他的发妻玉凤病逝，身无分文的他奔走在亲戚邻里间四处借贷，尽管尊严扫地也没能借到足够的钱安葬亡妻。直至母亲离开人世，一个男人的泪终于流尽。他说："对于怎样天崩地裂的灾难与人世的割恩断爱，要我流一滴泪总也不能了。我幼年时的啼哭都已还给了母亲，成年后的号泣都已还给了玉凤，此心已回到了如天地之不仁。"中国底层社会的凄凉悲哀，在他的生命中留下浓厚深刻的阴影；人与人之间的算计和冷漠，把他变成了决绝的人。在那个人吃人的环境里，唯有拿算计和背叛做阶梯，才能安然无恙地往前走。回想起亲人离世时的伤痛和人们的无情，他走上了报复之路。曾经那个遵循伦理道德、三纲五常的封建士大夫，已经一去不复返。以至于再面对情感上的纠葛时，久经人事的胡兰成对于张爱玲在感情上的信赖，首先感到诧异，其次才有些感激。离张爱玲最亲近的姑姑张茂渊早就再三点化，胡兰成在政治上身份复杂，加之又有婚姻在身，无论从哪个角度考虑，他都是个不宜接近的人。可无奈侄女性格与众不同，有自己独特的见解，出名之后已经像一个真正成年的人，凡事独当一面。张茂渊劝说未果，也不能再无趣地干涉他们日益亲密的感情。

　　胡兰成骨子里的老旧思想，在感情上有自己固执的判断力。这次和好之后，张爱玲彻底放下以往的矜持，时常坐在他的腿上，用指尖沿着他的脸颊从眼睛到鼻子，一路描摹勾勒曲线，心里有着高兴到狂喜的任性。她注意到胡兰成不仅没有喜色，反而"目光下视，凝注的微笑，却有一丝凄然"。张爱玲是胡兰成失而复得的意外，他说"我是像个孩子哭了半天要苹果，苹果拿到手里还在抽噎"，也许抽噎的原因还在于张爱玲在他面前消失不见的骄傲。经过一番周折走到现在，并未大费周章就抱得美人归，胡兰成对于心无城府的张爱玲生出防范之心，他感慨道："太大胆了一般的男人会害怕的。"若有张爱玲这样的红颜陪伴在侧，也是他这一生的乐趣。生活也好，读书也好，她都能引导他从中收获非同寻常的东西，面对爱情患得患失也并非唯独女人才有。他试探着再一次提起结婚的事，安定对于他来说大过恋爱的狂热，张爱玲并不拒绝也不答应，反问他不离婚怎么结婚？第二天，胡兰成又像哄孩子一样对张爱玲说："我们的事，听其自然好不好？"昨天在他连问两次都保持沉默的张爱玲，今天听到他的话才应了声。张爱玲有属于她自己的强大空间，爱情对于她来说只是美丽的风景，她不想寻死觅活挽留永恒，万事终会衰败，她只是那个坐在公寓窗前，看屋外风景的人。胡兰成家有妻室两房，外有女友若干，兴致所在还会携妓游玩，不知是她古书看多了认同了名士的作风，还是太过自信自己对胡兰成的吸引力，面对他的风流艳史她从不吃醋。张爱玲无比笃定地认为，她在他心中是独一无二的，无论有一天遭遇什么样的诱惑和境遇，胡兰成都会回到她的身边。因此，在感情上她不再拒绝胡兰成，他只是孤独时的寄托，年轻的张爱玲对于结婚这码事时刻保持警惕。她不愿意走进围城，重蹈父母覆辙。

张爱玲与胡兰成在心性上，不仅相近又太过相似，他们都有自恃的精神力量，他长袖善舞粉墨人世，她以笔墨涂抹红尘暖凉，双方都以真情和假意作为护身符，抛给对方一测深浅，却从不亮出底牌。她善良纯真而不自知，历经人事的胡兰成却感触颇深，他们在房间里说话，她会一个劲儿地问，"你的人是真的吗？你和我这样在一起是真的吗？"然后就"孜孜的看"着胡兰成，笑意盈盈，心中似有"不胜之喜"。端详许久之后，她会一脸崇拜地望着胡兰成说，"你怎这样聪明。"在温暖的关怀面前，她那些无谓的防备都如铠甲，在不经意间一层层脱落，她的兴趣爱好亦不再遮掩回避。胡兰成饶有兴致地发现"张爱玲喜闻气味，油漆与汽油的气味她亦喜欢闻闻"，那样的张爱玲，带着烂漫的天真。饮食上她偏爱喝浓茶，吃油腻熟烂之物，每天都要买点心回来吃，在他看来，她的爱好带着孩童的好奇口味，让他觉得她更加可爱。平时，更是一改从前冷漠的表情，高兴起来就张嘴大笑，有时候也会无缘无故地呆笑，她喜欢在他面前无拘无束地表达，而不必遵守淑女的优雅。她的孩子气致使"但凡做什么，都好像在承担一件大事，盛装接待朋友自不必说，就算只是走路、拈针、开罐头，她的神情也是'非同小可'的，有一种'理直气壮'的正经。"从生活中，可以显现出张爱玲超前的生活态度，正是对待人生的一种仪式感，《小王子》里小王子问狐狸，仪式是什么？狐狸说，它就是使某一天与其他日子不同，使某一刻与其他时刻不同。她是个不甘平淡的人，所以对生活中一草一木、一物一人都珍惜备至，令属于她的一切都散发出低调的光芒。

　　胡兰成觉得张爱玲的认真，在金钱上太过分明。人情往来，你为他多付出些，她受了你的恩惠，都是极为平常的事情，她却能做到少有的"两讫"。包括最为亲密的姑姑，相互间的账目，都会清算得明明白白；与好友每次出去喝茶或去咖啡店吃点心，都要事先和她讲好这次谁付账。她这样的习惯，令他多多少少会想起乡下的吝啬鬼，一个铜板都要串在自己的肋骨上。更不可思议的是，她一个弱女子曾遭遇"瘪三"抢劫，拼死抵抗，将对方抓在手里的提包，不顾一切地拉回来，真的不知道张爱玲瘦瘦的身体竟能发出那么大的力量；还有一次竟然只为了一小半的馒头。她无比真诚又毫不做作地说过，"我只知道钱的好处，不知道钱的坏处"。性格高傲的她，对待金钱却有着市井小民般的世俗，从小到大，她吃过无数次没有钱的苦，因此在后来有了钱之后，就尝到了金钱所给予她的香甜，从未遭遇过钱所带来的坏处。所以，金钱对于张爱玲来说，有着非同一般的情感，这种能给她带来安全感的东西，带着华丽耀眼的光芒，让她有足够的勇气面对明天的暴风骤雨。张爱玲的金钱观，胡兰成更应该感同身受才是，他们都经历过世态炎凉，只是对待金钱的态度各有不同而已。

从雾里看花到纤毫毕露，胡兰成和张爱玲的爱情也从热烈走到了平淡。1944 年 8 月，胡兰成的第三任妻子向他提出了离婚。王安忆在《长恨歌》里写道：流言在上海不是那种阳光凛冽的气味，而是带有些阴柔委婉的，是女人家的气味。是闺阁和厨房的混淆的气味，有点脂粉气，有点油烟味，还有点汗气的。两个在当时岌岌可危的政局前，无所顾忌地任绯闻传播发酵的名人，必定成为茶余饭后的谈资，经由弄堂辗转公寓再传遍整个城市。胡兰成的两房妻室正式向他提出了离婚，在所有人看来，他们的结合才是珠联璧合的，没有人能阻碍和分离他们。一向唯我独尊的胡兰成，在《今生今世》里以不可理解的口吻写道："我们两人都少曾想到要结婚。但英娣竟与我离异，我们才亦结婚了。"他认为，第三任妻子跟着他，除了荣幸是不该产生离异念头的，胡兰成自以为是的本性已是极为嚣张。他的第三任妻子享受惯了宠溺，被胡兰成娶回家后一直住在南京，因为胡兰成在上海美丽园的住所住着前妻全慧文和他的几个孩子。当她听到风声，并翻出张爱玲写给胡兰成的信件时，就不依不饶地大闹起来。她只是一个漂泊江湖的女子，与张爱玲相比根本没有胜算，她最终提出了离婚。而全慧文此时已卧病在床，他们只是形式上的夫妻，根本不在一起生活，离婚差的只是一道手续。说来滑稽，胡兰成把两份"协议离婚启事"的报纸呈现在张爱玲面前，满脸邀功的神情令张爱玲感到无奈。他的离婚又是对她变相的逼婚，此时的胡兰成对第三任妻子还有着不舍的眷恋，他妄想左拥右抱的全家福成为泡影，心里免不了凄凉。张爱玲善解人意地抬起手，想抚摸胡兰成的头，给他一点安慰，却被他"护痛似的微笑皱着眉略躲闪了一下"，张爱玲只得尴尬地笑了笑坐回原处。

　　胡兰成告诉张爱玲，另外买了辆卡车送给第三任妻子做生意，张爱玲并没有生气，倒觉得这是应该付出的补偿。胡兰成终究是留在了张爱玲的身边，她不愿意结婚的想法，在胡兰成为她所做的妥协面前消失殆尽。她笑着说，"我真高兴！"孩子气的模样像是抢到了一颗被大家争来夺去的糖果，沾沾自喜的样子把胡兰成也逗笑了。他承认自己的老成，在幼稚的张爱玲面前失去了方寸，嗔怪她，"我早知道你忍不住要说了！"他们都望着对方笑了，张爱玲笑得是志得意满，胡兰成笑得却有些苦涩。其实，面对爱情没有一个女人能做到毫不介意，张爱玲背后和姑姑说，为了他太太他很难受。姑姑说，真是衔着是块骨头，丢了是块肉，当然这也是他的好处，将来他对你也是一样的。在家族里见惯了妻妾成群的旧式婚姻，张茂渊对于胡兰成的举动，倒是有几分另眼相看，姑姑的话外音张爱玲当然听得懂，他前妻的下场就是未来有一天她将面对的结局。而此时，胡兰成的本性也只是暂时收敛罢了。这些变数在张爱玲心里有着一闪而过的担忧，年轻的女孩只愿安享眼前的两情缱绻，全世界都在战乱，也许明天上海也将倾城。对于秉承"出名要趁早"，一切都要积极尝试的张爱玲来说，她只想在还有机会和条件的时候，去拥抱每一份经历。

　　此时，正是1944年底，日军节节败退，势力犹如江河日下，汪伪政府官员个个都在铺设后路。胡兰成的危机感，正如那个暮色深沉的黄昏，越来越浓重。他们站在寓所的阳台上，谈起变幻莫测的时局，胡兰成唯恐将来有难，难免牵涉到身边亲人的安危。张爱玲一向对政治不敏感，但那句"覆巢之下，焉有完卵"的古语，她却深信不疑。胡兰成一席话，打消了她的顾虑："将来日本战败，我大概还是能逃脱这一劫的，就是开始一两年恐怕要隐姓埋名躲起来，我们不好再在一起的。"她的思想大多来自书本，国家的安危虽然关乎到了她的幸福，想一想汉乐府里的诗句"来日大难，口燥唇干，今日相乐，皆当喜欢"，张爱玲心情豁然开朗起来。胡兰成的成熟和笃定，使她像相信书中的理论一样相信着他，只要活好当下，珍惜在一起的分分秒秒，一切都不应感到遗憾。张爱玲笑道："那时你变姓名，可叫张牵，或张招，天涯海角有我在牵你招你。"她想的都是浪漫的情景，岂不知世事变幻，美好的事情不会一成不变。

　　他们一致决定，不去大张旗鼓地举行仪式，也不选择登报启事，连法律文书都不涉及，只是在一纸自行准备的婚书上写下诺言："胡兰成张爱玲签订终身，结为夫妇……"，写到这儿她加上了一句："愿使岁月静好……"，胡兰成接过笔写下了"现世安稳"。他们的证婚人是张爱玲的好友炎樱，她也郑重地落下了自己的名字。胡兰成和张爱玲的这场婚姻，观念上具备着鲜明的西方主义色彩，形式上却以最传统的东方操作落实。就在几天前，他还在开导她说："一切都不对了。生命在你手里像一条蹦跳的鱼，你想抓住它又嫌腥气。"她又对他说："我怕未来。我是因为不过是对你表示一点心意。我们根本没有前途，不到哪里去。"胡兰成最后斩钉截铁地决定："我不喜欢恋爱，我喜欢结婚。我要跟你确定。"越是霸道的男人越缺乏安全感，也凸显出他骨子里深深的自卑，除了不顾一切往上爬，去争取出人头地，胡兰成更是处处留情俘获女人芳心，企图把自己武装得强大起来。彼时，他们同乘一条船，要驶向何方两个人心里都没有目的地，他说，"我们这是睁着眼睛走进去的，从来没有疯狂。"都说走进围城的夫妻是在爱情里迷昏了头，才义无反顾地选择了这条路，他们却清醒，尽管她还在迷茫着没有考虑好，最后，还是甜蜜地走进了婚姻的门槛。

张爱玲和胡兰成相互崇拜，相互汲取对方身上的力量，来让彼此的心更加坚定。婚后，张爱玲的小幸福，亦是从古书中传袭来的，她学着闺阁小姐的小性子，娇滴滴地唤着心上人"兰成"，而她的"相公"却不如从前那般有情趣，心不甘情不愿地拒绝着，最后还是拗不过，勉强喊了声"爱玲"。还有一次他们出外办事，归家时遇上大雨，在黄包车上，穿着雨衣的张爱玲赖坐在胡兰成怀里，心里觉得无限欢欣，而胡兰成却"只觉得诸般不宜"。胡兰成尚未离婚之前，在张爱玲屋里闲谈，还会经常发出"这样好的人，可以让我这样亲近"的感慨，他的赞美和追崇使张爱玲感觉仿佛"微风中棕榈叶的手指，沙滩上的潮水，一道蜿蜒的白线往上爬，又往后退，几乎是静止的"。她唯有通过文字来形容那种心动的感觉，当时就在心中对自己说："要它永远继续下去，让她在这金色的永生里再沉浸一会儿"，张爱玲天真地贪恋着胡兰成带给她的这种幸福感，却不知他的甜言蜜语带给她的是无法释怀的疼痛。

张爱玲带给胡兰成的更多的是一种猎艳的快感；胡兰成给予的，也是每个女人都想拥有的浪漫。他们之间的感觉离婚姻远一些，较知己更升华一步，是建立在彼此独立，又互相精彩的基础上。婚后胡兰成说，他们亦仍像是没有结过婚，仍然一个是金童，一个是玉女，他更不肯使她的生活有一点因他之故而改变。他们之间，从初时的互不感冒到后来的相知相恋，张爱玲吸引胡兰成的原因，就在于她独特的个性，和非同寻常女子的冷静。若即若离的花，才会开得更加美丽动人。婚姻是甜蜜的又是残忍的，拉开蒙在男人与女人之间的薄纱，真相往往会让他们的希望彻底沦为失望。他只是想让她成为自己耀眼的装饰品，家里有正房坐堂，偏房有莺燕的交际花温存，至于张爱玲的锦上添花，更会完美一个男人的极致梦想。而世事难料，他原以为能自由掌控的妻妾，却主动提出离婚，他和张爱玲的结婚似乎又是无法选择的抉择，带着避不开也绕不掉的尴尬。胡兰成毕竟是一个传统男子，他理想中的妻子是如玉凤那般，宜家宜居的旧式人，无怨无悔付出，又体贴温存，赡养老母。没有了别的女人，美丽园也不能成为真正意义上的家，他虽有宅邸空置，却像个无家可归的人，只有张爱玲的寓所可以去。他无比怀念，甚至是眷恋从前那种自由来去，偶尔驻足的蜻蜓点水，他胡兰成本是浪子，这样的生活会将他困宥得面目全非。然而，他的心情，她怎么会晓得？张爱玲晋升新妇，只有满满的喜悦享之不尽，她慷慨地将胡兰成买给自己的金镯子送给姑姑，让这个最亲近的人分享自己的幸福。她的小说集《传奇》，与此同时再版热销，风潮较之初版稍逊，稿费也未能达到她预期的标准，但嫁为人妇的满足，令一向对金钱锱铢必较的张爱玲也柔软宽容起来。双喜临门的无限风光，是她在现实生活中的初次体验，新奇又飘飘欲仙。

　　婚约上的那句"岁月静好，现世安稳"，看上去也只是写出来的现世谎言，胡兰成更像是一个机关算尽，反倒作茧自缚的可悲之人。时机仿佛早就被命运规划好，当他骨子里的浪子血液又无可抑制地汹涌而来，就在这时，日本人请他去武汉接收《大楚报》，暗中掌控湖北，成为日本帝国谋划中的"大楚国"的先驱。抗战并未结束，这样的安排相对于穷途末路更有可为，一向自负的胡兰成将这次挑战当作他东山再起的最后机遇。做好决定之后，他从日本人拨放给他的办报经费里拿出一部分交给了张爱玲。当她责怪他这等大事为什么不商量，就擅自做下决定，胡兰成笑着回道："说了你亦不会反对。"这笔钱他以"替张爱玲还给姑姑"为名义留了下来，张爱玲也不像从前那样推辞，花自己爱人的钱，本来就是天经地义的事情。动荡时期，通货膨胀极为严重，在市面上流通的币制连换了几个，张爱玲估算不出那一箱钱的确切价值，只觉得比自己的稿费丰厚了许多。经济状况一直不如意的张爱玲，能花上胡兰成的钱说来也不易，当她终于能名正言顺接受他的馈赠时，他却要离她远走。

离别在即，气氛难免凄凉。张爱玲主动留胡兰成在她的公寓里用了晚餐。婚后的生活一如从前，她不擅家务，胡兰成也从未享受过婚后男人本该享受的家庭温暖，这次她主动留他吃饭，也是在弥补一个妻子应尽的义务。饭后，张爱玲又像一个小女人般，殷勤伺候起胡兰成，绞了一把热毛巾递给他，未料到胡兰成接过去就挑剔，"这毛巾这么烫，怎么擦脸？"他在家庭里一直是处于这样的地位，虽然初次换作张爱玲这个新妇，胡兰成的惊讶还是从带着微笑的脸上习惯性地脱口而出。上海的气候阴冷潮湿，张爱玲为了让胡兰成用上温热毛巾，专门跑到离她居室较远的姑姑的浴室里，将热水开到很烫，不惜将自己的手烫疼，才一路小跑着捧给胡兰成。他大约是没有心情体谅她的用心，她历来并未习惯解释，两个人之间无形的生疏，无法让她再像往日那般撒娇求饶。她安静地回答他，"我再去绞一把来。"胡兰成当然明白这一来一往间的心理浮动，亦觉得委屈了从小就被仆佣伺候的张爱玲，她能亲自为他做出这样贴心的举动，也实属不易。他哄她到阳台上看月亮，诗兴大发地逗她。明明如月，何时可掇？就在这里了！正说着，就将张爱玲一把捉住拥在怀里。胡兰成懂得让张爱玲开心，他将她比作明月，她的芳心自然欢喜，就不再计较刚刚所受的委屈，她在心里欢快地告诉自己，"他还是在意我的"，她就是如此容易满足。因为他一丝丝的好，就放大成莫大的幸福，就连胡兰成夹在指间的烟头烫了她一下，她都没有放在心上在他心里，她是那天边的明月吗？真假她也没有心思再去思量，这最后的幸福啊，一分一秒都不愿意浪费，他吻着她，她"像蜡烛上的火苗，一阵风吹着往后一飘，倒折过去"。

　　分别进入倒计时，他们整日厮守，似乎企图沉浸欢爱，来驱散笼罩在心头的对未来的惶恐。张爱玲全身心地抓着最后的温存不肯放手，胡兰成在压抑又无所适从的心境里，"像只小兽在溪边顾盼着，时而低下头去啜口水"，偶尔别过头去吻一吻身边的张爱玲。张爱玲敏锐地捕捉到了他的反应，这一别或许是永生不再相见，如果还有岁月可回头，不知道她心底还会不会有他的一隅之地，这也是她最后审判这份情感的机会。他对她的心不在焉，让她赌气似的遥望着他半侧面的样子说，"我好像只喜欢你某一个角度"，胡兰成的脸色动了动，察觉到那是她狡黠的报复，他听了不由分辨地吻过去，嘴里说着，"你十分爱我，我也十分知道"。像是要以此永远将他的影子烙进张爱玲的生命里。也是在这最后的狂欢里，张爱玲警醒地惊觉到，胡兰成对她的情感分量，他强吻她时，她的心底凄凉起来，

"像山的阴影，黑下来的天，直罩下来"。

　　未卜的前程，使胡兰成表现出从未有过的烦躁，他像是自我告诫地说："没有人像这样一天到晚在一起的。"说完又觉不妥，似乎是想对张爱玲澄清什么，慌不择言地又说："相看两不厌，只有敬亭山。"沉默过后，他自我安慰道："能这样抱着睡一晚上就好了，光是抱着。"或许是他在潜意识里，想通过这样的方式，让注重精神依恋的张爱玲，能记住这最后的温暖相拥。张爱玲安静地做着他的倾听者，不去轻易打断他的话语，他慢慢地沉浸在回忆里，讲起一段往事：乡下有一种鹿，是一种很大的鹿，头小。有一天，被我捉到一只，力气很大，差点给它跑了。累极了，抱着它睡着了，醒了它已经跑了。张爱玲被他带动得伤感起来，她正是他费尽力气捉来的小鹿，她的一颦一笑都使他舍不得放手，只是这种拥有太过短暂，像一场梦，他走后这一切将烟消云散。战乱可以颠覆世界，何况是一段情缘？美好的期望像彩虹一样，在他们的天空里渐渐隐匿消失，他要千里迢迢地奔赴武汉而去，整个的中原隔在他们之间。

　　1944 年 11 月，胡兰成离开了上海，离开了张爱玲，去往他将要开拓的另一片疆土：武汉《大楚报》阵营。这里俨然一副饱经战患的沧桑模样，空袭致使天地间灰尘蒙蒙，衣裳才换洗就又肮脏不堪。恶劣的环境和无形的恐惧，让人们的情绪极端浮躁，见了面除了谈论惊天动地的炸弹之患，根本无心再诉说别的话题。胡兰成带来协助他的两个同事——关永吉和沈启抱怨连天，这里无论是饮食还是娱乐方面，都不及上海繁华便利，他们后悔不迭地怀念起上海的种种好处。来到这人间地狱似的城市，胡兰成带着不容忽视的强烈使命感，那份责任心不容许他有额外的不良情绪滋生，此时与张爱玲已是关山路远。好在从报社上班回到安置在汉阳医院的住处，并非只有他们三个大男人大眼瞪小眼，还有六七个护士与他们谈笑风生，聊解寂寞之苦。她们几个里，只有一个叫作小周的见习护士生得眉清目秀，胡兰成尤其喜欢与她嬉戏，一来二去在这荒凉的地方，他的心里又燃起爱情之火。16 岁的小周有着稚嫩年龄里散发出的自然而然的天真，与张爱玲的幼稚有着截然不同的烂漫。不经世事的少女芳心，很快就被阅历丰富的胡兰成俘获，她亦然欣羡他的才华，工作之余，总会去胡兰成的房间里学唐诗，灯下红袖添香的美意，让这个放浪形骸的浪子早已忘却了上海的张爱玲，更是无惧外界呼啸狂炸的轰炸机。他竟然故技重演，又向小周索要照片做信物，还让她在照片上题写他刚教的隋乐府诗："春江水沈沈，上有双竹林，竹叶坏水色，郎亦坏人心。"相比起张爱玲题在照片后面的字句，小周的情意在胡兰成的调教下，带着娇嗔的羞涩，让他有着另一种倏然心动的冲动。胡兰成唤着小周的小名，"训德，日后你嫁给我。"小周总是搪塞说，"不，你大我二十二岁。"她的拒绝是毫无抵抗能力的，胡兰成软磨硬泡的功夫，连张爱玲都逃不掉，何况她一个小姑娘？他央求多了，小周以默许应承下他的求婚。在乱世流离里偷香窃玉，是胡兰成无处不在的温存，处处留情的他，像一个偷盗成瘾的惯犯。

在这昏天暗地里快活逍遥，胡兰成的心里还是有所忌惮，他想起张爱玲时会反思，自己又爱上小周，对张爱玲是不是一种不公平的对待？毕竟在他的心目中，张爱玲不同于他以往的几任妻子，但他曾跟张爱玲说过，爱情乃是天意，当它发生时，他无力违抗，只能顺从。这种毫无底线的说辞，是胡兰成为自己放荡本性的开脱。

他和张爱玲在一起的时候就有两房妻室，如今上海有属于他的张爱玲，武汉有属于他的周训德，也是不足为奇的。一个男人如果没有了伦理道德，旧社会遗留的封建流俗，反而成为他自圆其说的屏障。昨日，曾为张爱玲许下将来隔了迢迢银河也要相见的誓言还犹然在耳，短短两个月后，他的嘴里又在为新欢编织着甜蜜的承诺。胡兰成离开之后，张爱玲的散文集《流言》又相继出版，与此同时，她的经典之作《倾城之恋》也被改编成舞台剧在上海公演。张爱玲在文坛上是独一无二的存在，而她在胡兰成的滥情史里，却只是万花丛中开得最为凄美绝世的一朵。胡兰成的离开，亦算不上她的情场失意，虽然她并不是一个为世俗所束缚的女子，但他留在她心湖上的一抹温情，始终不曾清冷下来，每天写作之余或是偶然的一个瞬间，他还是会从忙碌的角落里，出现在她的脑海。

　　胡兰成刚到武汉后的第一封信里就提到小周，说那个小姑娘人非常好，大家都称赞她，他也喜欢跟她开玩笑。本是倾诉相思的家书，却着墨了别的女子，别说是张爱玲，就是外人也能看出端倪。她却不一针见血地遏止，只是保持着她高傲的性情表态："我是最妒忌的女人，但是当然高兴你在那里生活不太枯寂。"她对胡兰成有着善解人意的宽容，想来他在内地客居，心里定是倍感凄凉，更需要在生活上寻找一些调剂沉闷的情趣。在《双声》里她却道出心声："随便什么女人，男人稍微提到，说声好，听着总有点难过。"霸占欲也好，将他放在心上也好，一个女人在感情上一旦付出了身心，就变得缺乏了原则，对男人的劣根性会一让再让。在认识他之前，关于胡兰成的种种风流韵事，她就早有耳闻，结识后他也毫不避讳地承认，他是非常喜欢女人，那时她对这句话的理解是"他对女人太博爱，又较富幻想，一来就把人理想化了"。还未萌生情愫之前，她站在客观角度，分析了胡兰成的处处留情；而当她爱上他之后，不知可曾再次理性地回想过这个问题的原因？胡兰成的博爱延伸下去，与小周发展到一定程度之后，却并未对如此信任理解他的张爱玲和盘托出，而张爱玲还是以她的想法安慰自己："他喜欢教书。总有学生崇拜他，有时候也有漂亮的女同事可以开开玩笑……"她对他始终有着一种崇拜性质的信任，也就是单纯地认为许多女生和她有着相同的心思。

1945年3月，在经过近半年的离别之后，胡兰成回到上海。一个月时间的相聚里，张爱玲毫不掩饰地诉说着思念之苦，胡兰成在与其耳鬓厮磨之余，还是很坦诚地说起了他和小周之间的默契。对此行径，他自有一套理论："一夫一妇原是人伦之正，但亦每有好花开出墙外，我不曾想到要避嫌，爱玲这样小气，亦糊涂得不知道妒忌。"张爱玲没有对他的所作所为多加评论，只是有意无意地透露她也有倾慕的粉丝追求，她以为刺激胡兰成一下，也许他能有所收敛，并不是只有他的才华横溢，才能吸引崇拜者。胡兰成听了心里自然不舒服，但他并没有因此大发雷霆，他们之间斗到现在，张爱玲注定已经是败下阵来的一方。念及往日恩爱，胡兰成保留了他和小周在情感上的神速发展，也得以让张爱玲在与他重逢的半个月里能相安无事。这段温存时光，也是胡兰成对张爱玲最后的仁慈，时间如一颗珍珠，自此后被无情埋没。胡兰成这次离开上海，并未直奔武汉，而是带着侄女青芸去往杭州为她主持婚礼，五月时回武汉的心情和三月时回上海各不相同，他一下飞机就归心似箭地渡过汤汤汉水，急切地想要见到他的小周。

　　这个女孩家里，还养着一群弟弟妹妹，她的母亲从前也是大户人家的小妾，因父亲病逝失去依傍才沦落到家境贫寒的地步。小周不仅为人勤快，待人也热心，出落得伶俐可人，为人处世大方稳重，虽然常年只穿一件平常布衣，也要把它洗得洁白、熨烫平整，即使平时有时间为胡兰成烧一碗菜端过来，也是礼貌有加，完全没有贫寒人家的贫贱之气。胡兰成甚至觉得，自己与小周有些同病相怜，回想起他从前经历过的日子，他更为小周不卑不亢的生活态度所感动，写给张爱玲的信件中，字字句句都是小周说过的话，犹如为人父母疼惜孩子的口吻。隔着时空，胡兰成对于另一个女孩的灼热温度，烫伤了张爱玲。想必此刻，她对当初自己年少轻狂选择胡兰成的举动是不知所措的。他如今，真如她所言的那般，在她这里来来去去，而她自以为能举重若轻的心态，在渐渐失去平衡，然后一点点往下坠入一个漆黑的深渊。胡兰成断断续续的来信，已不再是倾诉思念，而是变相地炫耀他在异乡的另一段美妙情缘，直到离别之后，张爱玲才似乎被他清晰定位在红颜知己的位置上。曾经的暧昧纠缠，是一个男人在寂寞时的疯狂征服，也是因为离别，张爱玲看清了胡兰成的面目。她输于太过自负，原以为他的两房太太不过是庸脂俗粉、欢场应酬，胡兰成遇见她才会不顾一切低头臣服，又心甘情愿地离了婚与她厮守。在张爱玲的概念里，她不晓得未来到底有多远，当下虽动荡但在她的上海，一切依旧美好如初，孤岛另有一番末日狂欢的激情。如今，她的触角因胡兰成伸向一个遥远的地方，那里是她所牵挂的男人的温柔乡，他让她懂得了过去二十几年都懵懂的林林总总，包括一个男人的温存和残忍。而现在，她终于明白，她爱他，而他却已经爱上了另一个人。

胡兰成再出现在张爱玲面前的时候，开始以一个金主的身份自居，时不时带些钱回来，说法却刺痛了张爱玲的心："你这里也是需要钱的。"在他认为，武汉的小周才是他的最爱，张爱玲倒成了他不可推卸的责任。这些真实又强烈的变化，刺激着张爱玲本就清幽孤绝的心，每日里她在写作之余，形单影只的生活，和乐不思蜀的胡兰成形成了剧烈的反差。本就游离于现实的张爱玲，如失了魂魄，她一时之间不知如何去排遣他留下的寂寞。这样的日子不知过了多久，胡兰成有一日打电话说他要回来，张爱玲从听筒里听到那个熟悉又陌生的声音，突然感到一阵轻微的眩晕，整个人像是往后一倒，靠在了墙上，其实站在那里一动也没动。本就瘦弱单薄的她，已经无力承受胡兰成带给她的越来越沉重的伤害，寓所真正成为他路过的驿站，她清冷成一枝暗香的梅。他回来时，恰逢炎樱来找张爱玲，胡兰成客气地将炎樱让到他们俩中间的位置上，突兀地将他和张爱玲的生疏毫不遮掩地暴露在外人面前。唯我独尊的气氛，使张爱玲和炎樱窘得喘不过气来，他猛然觉得这样坐下去都会难堪，就约了炎樱去阳台上透气。他的身份使他有一种居高临下的优越感，无论是张爱玲还是炎樱，都处于被动的境地，他还是像从前那样侃侃而谈，张爱玲在屋内听到胡兰成问炎樱，一个人能同时爱两个人吗？炎樱走后，张爱玲对胡兰成说，"你刚才说一个人能不能同时爱两个人，我好像忽然天黑了"。胡兰成听了不但没有感到丝毫内疚，反而泰然自若地说，"那么好的人，一定要给她受教育，要好好地培植她"。胡兰成给了小周一个童话，他做了她的王子，而张爱玲凭一己之力构造出的独立生活，就这样被胡兰成击垮。

在恋爱里经历欢笑和泪水是极为正常的感受，每个女人一生中都要由此走向成熟，张爱玲的人格独立，也将更加富有魅力。1945年8月15日，日本宣布无条件投降，抗战胜利的消息传遍了祖国的大江南北。正在街上行走的胡兰成从广播里听到后，心中震惊之余，仍徒劳挣扎着跑到二十九军军部，怂恿军长邹平凡宣布武汉独立，并试图建立武汉军政府。这场闹剧酝酿了十三天便黯然流产，胡兰成在乱军之中扮成日本伤兵，连夜逃离武汉，一路辗转从南京去往上海，在张爱玲的寓所停留了一晚。他与她同床共枕却倾诉着对小周的情深似海："我临走的时候她一直哭，她哭也很美的。那时候院子里灯光零乱，人来人往的，她一直躺在床上哭。"胡兰成就对小周说："我不带你走，是不愿你陪我也受苦，此去我要改姓换名，我与你相约，我必志气如平时，你也要当心身体，不可哭坏了。你的笑非常美，要为我保持，到将来再见面时，你仍像今天的美目流盼。"之前，胡兰成一再向张爱玲保证过，他与小周之间是纯洁的男女关系，但小周哭的时候到底是躺在他的床上，还是宿舍的床上？他离开上海时的笃定，并没有像离开武汉这般恋恋不舍，那些叮咛嘱咐的话语也不曾说给张爱玲听过。胡兰成的荒唐行径，使张爱玲生出厌恶之心，口口声声对小周情深义重，晚上却又向自己求欢，还说出恬不知耻的话："刚才你眼睛里有眼泪，不知道怎么，我也不觉得抱歉。"

　　胡兰成梦想中的光明前途，并没有如他所愿日复一日地蓬勃发展。在大起大落的命运面前，他又要回到起点，美人和金钱都如浮云飘散，就连这个他苦苦追求而来的才女，也依旧有着高于他的名门出身。丧心病狂的胡兰成感到万念俱灰，他报复似的说着恶毒的话，来刺激张爱玲本就虚弱的神经。不用张口，她是不肯随他流亡天涯的，他们之间的感情，从未建立在相濡以沫的基础上，当金钱和繁华构筑的外壳坍塌，他在她眼里就沦落成了丧家犬。这个狂浪的男人，从不检讨自己的所作所为，就这样不可一世地毁灭了张爱玲在他心中的重要性。他和小周一起之后，张爱玲似乎冷静得像是个局外人，说过的那些伤心的话，也带着浓重的书卷气，修饰浮夸的悲情，总不如小周撕心裂肺的痛苦来得真实。胡兰成和张爱玲就是这样在互相的内心戏里，将对方从高尚诋毁到卑鄙，张爱玲后来在文中写道："现在在他逃亡的前夜，他睡着了，正好背对着她。厨房里有一把斩肉的板刀，太沉重了。还有把切西瓜的长刀，比较伏手。对准了那狭窄的金色背脊一刀。他现在是法外之人了，拖下楼梯往街上一丢……"长期的写作习惯，让她习惯于幻想，正如当年父亲暴打她时，她发誓有朝一日要报仇一样。张爱玲最后选择以终身不见来惩罚父亲的暴戾，而她对胡兰成生出谋杀念头的转瞬间又想："你要为不爱你的人而死？为他坐牢丢人出丑都犯不着。"

　　从性格和心理角度来讲，张爱玲是个孤僻又特立独行的人，她从头至尾都在避世。所有的想法，都始终停留在少女的思维上，爱恨情仇也不过过眼烟云。第二天，青芸来接胡兰成，央张爱玲寻被单包东西，等她翻箱倒柜地找到一条干净的下楼，他们早已走了，胡兰成最后连一句话语也没留下。张爱玲心里轻松起来，在她的笔下，那一刻的感觉有着明天朗地的好："一只黄白二色小花狗蹲坐在前面台阶上，一只小耳朵向前摺着，从这背影上也就能看得出它对一切都很满意，街道，清明的清甜早晨。她也有同感，仿佛人都走光了，但是清空可爱。"梦一场也是番体验，对于二十三岁还未恋爱的张爱玲，通过这场感情，完成了人生必经的体验之一，她从未想过要与胡兰成天长地久，也就不再将那些情爱放在心头，活在当下始终是她从来都不曾更改过的生活态度。胡兰成走了，她的生活将恢复正常，与其说他的远走对她来说是一种牵绊，不如是说是解脱。无数次放纵他可耻的行为，是张爱玲善良内心对他的体谅，因为懂得他历过的曾经，也就原谅了现在的他，慈悲是一个女人对她所爱男人的放手。

　　胡兰成这次逃到了浙江诸暨，躲避到了他的高中好友斯颂德家。沉闷单调的小地方生活，已经让这个雄心勃勃的人无法适应，直到这时，他仍未对张爱玲放弃过纠缠，常常写上好多页书信倾吐愁闷。善良心软是女人的软肋，尤其是对动过情的男人，张爱玲知道他太需要人，需要听众观众，她对他的处境还是深感同情。在回信时，特地交代他不要写太长，以免邮局那边起疑盘查。胡兰成对这些告诫是置若罔闻的，每次来信依旧如滔滔江水，连绵不绝，信中尽是抒发他胸怀的诗词句章，斯颂德来上海办事时，替胡兰成转交了封信给张爱玲，两个人谈话间他开玩笑说："我预备遇到检查就吃了它。"张爱玲笑了笑调皮地调侃，"这么长，真要不消化了"。胡兰成的万丈雄心遭遇到禁锢，整个人都不好起来，苦闷迷惘如影随形，他于是又写了封长信，托张爱玲转交给一位极具名望的佛学学者，以求智者能指点迷津。学者倒也怀着渡人之心很快就回信，亦由张爱玲转寄胡兰成。孰料胡兰成又迅速写信给张爱玲，说是学者在信中提到胡兰成的信太过长篇大论，他的事颇多也就不能尽解。胡兰成不可一世的狂妄遭到打击，骨子里的自卑又让他敏感地笑自己是"自取其辱"，愧对于张爱玲的帮助，大有虎落平阳被犬欺的愤怒。张爱玲是他心中难以割舍的知己，也许爱寥寥无几，但那种心理依赖是有增无减的，他风光时即把张爱玲抛之脑后，失意时又强行捆绑她去倾听。她又一次慈悲地宽容："他太不耐寂寞，心智在崩溃。"胡兰成一直以来，为了博取眼球，证明自己的存在感，于政治不择手段，于女人用尽心机，在这个颠沛流离的逃亡过程中，他竟然又一次不甘寂寞，为了凸显自己的能力，将眼光瞄向了斯家姨太太范秀美。

由于风声太紧，胡兰成在斯家并未停留多久，就在他们的安排下，由范秀美带领着转往她在温州的娘家。十八岁就守寡的范秀美心地纯净，一路上，不负家人所托将胡兰成当作亲弟弟悉心照顾，胡兰成又自作多情地把人家的一番好意当作柔情。他本是个情场老手，很轻易就和范秀美有了夫妻之实，还未到温州就俨然新婚宴尔的夫妇。还像个争风吃醋的孩子似的，非要将范秀美给义子取的"张嘉仪"之名拿来做他的化名，对此他又有他自认为的理由："我一听非常好，竟是舍不得就把来自己用了，用老婆取的名字，天下人亦只有我。"胡兰成做什么事从来都觉得理所应当，在那个允许妻妾共存的旧社会，滥情被他毫无限度地延续下去。胡兰成对于范秀美的爱慕，当然出自利用之心，在这段心惊胆战的逃亡路上，能有一心一意为他奔波的妇人遮掩，他的安危自然不足忧虑。胡兰成这个多情的人，现有美人在侧，一时之间就忘却了烦恼，和范秀美在这世外桃源的地方，过着悠闲凡尘的小日子。他陪她正月初五去拜观音庙，祈求"小周与世人皆消灾得吉"，无论何时，他的心还是牵挂着武汉的周训德。到了初八的时候，胡兰成又体贴地随范秀美，按当地风俗妇唱夫随地去上新坟，甚至有一刹那，他觉得从此后就这样天荒地老，也是上天最好的安排。安逸的日子又滋生出他的闲情逸致，十五时他们到海坛山看庙戏，他在这样喧腾热闹的场合里，想到了西湖香市，将自己比作许仙，视范秀美为白蛇娘娘，仿佛他们是一对羡煞旁人的神仙眷侣。胡兰成是个不安分的男人，同时他又是个极度的享乐主义者，不愿错过每一次机会，更不愿放过一分一秒享乐的机会。他与范秀美虽然没有与张爱玲之间的红袖添香，却有着比翼双飞的俗世温情，范秀美没有向他索求过任何承诺，却意外地演绎了他和张爱玲在婚约上写下的"岁月静好，现世安稳"。那样的境界，是张爱玲写在文章里的情节，而与男主在一起的却不是她。

　　念及胡兰成"心智在崩溃"的状态，他的无助激发起张爱玲的母性，总是惦记着他独自漂泊的辛苦，她忽然觉得胡兰成可怜得除她之外再也没有任何亲人。张爱玲就专程前往胡兰成在上海的家里探望，像是要尽一尽她的分内之责。青芸当日在杭州完婚之后，仍回到上海为胡兰成管家，她看到张爱玲亲自登门深感意外，以为出了乱子要有大事与她相商，没想到张爱玲除了絮絮叨叨、语无伦次地说些担忧胡兰成的话，别无他事。见到与胡兰成最亲近的人，她还倍感亲切地掉下眼泪，她说，"我看他信上非常着急，没耐心"。青芸深知胡兰成的秉性，就安慰张爱玲，放宽心，他就是这么个人，没耐心起来毫无耐心，耐心起来倒也非常耐心的呀。之后，胡兰成又转去温州，由于通信不便他们失去了联系，张爱玲更是牵肠挂肚。正巧斯颂德又来上海办事，看她提起胡兰成就泪水涟涟，就问她，若想念得很，可以随他去看望胡兰成一次。后面又听斯颂德说，胡兰成常提起小周倒很少想到她，张爱玲终于按捺不住，决定亲赴温州与胡兰成当面谈个明白。距离的阻隔淡去了许多怨恨，她心里想的都是他的好。1946 年 2 月，张爱玲冒着被人追踪的危险，乔装打扮一路上专捡小路走，历经波折去寻胡兰成。途中她思绪翩飞，将他们将要重逢的时刻想象成古书里的煽情画面。她写道："我从诸暨丽水来，路上想着这里是你走过的。及在船上望得见温州城了，想你就在那里，这温州就像含着宝珠在放光。"

　　爱情在这个浪漫的文艺女青年心里，理想之光从来不曾熄灭，人心惶惶的乱世里，即便是相互搀扶艰难前行，也是令人充满希望的选择。面对张爱玲的到来，胡兰成在《今生今世》里一本正经地说道："二月里爱玲到温州，我一惊，心里即刻不喜，甚至没有感激。我因是男人，不欲拖累妻子，爱玲如此为我，我只觉不敢当。"今时今地不比他那时高居权重，张爱玲的家世和才情，也就失去了他所追逐的光芒，如今他刚在这里安定下来，张爱玲就又来添乱，他甚至厌恶张爱玲端着一副大小姐的架子，来这穷山恶水看他落魄的样子。抛却远在武汉的小周不提，眼前的范秀美才是他落难之时相濡以沫的体贴妻子，而这一切他还没来得及向张爱玲坦白，她这样迫切地出现，反倒让他措手不及。往日里衣着考究、注重仪表的张爱玲为了安全起见，一反常态地不顾自己的形象，乔装打扮成乡下逃荒妇女的样子，身穿臃肿的蓝布棉袍，满面风尘的她脸上、鼻子也被晒脱了皮，看上去红红的，显得极为滑稽，倒不及眼前大他一岁的范秀美。张爱玲一直是胡兰成夸耀的资本，无论是她的家世还是她的名气，都并非一般人所能比，平日里他也不少在范秀美面前提起张爱玲，实在是值得他骄傲的女人。可当张爱玲活生生地，以这样上不了台面的形象，站在他们面前时，胡兰成的虚荣心不停地在作祟，感觉张爱玲不但没有为他争脸面，反而故意让他抬不起头，很怕范秀美怀疑他所言是否属实，并且最让他难堪的是，张爱玲还连带着小周的美好形象也一并磨灭了。他只顾着生气，连安慰的话都没有一句，也不去思考战乱中的张爱玲，不仅躲避着炮火的无情，也背负着汉奸之妻的身份，委屈自己脱下扮靓自己的奇装异服，拣了最显眼刺目的那种翠兰的蓝布，做了一件特别加厚的棉袍，打扮成村姑模样混进人群中，才风餐露宿来到这里。

　　胡兰成晚上回避，白天去旅馆与张爱玲相见。她还是如往日那般，和他说起文学方面的话题，希冀重拾往日的欢愉，却并未忧虑他当时的艰难处境，胡兰成的高谈阔论第一次在张爱玲这里收敛起来。直到有一天胡兰成和张爱玲正说着话，突然腹痛难忍，他也强忍着不与张爱玲说明，只等着范秀美来到就立即说明，那妇人当即细细问了，关切地说下午喝杯热茶就好了，他们之间的默契亲切，反倒衬着张爱玲像个外人，也不得不使她面对胡兰成的又一段感情。张爱玲私下里敏感地问斯颂德，兰成怎么能在范秀美的家里长住，没名没分的似乎不妥，斯颂德听到此，知道胡兰成并没有挑明关系，也就支支吾吾地搪塞过去。然后，当胡兰成再来旅馆时，竟带上范秀美一起，张爱玲正在画画就顺手涂了一张范秀美的肖像，她画着就哀伤起来，对胡兰成说，"不知道怎么，这眼睛倒有点像你"。胡兰成此时连装模作样的话也懒得再说，沉着脸来警告张爱玲不知深浅的干涉。她这一路寻来，所经历的难过非但没有得到胡兰成的安慰，反而告诉她小周在武汉因为他的关系被捕，他有去自首救她出来的打算。若他真有心这样做，必然不会征求张爱玲的意见，不过是虚伪地想通过假设出来的勇气来彰显出他的情深义重。就连现在与他患难与共的范秀美，日后在他远逃台湾之后也是抛却到了九霄云外。恩爱欢笑都抵不过他的前程和生命重要，孰轻孰重胡兰成自有分寸。

　　张爱玲下了天大的勇气，冒着纷飞炮火才走到这步田地，来看望胡兰成，得来的竟是这样的结果。她径自将心里话说了出来："你决定怎么样，要是不能放弃小周小姐，我可以走开。"张爱玲不会撕破脸皮去追根究底，她只是轻轻地敲了葫芦震震范秀美。胡兰成没想到，一直都在他的风流艳史方面宽容沉默的张爱玲，这次会将这件事情摆在桌面上。他依旧不愿撕下自己的伪装，厚颜回复："好的牙齿为什么要拔掉？要选择就是不好……"胡兰成往日振振有词的作风，已经演变为"疯人逻辑"。张爱玲打住他的诡辩，反问道，"你与我结婚时，婚帖上写下现世安稳，你给过我安稳吗？"胡兰成无言以对，只好息事宁人地答道，自己与小周远隔千里，此生未必还有机会见面，让张爱玲不要在这件事情上耿耿于怀了。在胡兰成的思想范畴里："我与爱玲一起，从来是在仙境，不可以有悲哀。"他们的关系早被他设定在精神层次，不能沾染烟火红尘的味道，一旦接触到现实问题，将如梦幻泡影不复存在。张爱玲在这最后的了断里，像个怨妇似的哀叹，"你是到底不肯，我想过，我倘使不得不离开你，亦不致寻短见，亦不能再爱别人，我将只是萎谢了"。

张爱玲在温州待了二十多天，才踏上归程。她因为懂得胡兰成，用尽了微薄的慈悲。她是个自认为抵抗能力很强的女人，经历过感情之后才发现，在情爱面前，所有的女子都是个凡人。回到家后，她无法掩饰自己的难过，还是一封接一封地写信给胡兰成，倾诉自己的痛苦。姑姑张茂渊既心疼她又对她失望，她提醒张爱玲，没有一个男人值得这样！张爱玲也为当初没有听从姑姑的劝告感到惭愧，怕姑姑担心她，装作轻松地说道，"我不知道怎么，喜欢起来简直是狂喜，难受起来倒不大觉得，木木地。"姑姑早已是经过爱情的人，对她的话自然不信，其实连张爱玲自己也清楚，痛苦的滋味不但没有减轻，反而越来越深重。失恋的女生闭门不出，回到上海足足有两个月，以美军的那种西柚汁罐头填充胃。茶不思饭不想的折磨之后，她某天在街头的橱窗里看到自己简直像个苍老又消瘦的老女人，陌生得让她震惊。胡兰成遗留下的后遗症还远远不止这些，没多久，斯颂德又来拜访张爱玲，简短地说些关于胡兰成的近况：张爱玲离开温州没多久，当地就开始排查户口，胡兰成这样的身份，更是唯恐避之不及，他又搬回了诸暨，躲在斯家的楼上整整八个月。这样下去，并非长久之计，吃穿用度斯颂德负担起来渐感吃力。胡兰成离开武汉时，将大部分积蓄都留给了小周，现在得知她已出狱的消息，正百般周旋，千方百计要将她接到诸暨陪伴左右，斯颂德本就担着风险收留胡兰成，他不但不感恩还要由着性子为别人增加负担，实在让斯颂德感到为难，现在盘查正紧，暴露行踪，后果是非常严重的。张爱玲为胡兰成的行径感到惭愧，历来在待人接物上处于被动一方的张爱玲，听懂了斯颂德委婉的表达，隔一段时间给胡兰成去信的时候，总会附上一些钱款。维持了将近一年之后，风头渐息，胡兰成不安分的心又活泛起来，离开诸暨去往温州，路过上海时又在张爱玲寓所停留一宿。

　　斯颂德安全将胡兰成送达之后，又与他侃侃而谈直到夜色漫上窗户。察觉天色已晚，斯先生告辞离去。胡兰成憋了一肚子气似的，将张爱玲数落了一番："斯先生这次对我真的——！这样的交情，连饭都不留人家吃！"这个狂妄的男人早忘了，苦追张爱玲时从未享受过留餐的待遇，加之她本就自理能力微弱，更不热衷与人交际应酬。往昔的体谅宽容之心，早用在了别的女人身上，留给张爱玲的只剩抱怨和苛责。张爱玲不再沉默，脱口回了句："我是招待不来客人的，你本来也原谅，但我亦不以为那桩是错了！"尔后，胡兰成说要喝酒，她也以一句"这时候我不知道可以到什么地方去买酒"

回复。她曾为他特赦的专权早已收回，而胡兰成还在自以为是地指手画脚，张爱玲能不计前嫌收留他，只是不愿落井下石，即使是邮钱给胡兰成，也是在偿还他给予的馈赠，而胡兰成却自作多情地认为，张爱玲对他余情未了，扬扬自得地讲起他和范秀美之间的情事。张爱玲早就对他的夸夸其谈习以为常，沉默着随他口若悬河；又讲起了他在斯家写的《武汉记》，张爱玲去探望他时略有翻阅，无非是歌颂小周的华美辞章。胡兰成对于张爱玲的若即若离，唯有通过这样的刺激，来彰显他的魅力非凡，从而挫伤她的锐气。张爱玲听了并没有表现出对他的崇拜，他就轻轻去拉张爱玲的手，她吓得"啊"地大叫了一声，厌恶的表情震惊了胡兰成，他这才知道，他们之间已经走到了尽头。张爱玲又回到了从前的冷傲，他亦不敢造次，第二天一早，他去她房间想吻别，张爱玲躲开后只拥抱着他，满脸泪痕地唤了他一声，兰成。她的语气温柔而绝望，震动了他的心，他毕竟是懂得她的，这必是她最后的告别了。她在文字里描述："他们的过去像长城一样，在地平线上绵延起伏，但是长城在现代没有用了。"他们的爱恋已成过去式，曾经的情意缠绵也只有在那时才曲折动人，到了现在，他的成熟和学识再丰沛，也只是一场不合时宜的雨，下得人心生厌烦。

张爱玲从小生活在旧式家庭里，所见所闻所感都是民国时代独有的时代氛围，既有父亲所传袭的传统影响，又有母亲的西方新思想。她的父亲流连青楼粉巷，先后有过妻妾三人，是清朝遗少的典型生活方式，母亲与父亲离婚后并未再婚，身边却始终不乏男子相伴，亦是那个时代的新女性形象。张爱玲独立生活之后，贯行的是新时代女性路线，独立、自主、不甘流俗又高调张扬，她与胡兰成起始于相互钦慕，深陷于暧昧纠缠，决绝于各自为安。每个女人对于初恋所持有的态度，往往幻想占有多半比重，当现实从浪漫回归平淡，直至露出最丑陋的一面，势必会教训深刻。那种生无可恋，并不能将张爱玲彻底毁灭，记得从温州临走的那天，胡兰成欲言又止。她的眷恋是他胜券在握的筹码，绝世才女又怎样，还不是他胡兰成的一碟小菜，他的胃口够大，餐桌上摆得下"三美团圆"的盛宴，以后还要继续添加第四道、第五道、第六道菜。她早就该明了，他不是她，没有从一而终的身心，走过多少地方的山水，就能品尝多少秀色。于是，也就有了《红玫瑰与白玫瑰》："娶了红玫瑰，久而久之，红的变了墙上的一抹蚊子血，白的还是'床前明月光'，娶了白玫瑰，白的便是衣服上沾的一粒饭黏子，红的却是心口上一颗朱砂痣。"她亦曾是他的"明月光"和"朱砂痣"，此时不过"饭黏子"和"蚊子血"。生命乃至于爱情都是从热烈走到平淡的过程，情路梦断了无痕。

　胡兰成走了之后，张爱玲的信还是夹寄着钱，断断续续地寄往温州，她的那份牵挂或许连她自己也搞不清楚，是初恋的长情还是一个女子重情重义的偿还。应该都不是，他在异地乡间寄居的清苦和精神上的折磨她最能理解，寄人篱下，每天低眉顺眼的日子她饱受过，因了懂得，她的慈悲不曾收回过。几个月之后，抓捕汉奸的风声淡去，胡兰成觅到在温州中学教书的差事，看到他的经济条件回转，张爱玲才写信："我已经不喜欢你了，你是早已不喜欢我的了。这次的决心，我是经过一年半的长时间考虑的，彼时唯以小吉故，不欲增加你的困难。你不要来寻我，即或写信来，我亦是不看的了。"随信附带她刚卖了剧本的三十万稿费，从此两清。张爱玲骨子里的名门气质是胡兰成效仿不来的，他的始乱终弃毁灭了她的初恋，却让她更加从容。张爱玲历来是锱铢必较、恩怨分明的，得之恩惠必要还报情意，她爱过却不失原则。幸福和痛苦都能滋养出更为深刻的文字，他来了去了，她笑了哭了，手中那支笔从未停止过。

对别人来说爱情也许等同生命，在张爱玲来说却是一种生命的体验，她将这种感觉融入文字里渐悟。阅读威尔斯所著的《摩若医生的岛》，读到有一种使动物变成人形的"痛苦之欲"时，清晰地感同身受："五中如沸，浑身火烧火辣烫伤了一样，潮水一样地淹上来，总要淹个两三次才退。"经历过情感的"痛苦之欲"，张爱玲才彻底蜕变成一个完整的个体，胡兰成的出现存在着必然性。试想在那个纷乱的时代，也只有这样才情与浪漫的男子，才能符合张爱玲的体验标准，因此他的身份和所作所为她从来都不去关注，她生活在自己的真空之中，他也只存在于她的虚幻世界。张爱玲的睿智里不乏幼稚，她的善良中又有些许薄情，无论如何，这场体验在她的生命里留下了难以磨灭的印迹。许多许多年以后，张爱玲梦见小时候看过的电影《寂寞的松林径》，歌声飘荡在整个梦境里："青山上红棕色的小木屋，映着碧蓝的天，阳光下满地树影摇晃着，有好几个小孩在松林中出没，都是她的。"过去了好多年啊，她还是那个活在童话中的女孩，这时胡兰成出现了，微笑着拉她的手渐渐拉成一条直线，她只是懵懂羞涩地笑着……故事到这里，她醒了。张爱玲写道："二十年前的影片，十年前的人。她醒来快乐了很久很久。"不如意事常八九，这世上有一种忘情叫选择性失忆，她寄存希望于精神载体，胡兰成又是她生命中铭心刻骨的初恋，她受过伤害，却只将快乐照单全收。玲珑女子，大约是张爱玲的模样，人有千面百态，她当属无可复制的那一类。胡兰成裹挟着名人的气场和才子的儒雅，满足了她云端的少女心，她坠入过迷雾也低到了尘埃，最后还是华丽地回到了她的人生舞台，去书写更为完满的篇章。

第九章

邂逅・暗夜花凋

　　独立的女人才有权利选择自己的人生之路，依附只是封建社会的
悲凉阴影，张爱玲幸运地站在灿烂的阳光下，笃定自信地前行。她的
作品陆续被搬上舞台，桑弧导演也走进了她的生活，从对她的仰慕到
观看她的话剧，再到希望与张爱玲合作拍电影，他像个虔诚的信徒，
唯恐冒失的念头会打扰佳人清静，就想通过他们共同的朋友柯灵引
荐。柯灵承办的《万象》杂志风格鲜明，引起日本人注意，疑心他是
共产党，不由分说将其抓进了宪兵队，恰巧被张爱玲遇见，回到家后
就随口说给了胡兰成听，他毫不迟疑就出手相救。张爱玲对柯灵的印
象，仅限于从苏青口中听来的人还不错的口碑，又听闻他放着乡下的
正房太太不管，在上海同居了两房，他从宪兵队获救后，曾三次登上
张爱玲的门道谢，误以为是张爱玲从中打点营救他。外人风言风语地
议论，柯灵是上门求爱，张爱玲不以为然，认为他们"会错了意，以
为她像小时候看的一张默片'多情的女伶'，嫁给军阀做姨太太，从

监牢里营救出被陷害的书生"。事实上，张爱玲与柯灵属于话不投机的朋友，彼此对文学和艺术的见解各不相同。

　　胡兰成因避难离开上海后，张爱玲与柯灵在电车上遇见，他以一贯圆滑的作风微笑嗫嚅着，含混不清地说着话，趁机在人多拥挤的时候，冷不丁地用膝盖夹紧张爱玲的腿，像一个行径卑劣的小人，企图揩油。张爱玲忍不住想打他一个耳光，却又不想在节骨眼上引人非议，尤其柯灵还是她合作过的主编，撕破脸后难免解释不清，她将一肚子委屈吞进肚子里。虽然对柯灵的为人不齿，但却不能因此断了财路，为了生存下去，张爱玲应邀前去参加宴会，席间柯灵将桑弧引荐给张爱玲认识。第一次见面，桑弧非常欣赏她的"沉默寡言，带着女性的矜持"，他也诧异，在文章里有过高调宣扬的人，现实里却并没有名人的浮夸，打扮也与她笔下的文字一般，有着与众不同的气息：虽然瘦，究竟还年轻，打起精神来，也看不大出来，又骨架子窄，瘦不露骨。穿的一件喇叭袖洋服本来是姑姑一条夹被的古董背面，很少见的象牙薄绸印着黑凤凰，夹杂着暗紫羽毛。肩上发梢缀着一朵旧式发髻上插的绒花，是个淡白条纹大紫蝴蝶，像落花似的快要掉下来。张爱玲看到桑弧穿着件毛绒绒的浅色爱尔兰花格子上衣，向她这边走来，略显浮夸的动作和举止让她觉得不舒服，也就淡淡地笑着，转过头望向了别处。桑弧感觉到了张爱玲的排斥，尴尬地默然坐在她身边，从头至尾一句话也没说。也正是他的沉默打动了张爱玲，胡兰成之后，她开始从心底厌烦口若悬河的人。

　　桑弧原名李培林，时任文华影业公司编导。张爱玲所改编的舞台剧《倾城之恋》，在电影界影响很大，她在文采和剧作方面的优秀才能，让他产生出合作的念头。自幼酷爱电影的张爱玲，在作品《童言无忌》里就曾入过电影元素，《倾城之恋》舞台剧的成功，也让她产生了写剧本的想法。所以当桑弧和同事龚之方登门拜访，请她执笔写剧本时，张爱玲非常爽快地就答应下来。桑弧大了她几岁，却有着幼稚的亲切感。之后，又拍了她写的《露水姻缘》，虽然改编牵强到她都要看不下去，却又因为探讨剧本上的诸多事宜，两个人不得不频繁来往。桑弧和龚之方与张爱玲认识后，两个人都为《传奇》增订本的出版付出了不少心血。这本书的书名由著名书刻家邓散木题写，封面上：太太在玩骨牌，奶妈与孩子在一旁看着；画面的上方则是一个从窗户里探进来的巨大的、没有五官面貌的现代女子，张爱玲写道："很突兀地，有个比例不对的人形，像鬼魂出现似的，那是现代人，非常好奇地孜孜往里窥视。如果这画面有使人不安的地方，那也正是我希望造成的氛围。"很快，张爱玲创作的第一部电影剧本《不了情》问世，并于 1947 年 4 月在上海公演，由桑弧亲自执导。剧情讲的是一位未婚女家庭教师，与已婚的男主人之间发生了暧昧纠缠，整个剧情设定得比较俗套，没有一波三折的起伏情节，但由于这是张爱玲的开山之作，她在动笔前学习过大量的电影剧本，对细节技巧把握得非常到位，再加上她的名气和特殊的韵味，拍出后，让习惯看她文字的读者，领略到了镜头所呈现出的奇妙。

与胡兰成厮守的时光，一度荒废了她的才情。张爱玲在 1946 年底，以旧作《传奇》重现文坛，那些昔日里的流言蜚语，在她无可匹敌的文采面前，如阳光下的薄雾，很快就消失殆尽。毕竟上海是个走在前沿的都市，名人的隐私，更能为她炒作出热度。张爱玲一担两任，撰写和编剧都由她亲自负责，影片的男女主角正是当红明星刘琼和陈燕燕。强强联手的组合，使这部电影瞬间就火爆起来，影响力可谓超前，张爱玲又一次成为轰动一时的新闻人物。她写道："陈燕燕退隐多年，面貌仍旧美丽年轻，加上她特有的一种甜味，不过胖了，片中只好尽可能地老穿一件宽博的黑大衣。许多戏都在她那间陋室里，天冷没火炉，在家里也穿着大衣，也理由充足。"这部在沪光和卡尔登两家剧院卖座极佳的作品，广告宣传文案却显得极为有趣："小姐们，请你们的感情不要太冲动，本片使你哀愁，使你流泪，可是这究竟是'戏'，不是真的，希望你们——别跟有太太的人谈爱，上帝会祝福你们。"这样的话语，更加适合上海的弄堂公寓间，到处滋生流传的私情气氛，再联系到张爱玲与胡兰成的感情，人们的好奇心和窥探心理愈加增长。且不论是不是张爱玲亲自策划，就她对上海人的了解来说，每天翻阅小报几乎是许多人的爱好，她如今将这些隐晦的东西搬上银幕，大大满足了人们的心理。

电影贵在流俗，艺术精在意境，将这两者完美结合之后，也就达到一炮走红的效果。桑弧和张爱玲之间，随着合作的成功更加默契，两个人又乘胜追击，为广大读者推出了第二部电影《太太万岁》，于1947年12月14日在上海的四大影院同时上映，场场爆满的场面，致使该电影一连放映了两个星期，热度依旧不减。远在温州的胡兰成，也忍不住去专程观看一场后，激动地写信给张爱玲描述现场观众对《太太万岁》的热烈程度，新闻报纸更是评论如潮。凡事太过激进，就会出现不和谐的音调。《不了情》热映之后，张爱玲将它改编为小说《多少恨》，和另一篇《华丽缘》发表在《大家》杂志之上，不仅没有博得期待中的极佳反响，与此同时她的《太太万岁》也遭到了众多左翼人士的攻击——影片中的主角陈思珍，是个在家中没有地位的人，虽费尽心机服侍丈夫讨好婆婆，最后的下场也极其凄凉悲惨。

为此，张爱玲特意写了《〈太太万岁〉题记》，来阐述她所表达的观点："太太万岁是关于普通人的太太，上海的弄堂里，一幢房子可以有好几个她。我并没有把陈思珍这个人加以肯定或袒护之意，我只是提出过有这样一个人就是了。出现在《太太万岁》里的一些人物，他们所经历的都是注定要被遗忘的泪与笑。"较之于热映时，报纸新闻纷纷评论该片是"巨片降临"的热捧，此时，群起而攻之的激愤文人与浅薄看客，在各大报纸上对张爱玲展开的猛烈攻击。著名剧作家洪深对张爱玲的作品保持着欣赏态度："好久没有读到像《〈太太万岁〉题记》那样的小品了。我等不及地想看这个'注定了要被遗忘的泪与笑'的 idyll 如何搬上银幕。张女士也是《不了情》影剧的编者；她还写有厚厚一册小说集，即《传奇》！但是我在忧虑，她将成为我们这个年代最优秀的 high-comedy 作家中的一人。"写作家洪深秉承着对艺术的追求态度写的这些评论文字，引来了胡珂的讽刺："寂寞的文坛上，我们突然听到歇斯底里的绝叫，原来有人在敌伪时期的行尸走肉上闻到 high-comedy 的芳香！跟这样神奇的嗅觉比起来，那爱吃臭野鸡的西洋食客，那爱闻臭小脚的东亚病夫，又算得什么呢？不过我这一回的感觉，不但奇怪，而且悲愤。难道我们有光荣历史的艺园竟荒芜到如此地步，只有这样的 high-comedy 才是值得剧坛前辈疯狂喝彩的奇花吗？"在战火的激烈蔓延下，人们很难有闲情逸致去享受看电影这样的小资情调，更别说从艺术角度去欣赏。风急雨骤里，影片播得更加火热，这也只是张爱玲想要的真正结局，至于那些恶毒的咒骂，随他们去吧。

正在筹拍的《金锁记》因舆论风波被迫停止，《大家》亦停刊，自此她的事业再次进入低潮期。小众的阵仗在上海打得激烈，中国共产党和国民党的较量也接近了尾声，共产党一路从北平解放到长江再到南京，5月27日全国最大的城市上海顺利解放。新时代经历过漫长的跋涉，终于停下脚步，人们在彷徨不安中，跳跃出更多的期待，外面已是翻天覆地的容貌。张爱玲依旧在文字中前行，偶尔还会与姑姑出门看一场电影，这样的日子平淡又温馨。即便所有的存在都成为过往，也还有一所老旧书店候着她去，张爱玲和姑姑最喜欢泡书店，花去一整个下午的时间，淘许多喜欢的书籍，欢天喜地地抱回去细细品读。世界是每个人的世界，而欢喜有时候只属于自己，任尔东南西北风，我自优哉游哉。沉寂良久后，龚之方约稿张爱玲写一部长篇小说，在他组办的《亦报》上发表，为了不再招来不必要的纷争，张爱玲写就的《十八春》，低调地以梁京为笔名开始了连载，反响仍如昔日热烈异常。她在文中颇有感慨地道出现实的沉重："政治决定一切。你不管政治，政治要找上你。"她不再是那个不问世事的闺阁才女，她得到深刻教训，人并不是一个独立的个体，而是整个时代的里一粒微尘，想飘向何处由民众的力量决定。读者从这部根据美国作家马宽德的小说《普汗先生》改编的作品里，依稀感受到张爱玲的笔锋，文风却已不复从前张扬绮丽，多了些低眉敛目的味道。能在这风云变幻的局势下安身是当务之急，迎合大众需求一边写一边刊登，复出后的成功来得更加安稳。精神食粮是躁动不安灵魂的抚慰剂，人类离不开艺术的熏陶和陪伴，张爱玲重振盛名的同时，也为马宽德的小说传播做出了一定的贡献，许多人从不知其人，到深入拜读，在乱世里打开了一扇艺术大门，享受着难得的安宁。

　　爱情和事业上的经历，使张爱玲愈加成熟起来，在这乱世的罅隙里生存，是一件多么艰难的事情。曾经的高调宣言，与当今的处境形成鲜明对比，她也学会了屈从命运，"识时务者为俊杰"，她只是个弱女子。冷漠是生命的本质，活着的亲人或曾经的爱人，还有死去的，诸如她在港战中做护士所见过的病人，都不能再触动她的温情，她活得清醒又洒脱。张爱玲的热情给了文字，文字也成为她一生的铠甲，笔下世界是她构筑的城堡，狂风骤雨，枪林弹雨，都不能侵袭她的安逸。

　　中华人民共和国成立之后，1950 年 7 月，在上海召开了第一届文学艺术界代表大会。新中国成立后，夏衍随陈毅进驻上海，并接管了上海的文化工作，一直对富有才华的张爱玲有所关注，特邀张爱玲参加会议。彼时，她坐在后排，旗袍外面罩了件网眼的白绒线衫，使人想起她引用过的苏东坡诗句"高处不胜寒"。张爱玲的打扮，尽管由绚烂归于平淡，比较之下，还是显得很突出。从这些当时的文字描述里，没有人能从看出她心里在想什么，大起大落过后已是六年光景，她这块通灵宝玉从命运的红楼里堕入这花花世界，几经辗转，却还要去走未知的路。夏衍惜才，为了让张爱玲的履历有所改变，靠近人民群众，他又安排她随文代团去往苏北参加土改，两个多月的下乡经历，是张爱玲生平第一次亲近农民。她心里紧张不已，直到和一位当地农妇聊天，才放松下来。淳朴的妇人笑着和她说起话来，亲切又热情，张爱玲惊喜地发现他们不讨厌自己！一直离群索居的张爱玲，认为这是她交际生涯中感到最有成就感的一次，对政治从来都很陌生的张爱玲，写过一首诗，名为《中国的日夜》：我的路／走在我自己的国土／乱纷纷都是自己人／补了又补／连了又连的／补丁的彩云的人民／我的人民／我的青春／我真高兴晒着太阳去买回来／沉重累赘的一日三餐／谯楼初鼓定天下／定民心／嘈嘈的烦冤的人声下沉／沉到底……／中国，到底。那种在日光下行走，笑语喧哗的郎朗俗世生活，让她感到累而幸福，空气中弥漫着越来越紧张的政治空气，并非夏衍的一己之力就能烟消云散的，这样的生活长久下去的话会磨灭她的灵感。

红尘路长，走一程又一程，已是人到中年了，张爱玲才尝到了初恋一般的感情。那个让她真正懂得了爱情的人，就是导演桑弧。他们在一起隐秘到无人察觉，她的名气使他不敢宣扬，她的"汉奸妾"的过往也使她不敢宣扬。他的崇敬，她的自卑，交织在一起纠缠着。他们有着相同的孩子气，有一次约会到深夜，桑弧送她回来，又怕上楼后被姑姑发现，两个人舍不得分开，就肩并肩坐在楼梯上聊天，仿佛两个十几岁的无处可去的小毛孩。张爱玲笑嘻嘻地说："我们应当叫'两小'。"桑弧接口道，是"两小无猜"。桑弧从闲聊中听张爱玲说，她因为打了几年仗没有美国电影可看，也就不看了，并不是为了省钱，而是"对胜利者的一种轻微的敌意"。那种认真爱国的精神，在桑弧来看是一种伟大的忠贞。然而，看电影是写作和导演之间共同的话题，他说："我觉得你不看电影是个损失。"张爱玲也就随他一起看了几场。作为导演，桑弧在观看电影的时候是极度专注的，他并不对同行的作品加以排斥，不禁让张爱玲对平日里显得幼稚的桑弧肃然起敬。要知道，她除了苏青的文字，其他女作家的作品从来是不屑一顾的。《不了情》试映，张爱玲和张茂渊未看完就离席而去。桑弧望见后就追了出去，张爱玲觉得桑弧把她的作品改编得有些牵强，三言两语不能说清楚，就告诉他，改天再谈。桑弧却跑上去，把她拦在楼梯口，嘴里说着，"没怎样糟蹋你的东西呀！"张爱玲看到这个平时谨小慎微的人如此忘形，在窘迫中第一次感受到了他的认真。他更崇拜张爱玲在文学方面的深度造诣，很多时候，他们在谈论艺术方面的话题时，他并不能完全理解张爱玲的话意，却会很自然地请教她含义，笑着说，"喂，你在说些什么？"他们之间的好感起始于互相的"肃然起敬"，两个人的性格都有着非常相似的地方，像两个情窦初开的少男少女，感情是不知不觉间萌生出来的。

就在这时，张爱玲的母亲黄逸梵回到国内。之前，她在信中提醒女儿：要认真考虑一下关于未来的出路，不能做个"井底之蛙"，时局在变，写作终究不是最好的出路，应该寻找时机，重回香港完成学业。张爱玲早就在心里思量过将来的出路，平时常向国外投稿，想提前奠定基础。留学将是她最好的选择，战后的香港，还未完全恢复生机，美国那边又没有太大把握，一时半会儿，她还不愿意离开上海。黄逸梵对于张爱玲取得的成就，不但没有引以为荣，反而非常不满，认为她沉浸在小城市里裹足不前，应该去往更远的地方看世界，开阔眼界。她自身的能力非常出色，在国外做着尼赫鲁两姐妹的社交秘书，因此对于沉浸在小情小调文字中的张爱玲，甚至有几分"怒其不争"的愤慨。在她离开的日子里，虽错过了张爱玲和胡兰成的情事，却也瞒不过她的耳目，黄逸梵曾写信告诫女儿，张爱玲怕母亲斥责就骗她说早已分手，做母亲的才没有追究干涉。如今回来，从小报上看到桑弧和张爱玲的绯闻满天飞，早已暗地里调查过他的底细，她是看不上搞电影的男人的。多年的离别，让这个做母亲的感到歉疚，想办法要为已经 30 岁的女儿做些事情，她像每一个尽责的母亲一样，为张爱玲的终身大事操起了心。那天，黄逸梵听到来了客人，就毫不客气地推开了客厅的门，理直气壮地，要把女儿的私生活时刻尽收眼底。那个年轻时风情文雅的母亲早已消失不见，站在眼前的是一个强势又自我的老太婆。对于桑弧这样年轻英俊，又条件尚佳的男子，她见到之后觉得很是满意，却并没有主动打招呼，而是毫无顾忌地又一把关上门，连最基本的待客之道也没有。张爱玲对这一切早已习以为常，母亲时时刻刻都像个老鸨一样，在暗中窥视着她的一举一动，甚至还要检查她的身体，盘查她的私生活。幼稚又胆小的桑弧倒也不觉得诧异，为了使张爱玲不觉得尴尬，调侃说她的妈妈像是个马来人。黄逸梵过问起来，张爱玲就搪塞说，桑弧是前来拜访的朋友，再加上黄逸梵刚到电影院，看过根据女儿所写剧本拍出来的电影，觉得有几分满意，也就认为张爱玲并没有她想象的那么糟糕。张爱玲太过了解黄逸梵，她将所有的事情隐蔽得丝毫不露痕迹，从小养成的对抗敷衍习惯，又一次运用得轻松自如。黄逸梵一度收起了姿态，语重心长地对张爱玲的文学作品加以指点：没有经验，只靠幻想是不行的。

多年后的相见，母女俩都已经不是当初的样子。时光让人变得宽容，年纪越长心就会越来越柔软，有些事却像刻在了骨子里，不吐不快。张爱玲依旧记得当时暗许的诺言，私下里问清姑姑，当初母亲在自己身上花了大致二两金子。三个人喝茶的时候，张爱玲捧出金子感谢母亲："那时候婶婶为我花了那么些钱，我一直心里过意不去，这是我还二婶的。"隔阂使从小过继给伯父的张爱玲羞于喊出"妈妈"这般亲昵的字眼，母亲当年给她心理造成的阴影，让她一直以"婶婶"相称。张爱玲一生未曾生育，当然也无法体会黄逸梵年轻时候所承受的一切，而只是执拗地刺激着给了她生命的母亲。黄逸梵百感交集地说："我不要。"她想到张爱玲的用意之后，忍不住流下眼泪：就算我不过是个待你好过的人，你也不必对我这样。她们两个都是极端自我的女子，不同的是，黄逸梵不仅学历高，交际手腕高明，还有非常远大的追求；张爱玲和母亲截然相反，大学没有上到头，因此没有拿到大学毕业证，更不擅长为人处世，在相对太平的情况下她更喜欢上海的氛围。从童年时期来讲，黄逸梵对张爱玲的教导，还是非常体贴入微的，少年时，她和母亲与姑姑住在一起，青春期敏感又自卑的情绪，衍生出许多怨恨。那时，黄逸梵和张茂渊的生活状况也并不稳定，正是好年华的年轻母亲，因为好强的性格，不免对沉默寡言、笨手拙脚的张爱玲感到失望，言语和行为上产生了过激的反应。

以至于后来，在金钱方面有所好转的张爱玲，开始毫无节制把钱花在衣服和食物上，在母亲的压制下，所克制的欲望都一一实现。她更是非常高调地宣扬自己的人生观点，不能不说，这些都与黄逸梵有着极其密切的关系。母亲的美貌和魅力，在张爱玲看来都是不可及的，她对于母亲的抵触里，复杂地交织着女人之间的妒忌。后来，在与炎樱和姑姑的交往中，她亦锱铢必较，不占人便宜也不愿为人付出分毫。而她与胡兰成感情出现裂缝之后，是可以完全将他置于身后而不顾的，张爱玲却一反常态，一而再再而三地寄钱去资助胡兰成，就连分手时，也毫不吝惜地将剧本所得的三十万赠予他，才了无牵挂地决绝。虽然胡兰成曾给过她钱，但一向经济独立的张爱玲，也并不用完全依附于他，何况她回赠他的金钱数目要远远大于胡兰成当初给她的花销。如果说亲情是无法选择的人际关系，那么关于胡兰成的爱情，则是她认为的可以重新建立的另一种新型人际关系。当她终于明白，胡兰成成为即便是用真情和金钱也挽回不了的人，她的人生观再一次倾斜。在现实里，本就极其迷茫的张爱玲，在严重的刺激下产生了报复心理，寄给胡兰成的三十万，带着一种明显的讽刺。她在明明白白地告诉胡兰成，张爱玲是不会因为他的移情别恋而绝望的，他对于她，不过是微不足道的存在，甚至是不屑一顾的。

面对生养自己的母亲黄逸梵，张爱玲还是锱铢必较，要以二两金子来撇清多年来的母女情，一分一毫都不愿多。面对长大成人的女儿，母亲宽容地化解了这场突兀的交谈，钱她终究没有收，几个月后动身前往马来西亚，去做张茂渊口中永远"流浪的犹太人"。张爱玲心中也是有歉疚的，她猜测母亲这次回来也许是打算长住下来，却被她气得再次上路。母女之间隔着沟壑，张爱玲亦是不了解母亲的，漂泊流浪是她的信仰。有时候，亲人之间的相生相克好像是命运的安排，没有人能评判出谁是谁非。也正是这种过度敏感的性格，造就了一个天才作家。黄逸梵知道，她已经在张爱玲内心没有任何分量，但作为母亲她无法抑制自己的担忧。张爱玲前途未卜的未来，始终是她的一块心病，翻天覆地的时代就要来临，内向自负的女儿将如何平稳地度过这些考验。

1949 年，张爱玲和桑弧合作的第三部电影《哀乐中年》上映。她的每一部作品，依稀都影射有自身的影子，扑朔迷离又神秘莫测。对于这四个字，张爱玲诠释道："所谓'哀乐中年'，大概那意思就是他们的欢乐里面永远夹杂着一丝辛酸，他们的悲哀也不是完全没有安慰的。"桑弧大约算是人到中年的张爱玲生活里的欢乐，而那把握不住的幸福，又夹杂着辛酸，也正是他们这段感情的真实写照。他们见面多在黄昏，两个人依偎着，看漫天橙红的晚霞，张爱玲断断续续地诉说着自己的往事，那些温暖舒缓的时刻，令人觉得仿佛永恒。可她的往事又是灰暗色调，她自嘲着解释，给听的人一种我这个人太没良心的感觉。桑弧还是非常理解地说，当然我认为你是对的，正如她在《倾城之恋》中所写的那句："如果认识从前的我，也许你会原谅现在的我。"也许他根本不懂得她，凭的只是一腔的情怀，好在桑弧对张爱玲用情真挚，她亦不曾有过奢望，对于这段感情，张爱玲吐露心声："桑弧的事从来没懊悔过，因为那时候幸亏有他。"感谢桑弧在她的那段虐缘中，将她带回了光明地带。人生是一片大海，桑弧是她茫茫人生中路过的一盏航灯，温暖明亮，却永远隔着无法逾越的距离。这部作品也是他们之间的最后一次合作。

桑弧这个上海土著人士，深谙上海的历史变迁和物土风情，每次来公寓，都会和姑姑张茂渊说起从前的建筑或风景，打开了话匣子，总有说不完的话题。张爱玲只有听的份儿。然而，就是这个对上海了若指掌的男子，却不知道带着张爱玲去哪里浪漫，两个人大老远地跑到城里去，专拣生意冷清、顾客少的旧式北方饭馆就餐，放眼望过去，一个楼面上，只有他们俩。为了不给桑弧的事业和名声带去负累，张爱玲总是善解人意地替他着想，凡事都顺着桑弧的决定。就连她的羊绒大衣下摆上点缀的羊毛排穗，他觉得有点怪，张爱玲都毫不犹疑地剪掉，高傲的张爱玲能为他改变，桑弧也是非常感动的。有时候他打趣着问，"你到底是好人还是坏人？"两个人之间的感觉，是靠彼此用心体会的，而不是带着疑惑的口吻，在流言里左右摇摆。

　　桑弧因为自己不能坚定的情感，感到心虚，就逗她："你像只猫。这只猫很大。"张爱玲在桑弧的心中是个优雅知性又精灵古怪的女子，她的才气和神秘令他着迷。也许她算不上美艳绝伦，却有一番独特的气质，桑弧望着她说："你的脸很有味道。"张爱玲沉默着微笑。他们聊了很久，桑弧想了又想还是忍不住问："你到底是好人还是坏人？"面对他的屡次追问，她淡淡地回答："我当然认为我是好人。"桑弧听到她的肯定，眼里忽然就充满了希望的光。张爱玲心里清楚，他需要的是一个能为他决策的女人，张爱玲却只适合找一个成熟又全心全意的男人，而她和桑弧，是不合适的恋人。

　　这段暧昧的感情进行到模棱两可的阶段，胡兰成出现了。这次相见，也正是他们两人最后一次见面。胡兰成这边刚进门在客室里落座，那边桑弧的电话就响起来，张爱玲接听后顿时觉得耳边轰轰隆隆，像两簇星球擦身而过的洪大噪声。她的两个世界要相撞了。在一段情里沉沦到无法脱身，她需要另一段情来拽着她回到光明世界，却从未想过三个人在交集的瞬间，会产生如此巨大的洪流。她被淹没了，听着桑弧的声音仿佛是从遥远的海岛上飘来，她听得不真切，唯有低语敷衍，桑弧很快地捕捉到张爱玲的变化，简单说了几句，语气不悦地挂了电话。她并未因为桑弧的出现而加剧对胡兰成的放手，甚至是桑弧在这段时间填补了张爱玲内心的空虚，也正是这份温暖有力量地拉她走出与胡兰成情感纠缠的沼泽。胡兰成走后，张爱玲将这次见面毫不隐瞒地讲给桑弧听，桑弧阴阳怪调地讥讽她："他好像很有支配你的能力。"张爱玲并不反驳，回道："上次看见他的时候，觉得完全两样了，连手都没握过。"桑弧因为他们的再见醋意大发，怒吼的声音告诉张爱玲："一根汗毛都不能让他碰。"桑弧的认真让张爱玲很是感动，只有真心渴望拥有，才会如此计较吧。当她写好绝交信要寄给胡兰成时，也拿给桑弧过目，还特别明确自己的心意："我不过给你看，与你没关系，我早就要写了。"她仿佛只是想要借助他的力量，才能完成这个狠心的决断。彻底将胡兰成排除出两个人之间后，桑弧重新开始审视张爱玲。有一次，她们要出去看电影，张爱玲化妆时有意在眼窝鼻洼间留一点晶莹，因此没在这些地方扑粉，但桑弧在旁边觉得还是全部扑均匀了看着完整，她就毫不迟疑地照办去做，并没有抵触情绪。从电影院出来后，张爱玲抹在脸上的粉与霜膏沁出油来，容貌变得不再清洁秀美，桑弧盯着她，脸色变得越来越难看。张爱玲由于多年来作息不规律，熬夜写作，再加上人到中年，容貌也慢慢发生了变化。

张爱玲并非圣人，也有她不可理喻的悲哀。因为同情胡兰成滋生出的一段爱恋里，她一而再再而三地失去女人的尊严，此时又遇见桑弧，因为他英俊清秀的外表，认为他是幼稚而需要包容的，更因为她的从前而产生卑微心理。尽管他还大她几岁，却仍然显得很年轻，张爱玲为了让情人眼里出现一个俏西施，在桑弧每次来之前，都要把浴缸里的冷水龙头开到最大，再将它多放一会儿，等水变得冰冷了再将脸凑上去，来使皮肤更加紧致。她不敢去冰箱里拿冰块，怕姑姑看见笑话。桑弧的外表属于美男行列，一向不夸人的张茂渊也毫不避讳地说，他长得漂亮，记得她评价胡兰成只说过他的眼睛很亮而已，而张爱玲的神秘完全是文字衬托出来的光环，她不是传统意义上的美女，吸引他们的是她的才华，真正切入现实生活之中，从过日子的角度来讲，她并非那种宜家宜居的贤内助。她是需要被供着，任人膜拜的女神，一旦熏染人间烟火，就失去了她原有的魅力。热恋过后，桑弧有些失望地告诉她，"你这人简直全是缺点，除了也许还俭省。"她对于他的问题向来保持沉默，心里却自信地安慰自己："我就像是镂空纱，全是缺点组成的。然而它终究是美的，且美得走在时代前列。好与不好，全在你会不会欣赏。"道理她是懂得的，但还是无法抗拒桑弧放荡不羁的情感，清高的她在与他的接触中，了解到桑弧是个非常擅长人情世故的"机构人"，却也不以为然。在电影行业里必定要学会处世，才能混得风生水起，他的缺点在她看来也成了优点。

　　桑弧在现实里步步为营，她却在精神的依恋里，离自己越来越远。多情的季节，雨水总多于阳光，她等他来，一天又一天。在连绵的阴天里，她写："雨声潺潺，像住在溪边。宁愿天天下雨，以为你是因为下雨不来。"她对姑姑说，我怕对他太认真了。姑姑回，没像你对胡兰成那样。是啊，再急迫漫长的等待，都只是她一个人的内心戏；也有忍不住表白的时候，她坐在藤椅上泪珠不停地掉，对桑弧说，"没有人会像我这样喜欢你的"，又说，"我不过是因为喜欢你的脸"。张爱玲描写他的外貌："够引人注目，瘦长条子，甜净的方圆脸，浓眉大眼长睫毛，头发上有个小花尖。"曾几何时，胡兰成亦说过相同的话给她，而她此刻对于桑弧的爱恋，也正如胡兰成当初对她说的那样："天下人要像我这样喜欢你，我亦没有见过。"桑弧的那张脸漂亮又幼稚，是张爱玲心里初恋恋人的标准，她因为这个缘故总是倍加珍惜。桑弧站起来走到大镜子前，仔细又好奇地把自己看了个够，张爱玲对他的夸赞，像是浮在雪上峰顶的白云。他把头发往后推了推，仿佛要推掉她眷恋的东西。

也有时候，桑弧会撒着娇把头枕在她的腿上，张爱玲轻轻地抚摸着他的脸，不知怎么，会莫名地悲从中来，觉得是掬水月在手，已经在指缝间流掉了。美好的东西是留不住的，她失望过许多次，还是义无反顾地要再赴汤蹈火一次。她真的爱上了他，他的眼睛看上去漂亮又无限深邃，张爱玲想，大概爱一个人的时候，总觉得他神秘有深度。而男人对女人产生兴趣，往往也就源于女子的神秘和深度，一旦拥有也就平淡无奇，不同的是，女性是因为爱上之后，开始刻意粉饰男人的诸多优点。天生的母性，注定了张爱玲包容的胸怀，比桑弧更广阔；可是她的沉默寡言和离群索居的性格，不仅使胡兰成害怕和她单独一起住，连桑弧也要有姑姑相伴才觉得不烦闷。没过多久，张爱玲疑似有了身孕，桑弧虽没做好准备，却也并未感到喜悦。好友龚之方察觉到他们之间互有好感，在合作上又融洽得天衣无缝，实在是般配的一对，就自作主张想要撮合他们。不承想，张爱玲并不说话，只对着他摇头、再摇头，意思再明显不过，再说下去已经没有任何意义。张爱玲是抗拒的。她往前方看着，似乎看到未来的路上有一个身影，重叠着自己年少时的孤独和恐惧，她不能重蹈母亲的覆辙，她恨母亲的自私。但同时她也是与母亲一样的女人，没有能力去爱护幼小的生命。

　　张爱玲只觉得前途一片灰暗，流着泪说："我觉得我们这样开头太凄惨了。"让两个人都心安的是，做了妇检之后张爱玲并未怀孕，虚惊一场后，桑弧决定从这场恋情里全身而退。他这个"机构人"很轻松地就想到了应对策略：暗地里物色好合眼的女子，以快速成婚来和张爱玲划清界限。很快，桑弧与一名小女伶将要结婚的消息传得沸沸扬扬。总想着步入婚姻，要经过烦琐的筹备和隆重的庆典，有一天桑弧再与张爱玲见面时，她问，"预备什么时候结婚？"桑弧笑了起来，答道："已经结了。"自此，张爱玲与桑弧的这一场地下情，在不见天光的流言里画上句号。他从未有过将她娶回家的打算，她亦不曾生过与他白首偕老的愿望，如果还有什么东西可以追究，那就是桑弧给予过张爱玲的温暖。平凡的一个男子，担不起这场天长地久的爱恋，除了感念她不曾对他怨恨。

　　风花雪月只是生活的一个小花边。政治运动如火如荼地开展起来，没有人能庇护张爱玲，这个身份特殊的作家，被夹在时代的罅隙中进退不得。历史的脚步震得她心肺俱颤，哪怕是想找一个工作来维持生活，也因为身份问题，被各个单位拒之门外。弟弟劝她去教书，这于张爱玲来说是再合适不过的工作了，但她思前想后，还是放弃了。学校是离政治运动最近的场所，避之还唯恐不及，哪能往枪口上撞。一切仿佛都是前尘旧事了，上海的颓靡与繁华都与她没有干系，母亲又去往国外，桑弧结了婚，姑姑也有她的事情忙碌，正在左右不定之际，传来了香港大学要复校的消息。在去信征得校方许可的情况下，她当机立断，准备离开上海，前往香港开始新的生活，继续完成中断的学业。上海，这个张爱玲爱到了骨子里的城市，从此后就成了梦里的牵挂。她和张茂渊约定，从此后永不再相见，隔断联系，只为了不使姑姑遭受任何牵连。张茂渊孑然一身，多年来视张爱玲为己出，看着侄女远走他乡无亲无故，就将一些保存下来的家族照片交给她。至少，张爱玲无论到了哪里，心里都忘不了自己的根在中国。她们张家的女人，穷其一生都在追求自由，注定不能安定地在某一个地方终老。如果停留不能使她生根发芽，那么就去飞翔着开出更绚烂的花。

第十章

流离·重游故地

　　拥抱再难舍也要分离，眼泪流到心痛有一天也还是会淡去，唯有祝福不变，希望彼此能快慰余生。在离开的一刹那，张爱玲的心中将这些话语默默地赠予姑姑，遥递给爱过的人，踏上了行程。

　　从上海到广州，再从广州转乘到深圳，最后过了罗浮桥之后，就是香港境界。这里的天蓝如碧海，白云似在溪流里浣洗的轻纱，错落有致的异国情调、红顶洋房，和热烈生长的热带植物，都与街头来来往往的异邦人，融合得让人感到是另一重美好的天地。刚刚分离的思念让她想起了姑姑，张茂渊是极爱恋这座城市的，她曾说过，如果可以选择，愿意一辈子都住在这里！正如林徽因所言，爱上一座城，是因为城中住着某个喜欢的人。1925 年，25 岁的张茂渊和嫂子黄逸梵一起赴远洋留学，在从上海开往英国的轮渡上，与获取公费留学名额的李开第不期而遇。旅途中，在她晕船不适时，他为她端茶送水；碧海辽阔的船头，他用英文朗诵拜伦的诗歌给她听；夕阳西下，凉风乍起时，他为她默默披上粉红色披霞。情愫慢慢滋长，一双璧人相见如故。两个人甚至开始描绘属于他们的未来，却因为李开第得知她的家世，而转身选择了另一位女学生。张茂渊的外祖父李鸿章，出卖民族利益成为卖国贼；父亲张佩纶因"马江之战"臭名远扬；哥哥张廷重更是带着清朝遗少的腐朽之风，抽大烟，流连花街柳巷，整个家族都散发着毒瘤般的气息。流言就这样被这些留学生当作特产从上海带着去往异国他乡。新思想撼动不了知识青年浓重的意识形态情结，李开第明确地告知已经深陷情网的张茂渊，"你不要等我了，我们今生已然无缘。"张茂渊坚定回复，"今生等不到，我等来世。"李开第与未婚妻成婚后，他们以亲人般的友情相处，张茂渊独身到晚年才与鳏夫身份的李开第相守了很短暂的时光，随后与世长辞，也算是她痴情守候一生的完美结局。早在1938年，张爱玲于港大读书时，李开第就在张茂渊的嘱托下，监护张爱玲，悉心地照顾她。

　　这座城市的文化氛围和自由气息简直就是为张爱玲量身定做的。在这远离政治的地方，她回到了单纯宁静的状态，随心所欲地读书、作画、写小说和散文。初到香港，她选择暂住女青年会，一个人在陌生的异地读书生活，浮华散尽，经历仿佛从未沾染过她的身心。张爱玲依旧如少女时懵懂健忘，早晨出门时忘关窗户，夜晚归家，在满屋的风雨味道里，倚在窗边观赏雨中夜景。放眼望去，这座城市已被淹没在潇潇的夜里；而多数的人家还未点灯，只有远处浅淡摇曳的灯光如风过水面，使整座城陷入一汪碧海。深深红尘她走过已然不留遗憾，这世界浩渺无边，无比怜惜着眼前的浅浅美好，因一花一木、一滴雨、一阵风也会生出浪漫情怀的张爱玲，绚烂中亦有素色风景充盈。

　　设在香港的美国新闻处处长麦加锡，扰乱了这份清宁。获悉张爱玲抵达香港的消息，他亲自登门拜访，邀约张爱玲去为美国的新闻处翻译稿件，并给出了极为优厚的酬劳。文笔与英文俱佳的张爱玲做起这份工作轻松自如，本想在新环境里放逐一段时间，但因为文字的吸引，她不忍再懒散下去，随即欣然允诺。既然是工作，就没有挑三拣四的理由，张爱玲先后为美新处翻译出来海明威的《老人与海》、马克·范道伦编辑的《艾默生文集》、华盛顿·欧文的《睡谷的故事》和《无头骑士》等等。所有的文集里，张爱玲最痴爱海明威，其他的作品她都不甚感兴趣，张爱玲就此说道："我逼着自己译爱默生，实在是没有办法；关于欧文，实在是逃也逃不掉！"她又历来是个金钱观特别强的人，为了生计去卖文也是情理之中的事情，从爱好角度来讲只能无可奈何。在这期间，张爱玲不仅与麦加锡成为好友，还与宋淇和邝文美夫妇结识。在美新处任职翻译的邝文美，将张爱玲到单位工作的消息告知丈夫宋淇之后，这位文学批评家兴奋不已。他们夫妇早在四十年代，就倍加喜爱张爱玲的作品，如今有机缘近距离接触，简直欣喜至极。

　　作为张爱玲多年的读者，他们在一起谈论文学的时候，往往会为张爱玲的创作提出宝贵的建议和意见。在情节和人物设定上，三个人讨论得热火朝天，宋淇夫妇就这样成为张爱玲一生的知音。这对于一向不与人来往的张爱玲来说，是很少发生的事情。邝文美的温婉像一条薄厚相宜的毯子，柔软的话语覆盖过来，让她四肢百骸都放松下来，又像遇见多年未见的幼年伙伴，怎么说也说不完。邝文美相貌不仅秀丽端庄，又是个有学识、有见地的才女。工作是靠自己的实力谋得的，就连当时的总统夫人宋美龄也曾力邀邝文美出任她的私人秘书，被其婉拒。闲暇之余，邝文美还要协助丈夫著书立说，展现出的永远是一副温婉贤淑、不愠不火的良好状态。张爱玲视邝文美为"中国兰花"，靠近时只觉清香逼人。她毫不掩饰对邝文美的欣赏："我向来见到有才德的女人总拿 Mae（邝文美）比一比，没一个有点及得上她的。"她们常常一聊就是几个小时。为了不影响邝文美照顾家庭，两人约定，每晚八点就要结束谈话，张爱玲亲切地称她为："我的 8 点钟灰姑娘。"张爱玲说："真正互相了解的朋友，就好像一面镜子，把对方天性中最优美的部分反映出来。"是的，在诋毁和虚伪的人生中一路走来，唯有知己才能让张爱玲放下防备，以最为真诚美好的一面去面对生活。张爱玲直言述怀："越是跟人接触，越是想起 Mae 的好处，实在是中外只有她一个人。"

不仅如此，他们在生活上也有所接触，并给予了张爱玲很多帮助。家庭般的温暖和亲人般的关怀，促使张爱玲笔下的文字焕发出勃勃生机，一向凄凉萎靡的文风，也透着轻松的喜悦感。良好的创作环境下，灵感来时，她的写作过程往往能持续十几个小时，甚至是通宵达旦地沉浸在文字的长河里，乐此不疲。她心里溢满了无以言表的快乐，想分享给宋淇夫妇，就在灯下写道："写完一篇就很开心，恨不得立刻打电话给你们，但是那时天还没有亮，不便扰人清梦。可惜开心一会儿就过去了，只得逼着自己开始写新的一章……"张爱玲敞开心扉的口吻，像一个孩子：开心就会喜不自胜，烦恼就会沮丧难过。异地盛开的友谊之花，让她成为一个从心底涌出快乐的女孩子。邝文美有条不紊的做事风格也对张爱玲有益，她写道："你的涵养真是值得佩服，连在最小的事情上都对我有极大的影响。例如开箱找东西时忘记了把毯子放进去，又得开一次。本来要怨烦，一想起假如是你，你一定怎样——就不生气了。"可以说，邝文美对张爱玲的影响是潜移默化的。在那个人人都想出人头地的时代，邝文美始终以家庭为重，将家庭和事业经营得有声有色。她放弃了荣华富贵的机遇，不攀附权贵高官，却愿意和远在异乡的张爱玲结为知己。张爱玲被她的人品深深感动，在写给邝文美的信中写道："S.M.L 要你这样的 companion 而不可得，我倒可以常常同你在一起。你不愿意那样浪费时间，而情愿这样浪费时间。"张爱玲的口吻里显现出的是少有的感激甚至是荣幸。宋淇和邝文美两个人是理想婚姻的典范，张爱玲为此叹服："我相信你嫁给任何人都会是个好妻子，可是总没有嫁给他那么合适。你们已经有二十年的历史，真是难以想象。因为你们永远表里如一，丝毫不变。真像是时间停住了不走，使人有恍惚之感。你们是真的我毕生仅见的伟大的情侣，与别的夫妇不同，尽管有些夫妇的感情也非常感人。"连亲生母亲都嫉妒过的张爱玲，对于宋淇夫妇，却是毫不掩饰地欣羡，他们数十年如一日的恩爱，使她感怀起自己的

露水姻缘，郎心易变的凄凉。在她看来再轰轰烈烈的爱情都是表
象。张爱玲对邝文美的依赖，是无时无刻的，她写道："只要这
样，同你在一个城市，要见面的时候可以见面——即使忙的不能常
常见面也不要紧——我就放心了。我真怕将来到了别的地方，再
也找不到一个谈得来的人。以前不觉得，因为我对别人要求不多，
只求人家能懂得我一部分（如炎樱和桑弧等对我的了解都不完全，
我当时也没有苛求）我已经满足，可是自从认识你，知道这世界
上的确有人可以懂得我的每一方面，我现在开始反而害怕。"由此
可以看出，张爱玲从一开始就将桑弧放在了好朋友的位置上来开
脱她当时所面临的困境。也是从张爱玲与邝文美的信件往来，和
她的文字里，大家才了解到了张爱玲最真实的一面，和一些思想
上的观点。

　　在香港这个异国气息浓烈的创作环境中，张爱玲首次尝试创作
出长篇小说《秧歌》。祖国大陆，此时正进行着巨大的变化，她将
这个主题安插在土改后的一个小村子里，展开了描写，并连载在
《今日世界》上，在香港引起极大的反响。紧接着，她又在美新处
的授权下，以中文写就了另一部长篇小说《赤地之恋》。作品呈现
出浓厚的政治色彩，土改毕竟是远在国土所发生的新现象，张爱玲
只在乡下待过两个月，生活经验相当匮乏，但已经足够她用来深挖
底层所发生的一系列故事。她在自序中写道："我的目的并不是包
罗万象，而是尽可能地复制当时的气氛，这里没有概括性的报道，
我只希望读者们看这本书的时候，能够多多少少嗅到一点真实的生
活气息。"艺术本就来源于生活而高于生活，她的自述正说明了这

一点。作品后来又被翻译成英文，但美国经销商并没有过多关注这本书，主要的销路仍在香港本地。张爱玲的横空出世，解开了大陆在香港人心目中的千千结，这位远道而来的寄居客，凭着手中的一支笔，用中英文流畅自如地写出两部跻身香港乃至于美国的文学界的作品。香港再一次成全了张爱玲，就像当初上海造就了张爱玲一样，她的名字再度风靡各个角落。在这个信息相对发达的地方，出版商很快就挖掘出她早年的作品，迅速翻印了她的《流言》《金锁记》等著作，发行后很快就被抢购一空。更让人啼笑皆非的是，还有些作者模仿她的风格，盗用她的名气发表作品，滥造出不甚流畅的爱情故事来博人眼球。张爱玲饶有兴趣地淘出两本名为《秋恋》和《笑声泪痕》的书，仿造者可谓用心良苦，无论从包装、主题还是故事情节都模仿得惟妙惟肖，经查实这个"张爱玲"是个文笔优美的男作者。张爱玲觉得好玩，就将自己的短篇小说又整理了一番，由天风出版社推出了《张爱玲短篇小说集》，想以此压住盗版窜起的邪恶之风。让人啼笑皆非的是，《笑声泪痕》这本书销量依旧很好，甚至重印了多次。真假悟空，想来没有真正的火眼金睛来辨，由此一来，张爱玲更加觉得有趣，与追崇自己的作者斗文字，也算乐事一桩。

张爱玲注定就是个传奇，因此有许多人登门拜访，满怀希望地想要一睹芳容。络绎不绝的来访者干扰到了张爱玲的创作环境，最排斥待人接客的张爱玲，立即委托宋淇夫妇，在他们家附近为她租下一间陈设简陋的单间——连书桌和书架都没有。张爱玲说出原因："我故意不要家里太舒齐，否则可能：（一）立刻又得搬家。（二）就此永远住下去。两者皆非所愿。对她来说，无论行至何处，文字都是她安身立命之所，至于居住环境，只要清净即可，她不想因此产生更多的麻烦和顾虑，毕竟她的目的地并不在这里。香港错综复杂的文化背景，滋生出更多的外来文学，但凡是文学作品都能在这里随意翻印再版，张爱玲的走红，在昙花一现的时代称得上奇迹。梁园虽好，也给不了张爱玲希冀中的尘埃落定，她坚信有文字陪伴，走到哪里都会发出光芒。在港大就读了一个学期之后，张爱玲收到了在日本的炎樱的消息，从那里就可以直接去往美国。当初来香港，只是帮她办理出境的老教授所想出来的权宜之计，这里只是她离开大陆的中转站，张爱玲真正的目的地在大洋彼岸。

　　期末之后，她留下一封辞呈，登船前往日本。也许是太过草率的缘故，她在日本停留了三个月之后又回到了香港，继续在美新处工作。1953 年，美国颁布的难民法令规定：允许学有所长的外国人迁居美国，并可以逐步为美国公民，其中远东地区指标为两千人，主要给居住在香港地区的大陆人。由于之前并未顺利成行的缘故，这次张爱玲竟然符合了最主要的两条规定，并在麦卡锡的担保下，马上向美国方面提出了入境申请。其间，夏衍又托人带信给张爱玲，希望她能回到上海，真不愿意就是留在香港也好，只是希望她不要去美国。夏衍的好意，也无法改变张爱玲的决心，张爱玲为以后在美国文坛发展开始铺设道路。她将创作出的《秧歌》的稿子寄给胡适，希望能受到先生指点，胡适虽身在美国，对张爱玲在国内红到发紫的知名度，也是有所耳闻的。他回信道："你这本《秧歌》，我仔细看了两遍，我很高兴能看见这本很有文学价值的作品。你自己说的'有一点接近平淡而近自然的境界'，我认为你在这个方面已做到了很成功的地步！"当然，胡适并不是只说了客套话，他还极其诚恳地将一些改动意见附加到信内。张爱玲收到回信后非常感动，因胡适的不计前嫌而更加敬重他。在她当红的时候，也曾年少轻狂地对胡适说过不甚妥当的话，《诗与胡说》里张爱玲写道："中国的新诗，经过胡适，经过刘半农、徐志摩，就连后来的朱湘，走得都像是绝路，用唐朝人的方式来说我们的心事，仿佛好的都已经给人说完了，用自己的话呢，不知怎么总说得不像话。"

第十一章

异国·浮生圆满

　　1955年秋天，张爱玲的申请批了下来。站在克利夫兰总统号邮轮上，与送别她的宋淇夫妇挥手告别。黄昏的光影渐渐沉寂下去，随着航船的离岸，陆上的人影越来越小。虽说"海内存知己，天涯若比邻"，但这一去前途未卜，相见之约又遥遥无期。到了美国之后，张爱玲写了足足六页纸的长信，来倾诉她的不舍、离愁。她在信中写道："别后我一路哭回房中，和上次离开香港时的快乐刚好相反，现在写到这里也还是眼泪汪汪起来。"也是在认识宋淇夫妇之后，张爱玲的思绪发生了许多微妙的变化，这次的泪水不仅是为了宋淇夫妇而流，更多的成分是对祖国的难舍和眷恋。在宋淇夫妇面前，她可以尽情敞开心扉，不必去顾虑任何不堪。人与人之间的缘分真是奇妙，张爱玲与父母生疏，爱人诀别，亲人离散，唯独这段友谊经久弥新。她并非一个无情冷漠的人，而是对情感的需求太过高远深刻。对张爱玲来说，不求知己遍天下，只愿一二常相知。航船行驶的终点是美国纽约，告别知音又见闺密，炎樱早已移民此地。分离之后，张爱玲写给邝文美的信频繁如星，无不是生活里的点点滴滴："前几天我吃到煮珍珠米太少，太淡，远不及 Mae（邝文美）带来的热水瓶里装着的，那滋味我永远不会忘记。"远在美国，粥水汤羹最能温暖人的心田，张爱玲无法忘怀邝文美曾用心照顾她的往事。又写："早晨梳头是否费时候，是不是自己梳？我一向烫的头发不好也不坏，最近试验剪得极短，终于决定养成不长不短分层的直头发。"这副口吻像极了少女间的小心思，想来张爱玲做出剪发决定的时候，是希望邝文美能给予一些建议的，可惜两人相隔遥远，只能在信中倾诉。有时张爱玲还会撒娇似的写："你几时到北京店买东西时，请顺便看看有没有像你那件白地黑花缎子对襟袄，大致如那件旧的米色袄，而更短肥些。"口气里，完全像极了女儿对母亲般，理所当然的指使。作为朋友，邝文美给张爱玲带去的友谊，是亦师亦友，亦母亦姐。

邝文美在生活里应付自如的涵养，恰到好处地弥补了张爱玲不理俗事的弱点。她的种种，都深刻地影响着张爱玲，慢慢地将一个冷漠的人，潜移默化成柔软美好的女子。邝文美在《我所认识的张爱玲》里写道："在这一点上，我觉得我比张爱玲幸福，因为'在千千万万年之中，时间无涯的荒野里，'我能够不迟不早的遇见了她。虽然现在我们远隔重洋，再也不能促膝谈心，但是每过一阵我能够收到她的长信，读到她的新著，看到她编的电影……无论如何，这总是值得感谢的事。"邝文美本就对张爱玲非常欣赏，又加之她深谙人性特点，在这样的友谊中，她不但能理解张爱玲天真的幼稚，亦能包容她观点不明的世故。经过接触，这两个女子成为知己，无论相隔多远，在精神和灵魂的高度上，她们始终都相依相偎。

人生苦短，太长情未免蹉跎，不如在这光阴深处活成一尾鱼，路过悲欢离合，只保留七秒的记忆，一路遨游一路遗忘，面向光明去往更远的远方。张爱玲抵达纽约之后，就住进了救世军办的职业宿舍，这里是专供离异妇女等贫民居住的，经由好友炎樱介绍暂时落脚。早在战时，炎樱就移民日本，后又来到美国生活，她们在异国相见，又一次重温了少女时代的美好时光：逛街、聊天、吃东西。过了一阵子，张爱玲感到她们的友谊已经不复当初那般纯净真挚，炎樱常常炫耀自己赚了许多钱，交际圈都是些非富即贵的名士，每天都被鲜花和夸赞围绕的生活，简直就像生活在天堂。两个人从少年相识走到了中年故知，是多么值得纪念的一份友谊，当日的繁华都成为历史，张爱玲的光环隐去，炎樱越发光彩照人。寄居篱下的张爱玲，听着炎樱洋洋得意的话语心生反感，失落地写信给好友邝文美倾诉："Fatima（炎樱）并没有变，我以前对她也没有幻想，现在大家也仍旧有基础上的了解，不过现在大家各忙各的，都淡淡的，不大想多谈话。我对朋友向来期望不大，所以始终觉得，像她这样的朋友也总算不得了。不过有了你这样的朋友之后，也的确是宠坏了我，令我对其他朋友都看不上眼。"无论炎樱出于哪种心理，她都不曾顾虑过张爱玲当时的处境和感受。

想想当初，香港沦陷期间炎樱不放心张爱玲，走了很远的路去看她，因为没有被子，两个人晚上就同躺在一张床上，盖着大而光滑的杂志。母亲黄逸梵曾提醒过她，和炎樱好归好，但不要被她控制。到后来，张爱玲卖文为生突然火起来之后，她们之间还保持着密切的来往，张爱玲因此还写过炎樱语录，包括她的穿衣装扮，炎樱都要指点做主。张爱玲出的几本书，都由炎樱亲自绘画封面，她们出去逛街回来，炎樱向朋友抱怨："你不知道现在同张爱玲出去多讨厌，一群小女生跟在后面唱着张爱玲！张爱玲！大一点的女孩回过头来上下打量，连外国人都上前求签名。"对于张爱玲和胡兰成的爱情，炎樱也指责过："你这么轻易就被突破防线，一点女性的手段都没有。"还带着霸道的口吻说："如果我是男人，要替你省多少事。"炎樱是个活泼外向的女孩，为人处世带着火辣的热情，对于张爱玲的懵懂和内敛，她更多的是以一种保护的姿态，在维护着她们之间的嘉年华。女孩之间能作为闺密必有相近之处，表面上看来炎樱外向强势，张爱玲内敛软弱，但她们在性情上一个可爱，一个天真，又都是非常自恋的人。年轻时，互相打打闹闹说说笑笑，共同相伴走过了青春，而一旦经历过世事浮沉之后，心态就会产生非常大的变化，也许曾经的纯真会递减，但自恋情绪会越来越增长。散场的青春，只能一笑而过。张爱玲来美国，并非投奔亲朋好友避难，根本动机只是为了寻找更为自由开明的空间，继续创作出更好的文字，因此和炎樱之间的不愉快，转眼也就抛之脑后，安顿好后，她们立即就前往纽约东城区 81 街拜访旅居美国的胡适先生。

　　站在那幢制式很像港式公寓的白色小洋楼前，张爱玲感到像回到了祖国，前来迎接的胡适亲切儒雅，一袭灰色长袍与公寓内部的中式装修，都彰显着主人骨子里的传统。胡适在张爱玲心中是属于偶像级别的，小时在书房里，从翻阅他的《胡适文存》开始，到后来经过他考据的《海上花》和《醒世姻缘》，都在她孤单的童年里烙下了深深的印记。张爱玲说出自己想将《海上花》和《醒世姻缘》都翻译成英文时，胡适高兴地勉励着有点不知所措的张爱玲。随着聊天的深入，张爱玲放松下来，还聊起了港战时期，她在日军的空袭下，是如何夜以继日地阅读《醒世姻缘》，来抵抗恐惧的。第二次，再去拜访胡适，张爱玲没有邀请炎樱陪伴，而是自己一人前往。整个谈话场面都是健谈的胡适在支撑，说完历史典故再谈论时事政治。本就不关心政治的张爱玲，认真地听着，先生又巧妙地将话题转移到家世渊源上，说起他的父亲，曾受惠于张爱玲的祖父，看到张爱玲一脸迷茫不知如何回复，他就谈起了他们感兴趣的话题：写作。原本胡适想通过拉家常，让张爱玲不再拘谨，说来说去也只有写作能让她眼睛一亮。谈到他发表在美国《外交》杂志上的文章，胡适不好意思地说，"他们这里都是要改的。"张爱玲曾听炎樱说过："你那位胡博士不大有人知道，没有林语堂出名。"一个在中国具有重量级的文化奠基人，到了西方却并不受重视，联想自己当下的处境，张爱玲心中也有些悲凉。

　　这次拜访过后，胡适在感恩节的时候，邀请张爱玲到家里吃中国菜，不承想她陪炎樱去一个朋友家玩到天黑，不小心受了凉。第二天，胡适就到女子宿舍探望张爱玲，他们坐在宽敞的公共客厅里说话，胡适打量着这个与学校礼堂大小相近的地方，有讲台，有一架旧钢琴和许多沙发，觉得环境虽然简陋，却另有一番情调，很适合文人聚谈。想想宿舍负责人鼓励大家来这里喝咖啡，张爱玲心里想，还是我们中国人有涵养。祖国已成了回不去的故乡，浓浓乡愁经过胡适先生稀释，她身体上的不适也减去了大半。将近 12 月的天气冷得厉害，风极大，胡适告辞的时候，张爱玲起身送别，他们站在大门外的台阶上又聊了一会儿。胡适不久后就要回国了，他望着街角起舞的河面笑眯眯地出神，张爱玲沉默地"一阵凛然"。她在文中写道："原来是真像人家说的那样：整个凝成一座古铜半身像"，先生在她的眼里留下了深刻神圣的印象。次年 4 月，胡适接受台北"中央研究院"的邀请，回国任职院长，这也是他们最后一次见面。2 月份的时候，张爱玲想申请去环境较好的，新罕布什尔州彼得堡的"麦克道威尔艺术营"，胡适毫不犹豫地为她出具了担保证明。张爱玲时常忆起胡适先生，对他的消息也颇为关注，1962年2月她在报上读到了胡适先生在"'中央研究院'酒会上心脏病猝发逝世"的噩耗。悲痛泪流后，她下决心开始翻译胡适的《海上花》，张爱玲动容地记述着当时的心情："去年我想译《海上花》，早几年不但可以请适之先生帮忙介绍，而且我想他会感到高兴的，这才真正觉得适之先生不在了。往往一想起来眼睛背后一阵热，眼泪也流不出来。"大悲无言亦无泪，在张爱玲的文学路上，胡适是她的启蒙老师之一，从故国童年的清冷到异国中年的冷寒，张爱玲的灵魂，始终都有胡适的精神温暖着。

1956年3月，新罕布什尔州的彼得堡，一场大雪刚刚停息，张爱玲在寒冷的天气里，辗转来到麦克道威尔艺术营。它坐落在远离市区的地方，建筑造型有着中世纪小城堡般的梦幻神秘，张爱玲在心里想，如果真的有世外桃源，就是它了吧。她欢快地疾步进门，只见道路两旁是高耸的参天大树，踩在酥酥的积雪上脚下发出动听的声响。辗转世间万里路，一向对家庭没有任何概念的张爱玲，竟有种"回家"的感觉。张爱玲像一朵晶莹洁白的雪花，不染尘埃，飘舞在天地之间，终于安定下来。在这里，她邂逅了和她共度半生的美国作家甫德南·赖雅，就此落地生根。也许前路还会经历坎坷，她却并不畏惧，还有文字做铠甲和盾牌，所向披靡。张爱玲有一颗赤子之心，亦具备超然心态，爱来时不拒，爱走时不留，像一个尝过糖果滋味的小孩，不吵不闹，柔软宁静。

文艺营是个群贤毕至的地方，每天上午所有的艺术家都聚集在一起共进早餐，然后就回到各自的工作室专注写作。为了不影响他们的创作，午餐则由负责人放在门口的篮子里，随意自取。下午四点之后，就是他们的自由活动时间，尔后继续一起共进晚餐。如此纯粹的氛围，对于张爱玲来说再适合不过，她终于能有宽裕的时间和条件安心创作英文小说 *Pink Tears*。孤僻的她，一如从前般闭门不出。三月初的一次集体活动中，几乎所有的艺术家都被风趣幽默的赖雅先生所吸引，围绕在周围听他热情洋溢地聊着年轻时在好莱坞的往事。唯独张爱玲一个人，在角落里翻杂志。她安静优雅的模样引起赖雅的注意，他像一个主人一样，向这位东方女子打招呼，当他知道张爱玲是初来乍到，就想多和她聊聊，免得她在异国他乡觉得冷清。谁知道，还没坐下就被熟识的朋友拉到一边，继续他们热火朝天的谈话去了。第二天晚上，张爱玲照例出现在大厅，却没有看到赖雅的身影，正想找个地方坐下，身后响起了他的问候，"爱玲女士，晚上好！"他们一见如故，张爱玲在赖雅的绅士风度里不再拘谨，两个人聊得非常尽兴。当他知道张爱玲从中国来美国还不到半年时间，就非常惊讶她对英文的精通程度，张爱玲也极其崇拜赖雅的平生阅历，从文学谈到人生，又说了些彼此对文化方面的见解，直到休息的时间到了，两个人还意犹未尽。

甫德南·赖雅是位德国移民后裔，在哈佛大学读到文艺硕士毕业后，从事英文教师工作。在艺术方面天赋极高的他，不仅文学作品优秀，摄影也非常出色，是个多才多艺又热情洋溢的男士。第一次世界大战时期，他辞去工作，作为《波士顿邮报》驻欧洲战地记者，奔赴欧洲，全程报道了那次战事。结束此次行程回国后，他住在纽约的格林尼治村，正式开始走上自由撰稿生涯。当他在文坛上小有成就时，又跑到欧洲采访了庞德、福特、康德拉等许多知名作家。其间，他走入婚姻，有了女儿又离异。遇见张爱玲之前，他的身体已是每况愈下，先是摔断了腿，后又轻度中风，身体好转后进入艺术营，想安定下来创作出更好的作品。异国的冬天经常下雪，天寒地冻的日子里，大家都聚在大厅取暖，赖雅和张爱玲自然而然就坐在了一起，像是多年的夫妻显得很是默契。这样的氛围下更适合窃窃私语，回想往昔，一个虽然年届 65 岁，一个 36 岁，但他们的传奇经历，都足够令人唏嘘。晚上回去，走在回工作室的路上，赖雅伸出温暖的大手牵着张爱玲，以防她滑倒，有时候爱情也需要天时地利人和，他们的相遇是偶然也是必然。

在每天的接触中，他们相熟的速度飞跃发展，3 月底的时候，他们彼此邀请对方到自己的工作室，探讨写作方面的问题。赖雅看到张爱玲的英文作品，更是感到惊叹，眼前这个瘦弱得像小女孩的女作家，更加神秘有魅力。大她三十岁的老者赖雅，从 20 世纪 20 年代起，就为各大报刊撰写稿件，同时他还是一位优秀的好莱坞编剧，酷爱摄影的他在摄影史上留下盛名。赖雅富有艺术魅力又风度翩翩，岁月的历练里，他走遍世界各地结交遍天下，有志趣相投的无名之辈，也不乏譬如左派大作家布莱希特等文学大家。他为人侠肝义胆，性格又活泼开朗，笑容像一杯香醇的咖啡，妥帖适宜又恰到好处地迷恋了张爱玲，成熟男人始终是她最钟情的类型，她曾坦言："我一向是对于年纪大一点的人感到亲切，对于和自己年纪差不多的人则有点看不起。"那段日子真的是在童话中度过的。晚饭后，两个人一起牵着手散步，低低地说着他们的话题；惬意的时光里，创作之余趣味相投的两个人互相交流，不知不觉进入了恋爱状态。

4 月 1 日复活节那天的正餐上，两个人含情脉脉地相对而坐。赖雅对这份忘年之恋感到非常快乐，可惜 5 月 14 日赖雅在文艺营的期限已满，将转往纽约州的耶多艺术营，分离对两个热恋之中的人，无疑是残忍的。在火车站分别时，张爱玲将她仅有的一点钱，分给他安顿生活。两个人约定，要经常写信联络，她望着他依依不舍离去的身影，又跑上前再一次紧紧拥抱，赖雅感动着，欢喜着生出忧愁，他是喜欢她的。赖雅在耶多艺术营又待了一个多月，就搬去萨拉托卡泉镇居住，在他走后的六月末，张爱玲的申请期限也到了时间，于是搬到纽约的营友家暂住。7月初的时候，张爱玲发现自己有了身孕，收到信件，惊喜的赖雅感到顾虑重重：已经接近暮年的身体频亮红灯，也就没有太大的精力去用心写作，很多时候，他的日常收入都处在不稳定的状态下，在自己能力有限的情况下，能给爱玲幸福的未来吗？他将那封信看了又看，似乎能看到张爱玲期盼等待的眼神。他对张爱玲的爱，如潮水般化作文字。写了好几页，这个浪漫的男人连夜冒着雨，跑去寄给张爱玲，他怕多一分的等待，都会让她多受一分煎熬。他是懂她的，果然不出赖雅所料，等不到回信到达，两天后张爱玲就直接找到了赖雅，见面后，赖雅当场就向张爱玲求婚，相互诉说思念离情，再也不愿分开一天。两个人商定，都不愿意在现在颠沛流离的生活中生下孩子。两个人于 1956 年 8 月 14 日，在纽约举行了婚礼，从相识到走入婚姻殿堂仅用了五个月零一天，新婚宴尔，他们选择在纽约到处走走看看，身边的风景在有情人眼里也光彩夺目，他们彼此非常满意所度过的"蜜月"。一个多月之后，他们重新回到了麦克道威尔艺术营，那座城堡般的营地让他们产生出家的依恋。

命运像是和张爱玲开玩笑，刚刚到达文艺营，赖雅就病倒在床，中风成了他的不治顽疾，连基本的自理也无法完成，更别提创作生活。张爱玲守在床前看护赖雅，之前投出去的稿件也不见回音，那个冬天把他们澎湃的激情冰冻起来，像一块无法融化的冰。在疾病面前，爱情的力量终于暖化了上帝的冷酷，熬过了最艰难的时刻，新一年来到的月底，赖雅在张爱玲的精心照顾下，终于能下床活动，天气晴好的日子，还可以走较远的路去探访朋友。张爱玲的小说《秧歌》也被文化公司看中，准备改编成剧本，他们获得了一千多美元的酬劳。这笔并不丰裕的金钱，也在他们几乎陷入绝境时，让生活得到了基本的改善。春暖花开的 4 月，又到了他们搬离艺术营的期限，可他们并没有申请到其他艺术营的居住权，张爱玲"奢侈"地在彼得堡松树街租下了一间月租 61 美元的公寓，小小的公寓里摆着半旧的家具，看起来温馨极了。两个人像是出门旅行归来的夫妇，欢天喜地地住了进去。安定好之后他们每天都到跳蚤市场一样的"庭院摊位"上去"淘宝"，像每一对过日子的夫妻一样，每淘到物美价廉的物品，两个人都感到高兴而满足。让人无法想象的是，爱情真正改变了张爱玲，她竟然买来油漆和一应用具，亲自将整个小屋子粉刷成浪漫的蓝色背景。赖雅也积极修理坏掉的旧家具，戏谑地称自己好像个"补锅的人"，豪放不羁的他很诧异自己为张爱玲的改变，这些小事他从来是不屑的，做这些只是为了让节俭的张爱玲满意。他的爱也让这个从来都拒绝琐碎事物的小女子，一点一点地成长了起来。这份在艰苦生活里诞生的真爱，使张爱玲对未来充满了独立和自信。这样的恩爱相守让她感到踏实安稳，赖雅给了她想要的岁月静好，他们在物质上的欠缺，并没有让张爱玲感到绝望，反而觉得完美幸福。

　　他们相遇于异国他乡，却有着东方古典韵味，大有"蓦然回首，那人却在灯火阑珊处的"感慨。她望见了他，他也被她吸引，彼时赖雅 65 岁，张爱玲 36 岁，她的芳华栖息在如山稳健的怀抱里，他就像她曾希冀的四个字"岁月静好"。她急匆匆地追赶了这么多年，慢下来的时候，终于遇见了相濡以沫的爱人。赖雅曾深爱过的前妻，是一位著名的女权运动家，后因志向不同各奔东西，张爱玲是从不过问政治的，只愿寻觅到心有灵犀的恋人相依相守。这次的选择，是千山万水走遍后的尘埃落定，漂泊是没有尽头的，爱能让人生出不舍的根，携手走入婚姻，在仅相识半年就毅然做了决定。特殊的人生经历和超于常人的文学天赋造就了张爱玲的情感观念，她对伴侣的选择，更多的是一种志同道合的标准。到底什么才是最好的婚姻，并没有确切统一的答案，人生百态，形式当然各不相同，唯有一点认知是没有异议的，那就是相处起来感到舒服。他们虽然相差了将近三十岁，在一起却是极为融洽的。一个中国女人和一个外国男人；她出生于没落名门，他生长在德国的中产移民阶层；张爱玲喜欢繁华热闹的都市，赖雅却向往田园般的恬淡；她离群索居过着封闭孤寂的日子，他却喜好游历，知交遍天下。日常琐碎的安排上他们倒却相得益彰，女子精明，男子挥霍，由于所处环境不同，赖雅是个典型的马克思主义者，张爱玲却没有任何信仰。他们对文字的热爱，算是两个人的共同之处。

夫妻俩亦师亦友的相处方式，弥漫着温馨恬淡的气息，赖雅和张爱玲都在画画和电影上有着浓厚长久的情结，他们常窝在家中各自执笔涂抹，完成后相互鉴赏指点，讨论彼此的观点，写作之余就相约去看最新上映的电影。从来都非常注重个人隐私的张爱玲，在甜蜜爱情的滋润下也晒起了幸福，她写信给好友："我们时常谈论，等手头宽裕一点就去欧洲，东方旅行……"赖雅的风采是值得张爱玲敬仰的，已是晚年的赖雅已经很少执笔，却仍有公司愿意支付优厚酬金来约稿，他的知名度并没有随着时间的流逝而减少半分，在新人辈出的文坛上，仍有他的一席之地。张爱玲佯装不满地抱怨，她夜夜勤奋写作效率又高，预支的稿费却不及他的三分之一，说罢叹了叹气又宽慰自己似的说道，毕竟他比她年龄大了许多，名满文坛的时刻她还是籍籍无名的小辈，说来也是他应得的。他望着她的眼睛，看出她心里喜滋滋的美意，她是为他骄傲的，她曾说过女人对于男人的爱，总带点崇拜。可她还是不听取赖雅的推荐，阅读有内涵的西方严肃作品，而是时常捧读翻了无数遍的《海上花》《醒世姻缘》，即使是阅读西方作品，偏爱的也是詹姆斯·琼斯的小说，赖雅无奈地笑她读的都是"垃圾"，张爱玲也只是笑笑，读得更加津津有味。连看电影都要选择好莱坞的爱情喜剧，与她的文学作品没有丝毫联系，如果说文学是来源于生活又高于生活的话，想必不擅长人情世故的张爱玲，是想从红尘烟火里汲取到生活的精髓，用文字表达出其中的脱俗境界。

5月，传来让张爱玲沮丧的消息。她根据自己原著《金锁记》改编的英文小说 *Pink Tears*，并没有受到预期中的青睐，精心准备的得意之作，敲不开美国出版公司的大门，这让一向顺风顺水的张爱玲深受打击。手术后，她不顾身体虚弱强撑到现在，再也承受不了现实的不如意，病倒在床。赖雅陪伴照顾在病榻前，让张爱玲感受到从未有过的温暖，他鼓励她到新的环境里都有一个慢慢适应的过程，在创作方面不能急功近利，好的作品终有一日会散发出光芒。想一想胡适在国内享受的圣誉，相比来到国外后遭受的冷落，张爱玲的心平静下来，继续一边为香港方面写电影剧本，一边又开始创作另一部新的小说：*The Shanghai Loafer*。

生活像不平静的大海，潮起潮落，张爱玲像一朵浪花，乐此不疲地穿梭在生活里。她应约为好友宋淇的电影公司写了几个爱情喜剧本,《桃花运》和《六月新娘》融合进了好莱坞的喜剧特色,拍成电影后大受好评。赖雅也不得不佩服她,中西方文化差异下的作家受众人群也各不相同,张爱玲能以脱俗的文字去描摹万丈红尘,简直是奇妙的存在,他也因此对她倍加关怀疼爱。这个清冷孤绝的女子,骨子里却是极度渴望家庭幸福的,她曾写过,生命是一袭华美的袍,爬满了虱子,想必是看到了生活里的千疮百孔,而他要做好那个缝缝补补,为她遮风挡雨的另一半。理想的生活,往往在现实面前显得苍白,将近七十岁的赖雅做起这一切,越来越力不从心,婚后不久,他的背痛旧疾就又一次复发,张爱玲为了丈夫的健康,学会了按摩,来缓解他的背部肌肉伤痛,紧接着他的腿和脚都相继得上病患,身体本就不太健壮的张爱玲,为了能负担起艰难的生活,不惜夜以继日地写作。

　　这世间,有一种爱叫相见恨晚,也是赖雅和张爱玲之间的真实写照。张爱玲是上帝赠予赖雅的白玫瑰,他却隐约感到岁月已晚,在张爱玲看来,在一起的日子都是珍贵的,哪怕他瘫痪在床。张爱玲学会了服侍赖雅,每天清晨吃过早饭之后,她都会陪在床边,为赖雅读当天的政治新闻,她的左派丈夫拒绝听到任何关于宣传社会主义的新闻,也因为各自观点不同,读着读着两个人就会争论不休,大多时候以赖雅的让步妥协而平息。他对她的包容,让张爱玲感受到了夫妻间的甜蜜,她更加喜欢这样平凡琐碎的小日子。张爱玲的写作事业逐渐有了改观,还未喘过一口气安定下来,8月份的时候,她接到了母亲病重的来信:"我现在唯一的愿望就是见你一面。"张爱玲却只写了封信,寄上100美元的支票安慰母亲,让她好好治病。此时张爱玲的日子虽然过得不太如意，却也不至于连来往英国的机票都承担不起。母亲在她心里一直都是个强大的女人，她在追求自由的道路上，是个快乐的女神，怎么会被疾病轻易击垮？多年来，盘桓在两人之间的隔膜已深成了跨不过去的沟壑。

就在不久前，她流掉了腹中的孩子，这与张爱玲从小缺乏家庭关爱不无关系。自私冷漠，已经随着她麻木的心成为一种本能，就像她所说："小孩是生命的源泉里分出来的一点新的力量，所以可敬，可怖。"她在成长的过程中，对亲情之间的血缘关系体会更深："我们的天性是要人种滋长繁殖，多多的生，生了又生。我们自己是要死的，可是我们的种子遍布于大地。然而，是什么样的不幸的种子，仇恨的种子！"这篇名为《造人》的文章刊载于1944年5月的《天地月刊》，风华正茂的24岁女子说出如此凛然的话，更能彰显张爱玲内心的真实想法。

张爱玲和赖雅结婚时，母亲黄逸梵包给他们一个280美元的红包，能在暮年看到女儿安定下来，她感到非常欣慰。黄逸梵平生有两大嗜好：爱上学，好做媒。婚姻不幸的她，却非常热衷做红娘，她为几个外甥女介绍的女婿，个个都很杰出，她自己找的男朋友却没有多大来头。张爱玲和母亲都是个理想主义者，只追求爱情，并不注重金钱，因此张爱玲嫁给赖雅，年龄虽然悬殊，黄逸梵也极为满意。黄逸梵手术后不久，就离开了人世，张爱玲默然承受着这个结果。遗憾悔恨还是心无波澜，无人能洞悉她的内心。在命运的河流里，她们各自漂泊，最后还是走散了。母亲走了，为女儿留下一箱古董。黄逸梵在病体难抗的绝境里，完全可以卖掉来治病，一向有见地的她并没有这样做。从张爱玲四岁起，她离开上海前往国外，从此后爱上了独自旅行：她跑到欧洲的学术学校学画画；又去往马来西亚的华侨学校教书；在瑞士的阿尔卑斯山上，这个三寸金莲的美丽女子，往下飞滑的速度超过了从未缠足的张茂渊。在游历的过程中所邂逅的情人，无不是浪漫多情又绅士的外国男子，这让她品尝到了爱情的真谛，还毫不顾忌地说："与外国人恋爱后，再也不想跟中国人恋爱。"从家庭角度来讲，黄逸梵并不是个称职的母亲，但却对张爱玲的成长有着很深的影响，面对封建旧式家庭的规矩，她毅然站出来拒绝女儿缠足，还自作主张地教导女儿学英语、弹钢琴，从而也使张爱玲熏陶到了良好的西方文化。

这个翩若惊鸿的母亲，一次次回家，又一次次离开。虽然母女俩不经常见面，张爱玲在心里将母亲当作了偶像，英国也成为她内心的向往，后来她以优异的成绩考取了伦敦大学，却因战事与梦想擦肩而过。张爱玲对事业的追求和我行我素的风格，以及在爱情上的观念，甚至是后来漂泊海外，都与母亲有着惊人的吻合。有句话说得很深刻，"人们往往不容易原谅自己亲近的人，却能够和其他人一笑泯恩仇"，她们是相爱相杀的母女，黄逸梵的洒脱是留给张爱玲的华丽背影，也是投射在她心灵深处的阴影。母亲永远离开了人世，再也不会像从前那样来来去去，几个月后张爱玲收到从伦敦寄来的遗物，除了满箱子的古董，还有一些值钱的家具。没能在母亲离世时满足她的最后愿望，张爱玲为此生了场大病。赖雅每天都为她煮好老咖啡，端到床前，两个月后张爱玲才"活"了过来，鼓足勇气整理黄逸梵的遗物。赖雅对这个充满传奇色彩的神秘岳母充满了好奇，他在日记中描述道：当箱子被打开时，整个房子充满悲伤的气息。他觉得那个女士去世后，悲伤仍徘徊不去，尤其是她的照片，嘴唇那样富于生命力，仿佛还活着一般。赖雅说：那照片就像一部小说。这些东西非常及时地为他们提供了生活保障，有一次卖古董竟卖出了 620 美元的高价，这些点点滴滴的温暖，是母亲对张爱玲最后的眷恋。

赖雅是大男子主义作风，他与张爱玲结婚后，性格慢慢地发生细微改变。他会亲手为她做可口的小点心，煮咖啡，热牛奶。每一次小小的改变，都让张爱玲感动快乐。两个人每天除了创作，还会一起出去散步，选购生活中的必备品和食材，张爱玲走进了烟火红尘，成为一个快乐的家庭主妇。在旧历年来临的时候，他们还一起出门看中国新年游行，天上下着毛毛细雨，在拥挤的人群中，好不容易找了个较佳的位置，游行队伍马上就浩浩荡荡地到了跟前。赖雅喜欢美国军人、水手、海军、海防部队等比较精神抖擞的表演，张爱玲则比较喜欢喜庆的舞龙，虽然不是正宗的传统表演，她却看得非常开心。表演结束后，他们顺着商业街往下走，锁紧肩膀钻进围了一圈人的观众中，观赏夏威夷舞蹈、日本舞蹈和中国魔术，赖雅看得入了迷，竟和张爱玲走散了。赖雅怪自己贪玩，没能陪在张爱玲身旁，回家后向妻子道了辛苦，又调皮地学着中国人的口吻，祝张爱玲"新年快乐，恭喜发财！"充满情趣的小日子，珍贵得像一件上帝的礼物，两个人感恩又虔诚地相爱着。

1958 年，夫妻俩又获得前往亨廷顿·哈特福基金会的资助，去南加州进行创作，张爱玲留恋着和赖雅相守在小镇的生活，又对城市的繁华不能忘怀。身为作家，两个人一致认为，去那里会有更好的机遇，就相伴着出发了。赖雅在日记里写道："长期居住在纽约可以宣告爱玲的成就，这就是她最后的愿望，对她来说是中国人的文明病。"他从意气风发中走过来，当然能体会张爱玲的心声。两个人的感情日益增长，生活里，赖雅感受到了她细致温顺的柔情，写作上的才情也让他倍感骄傲，他们有着类似的感触。曾经经历过的失败婚姻，好像是一场意外的误会，现在的家庭生活，充满了强大的吸引力，让他们每天都厮守在一起，不愿分开。赖雅又是浪漫的，他细心地遵从东方人的习惯，记下张爱玲的农历生日，在每一年的那天，都会精心准备好蛋糕与玫瑰，为张爱玲举办温馨难忘的生日小聚会，然后再去电影院看一场精彩的影片。张爱玲想要的爱情不过如此，平淡真挚又温暖适宜。冰心说：有了爱，就有了一切。对张爱玲来说，赖雅就是她的一切。情到深处，赖雅立下遗嘱：自己去世后所有的财产将由张爱玲继承，虽然并不丰厚，但却是他留给妻子的一片心意。其实他收藏的许多与著名艺术家来往的信件，都是非常有价值的。张爱玲感动地接受了赖雅的所有温存，这个儒雅的大叔风度翩翩又成熟有趣，给了她一生中难得的岁月静好。她暗暗祈祷：只愿现世安稳，就这样走到地老天荒。1959 年 2 月，他们搬去了旧金山，在布什街 645 号以每个月 70 美元的价格租了房子住下来，由于两个人的写作时间有所冲突，赖雅又在相隔不远的地方租了一间小办公室写作，每天早起写作到中午，回去做好饭后，才喊醒昨夜工作到凌晨两点的妻子，下午两个人继续各自工作，或是相约出去购物。晚上则是他们的舒缓时光，待在家里看书或看电视。

"人无远虑，必有近忧"是中国人的思维模式，家庭的牵绊让张爱玲变得积极起来，他们两个人的收入远远不够维持生活，既然在国外一时半会儿打不开市场，她思虑过后，决定回香港一趟再从长计议。赖雅舍不得妻子离开，张爱玲为了他们的未来，反而安慰他，等着她回来。1961 年 10 月，张爱玲在麦卡锡的安排下，将回国之旅第一站选在了台湾，希望能采访到被幽禁的张学良将军，为小说《少帅》收集资料，寻找灵感。一下飞机就受到了读者和一帮台湾作家的盛情接待，除了白先勇、陈若曦、戴天、欧阳子和王兴文等人，还有一个正在台大中文系读书的青年才俊王祯和。张爱玲在美国曾读过王祯和的小说《鬼·北风·人》，对台湾民俗很感兴趣，夸赞他写的小说："真喜欢你写的老房子，读的时候感觉就像自己住在里边一样。"王祯和为能得到张爱玲的肯定而十分感动，就和她约定，明天到他的老家花莲住几天，去感受下那里的乡居生活，也可以为张爱玲增添写作灵感。花莲位于台东，是台湾面积最大、人口最多的一个县，具有台湾典型的民俗风情。为了让张爱玲体验到最地道的花莲乡居生活，他的母亲专门将王祯和在小说里提到的各式点心和小吃都做了出来，满满当当摆了一桌子。25年后，王祯和在接受台湾电视公司采访的时候，对往事依旧记忆犹新。

　　这时的张爱玲，态度自然随和，在王祯和看来她就像个邻家大姐姐，大王祯和二十岁的张爱玲精神状态极佳，洋溢着与年纪不相符的清新气息。已是四十一岁的她，来到花莲的当晚，就和王祯和还有他的母亲照相留念，成为非常珍贵的纪念。照片中张爱玲皮肤白嫩，身穿低领花衬衣，看起来顶多有三十岁。在花莲的日子张爱玲很是愉快，出门时嫌天热就穿着凉鞋，结果磨破了一只脚，她就不拘小节地套上厚厚的毛袜来保护，另一只仍是光脚，照样大街小巷地逛。这些都是当时文人对张爱玲最直观的记忆。王祯和陪张爱玲去拜庙会、看山地舞、逛"大观园"（妓院），闲暇时分就海阔天空地谈对文学和一些作家的看法。玩累了，回到王祯和家的小院里，张爱玲捧着木瓜，用小汤匙挖着吃，边看《现代文学》，那样子悠闲自在。每晚休息前还要在脸上搽各种各样的水，各种不知道叫什么脂，用一张张卫生纸擦啊抹啊的，当然也花很多时间。王祯和的母亲好奇又新鲜地问儿子，那是什么东西？张爱玲自然的一面在淳朴的人们面前，以最真实的样子出现，她的天真甚至有些没心没肺，昨天还在为柴米油盐拼搏创作的她，今天便能自如地安享这浮生里偷来的闲逸。纯净如处子，在这花莲镇真如莲花一朵，散发着清新的芳香。

这次的花莲之行，让张爱玲释放了移居海外之后产生的写作和生存压力。她身上的书卷气和纯净清澈的表情，在许多读者眼中是非常纯粹的偶像气质。原计划离开花莲后，张爱玲准备去台东，参观当地赛夏人特有的"矮灵祭"，却不料，赖雅在坐车去找女儿的路上突然中风，被女儿当即就接到了华盛顿的医院。这个坏消息如当头棒喝，中止了张爱玲接下去的行程，她心急如焚地想坐飞机回去，无奈手里的钱不够买机票，只好按计划飞去香港。好在赖雅的病情一天天稳定下来，她才租了一间小房间，昏天黑地地赶稿子写《红楼梦》剧本，没过多久，张爱玲的眼睛因为过度疲劳，导致溃疡出血。双腿因为坐飞机时蜷曲在狭窄的座位上，而一直肿着不消退。为了多积攒些钱早日回到赖雅身边，她甚至舍不得买一件冬装御寒。写完后，在等待电影公司审核期间，为了不浪费时间她又接了新的剧本。煎熬的等待过后，张爱玲却等来了意料之外的结局：《红楼梦》剧本已被竞争对手抢拍。这部她已然能倒背如流的古典名著，就这样与之失之交臂。所幸，张爱玲在这匆匆行程里写就了《情场如战场》《魂归离恨天》《小女儿》等剧本，并取得了丰厚的酬劳。她于第二年3月，飞回了美国。

张爱玲告知赖雅，自己将于3月18日抵达机场。病情早已无碍的赖雅，像一个冲动的骑士，于17日就跑到候机大厅，等待着自己的爱人。精神上的契合淡化了年龄的跨度，这个深情的王子就这样再一次感动了他的公主，他们在将近半年的离别之后，决定再也不分离。困境如梦魇纠缠，长期合作的电影公司宣告倒闭，长期供稿戛然而止，收入也相应截断，即便如此，张爱玲也没有再离开赖雅。为了生活，他们搬到了黑人区的廉价公寓里，张爱玲为了眼前的生计，暂时放下了《少帅》的写作，改写广播剧和翻译作品。然而她的努力并没有换来上帝的仁慈，赖雅像枯竭的油灯一点点耗尽最后的微光，在一次次中风后，他彻底瘫痪在床，完全依赖张爱玲照料。张爱玲既要全职看护赖雅，又要彻夜不眠地写作，这让本就柔弱的她越来越体力不支，张爱玲却无怨无悔地照顾着赖雅，希冀着能有奇迹发生。这段异国之恋让她真正学会了生活，张爱玲从无所适从，蜕变成一个陶醉在琐碎里的小女子，对于生活的历练坦然又勇敢地去面对。人生路上的经历，让张爱玲成了自己笔下的女主角，每一次的欢乐或悲伤都应该洒脱，努力认真地活着吧，去践行自己生而为人的使命。看啊，她留给世人的照片里，多为低眉侧脸，对于这滚滚红尘她是不屑，是无争，还是不忍细读？

　　张爱玲的精心照顾，并未阻挡住赖雅日渐萎靡的状况，她暗暗祈祷，心中却涌上阵阵酸楚。他是她的精神支柱，她亦然。只要每天都能相互陪伴，说一些温暖的话，张爱玲都觉得生活是充满希望的。从前孤寂，只因从未有过任何恐惧，现在两个人相伴，张爱玲反而生出害怕之心，赖雅的身体每况愈下，每一刻的甜蜜相拥都仿佛会是下一刻的痛苦离别。赖雅走的时候，张爱玲正为他一字一句地念报，看着他慢慢地闭上眼睛睡过去，张爱玲并没有停止，直到泪水滑落下来。秋日的黄昏是凄凉的，赖雅在这个清寂的季节里离开人世，张爱玲的世界也冰冷起来，那些一起创作的手稿和他们出去旅行时的照片，被她一遍遍地翻来取暖。她留恋他残存在这个屋子里的气息，又将赖雅所有的衣服都拿出来，分别堆在屋子里的各个角落，她就那样孤独地坐在屋子中央。她想起了在他额头上的冰冷一吻，还有他生前豁达爽朗的笑容。

1967 年 10 月 8 日，随着赖雅的逝世，张爱玲的心情降到了冰点。斯人已逝，往事不可追，这世上，从此空留赖雅夫人。张爱玲专心致志地将余生投入创作中去。也许宿命的安排已经十分了然，经历过世间的冷暖和恩怨情缘，她不属于任何人，无牵无绊，她只是举世无双的张爱玲。赖雅的出现是个意外，他们的这段爱恋如只开了一夜昙花，所有的记忆都在暗夜里凋零。天亮了，张爱玲还要将写作进行下去。生命的真相有时候没必要去追根究底，因为宿命的安排或是性格上的原因，兴许是一个人最简单的寄托。张爱玲在情感上的波折，在今天当作故事来看的话，始终令人意兴阑珊。一个如此善待情感的女子，却没能拥有天长地久的婚姻，她只是一个红尘里的女人，努力攀缘文字升华成了凌霄花。没有人愿意高处不胜寒，即使是嫦娥也悔恨过奔月后的寂寥。张爱玲不恨，将人生用来肩负使命，她有许多的文债要还，笔下生花，飘飘洒洒，洒向广大读者。神圣是要忍受常人所不能承受的清苦来散发光芒的，她恰恰是那个喧嚣世界里最孤独的人；她爱那锦绣繁华，却最喜在浪花浮蕊间看世事开到荼蘼。

赖雅离开后，张爱玲又搬去流浪中心住了一段时间。之后，她被邀请去雷德克里芙女校和加州柏克莱大学的"中国研究中心"工作，创作上皆不如在国内时如鱼得水。然而，虽然她于 1962 年之后，再没踏上香港那方土地，但也不能挡住她的作品在大洋彼岸、港台文学中的炙手可热。20 世纪 60 年代之后，在辗转中居无定所的张爱玲，英文新作《北地胭脂》由英国的凯赛尔出版社出版，这是她这一时期少有的新作，销路却并不如意；接踵而来的评论也多是尖锐挑剔的语调。靠写作维持生计的张爱玲，也一度对自己颇为自负的英文写作产生怀疑。这部作品后来被她译成中文，改名《怨女》。次年，台湾皇冠杂志社将张爱玲的所有作品集结起来出版，深得读者的喜爱。从上海到香港，再到美国，再回到台湾和香港当中，张爱玲的影响力是铺天盖地的。夏志清在《中国现代小说史》中评价张爱玲："对于一个研究中国现代文学的人来说，张爱玲该是今日中国最优秀最重要的作家。仅以短篇小说而论，她的成就堪与英美现代女文豪如蔓殊菲儿、安泡特、韦尔蒂、麦克勒丝相比，有些地方，她恐怕还要高明一筹。《秧歌》在中国小说史上已经是本不朽之作。"台北皇冠出版社重印了她的许多经典作品，喜爱张爱玲的读者更是层出不穷，其中最著名的当属皇冠出版社老板平鑫涛的妻子琼瑶，张爱玲是她写作上的良师益友。

1969 年，加州柏克莱大学"中国研究中心"的陈世骧教授邀请张爱玲到该中心担任高级研究员，专门研究中国共产党的专用词汇。她所从事的这项工作是纯学术性研究，上班形式比较宽松，张爱玲保持着一贯深居简出的习惯，总是等到大家下班后才一个人到办公室工作，相对较为自由的工作性质，对她来讲还是无法适应。这一时期，张爱玲身体的小状况密密麻麻地涌现出来：感冒、积食、眼睛看不到、皮肤病、胃受了寒气，等等。疾病像蜂巢里的蜜蜂，嗡嗡嘤嘤地围绕着她，虽不至于蜇得人满头是伤，但也严重困扰了她。张爱玲的人生仿佛在往回收，瘦到不足九十斤。陈教授的家宴上，她常穿一件深灰色旗袍，安静地坐在沙发上听陈教授谈论，偶尔发言的声音，听起来似乎微弱嘤咛。在场的人，除了与陈夫人搭话，其余的华裔学生一概不理。在此期间，张爱玲接受了水晶先生的访谈。这个张爱玲作品的热衷者，写过一系列关于她所撰写文章的评论，并于 1973 年出版了《张爱玲的小说艺术》，被誉为是这一体裁最好的书籍，也得到了张爱玲的认可。水晶对这次长达 7 个小时的访谈，以细致的笔触进行记录，保留了张爱玲晚年生活最珍贵的资料。

　　1972 年，陈世骧教授去世之后，张爱玲也离开了加州柏克莱大学。随着版税和知名度的不断提升，张爱玲偶尔在港台报纸上发表几篇作品就能收入颇丰，这时她的生活已经趋于稳定。张爱玲又获得了雷德克里芙的资助项目《海上花》，她便委托好友庄信正为她在洛杉矶寻找合适房源。张爱玲对租住的房子并没有太高要求：一个标准间即可，有卫浴和厨房，厨房呢，也不一定非得占一间；要离上班的地方近；房子要新，要干净；最好有床，其他都可以没有。庄信正为她找的公寓在好莱坞区一条住着太多黑人、墨西哥人、东南亚难民、印度人……的街上，是个"第三世界"，算得上这条街的贵族。房租一个月三百八，门禁都很严，洗衣、倒垃圾、上下楼梯、取信等日常行动都需要掂着钥匙进进出出，十分适合张爱玲注重隐私的要求。从此后就长期客居洛杉矶，直到 1983 年。1965 年，庄信正身为印第安纳大学的中西比较文学博士，因母校研讨会邀请资深中国学者这个问题，请教夏志清教授，因此与定居美国的张爱玲结识。他的见解和认知深得张爱玲赞同，因为在文学上的相近，张爱玲也就对他很是信任。庄信正成为她私交不多的好友之一，张爱玲在许多私事的态度上对他非常信任。1970 年 3 月 18 日，张爱玲写了一张纸条给庄信正："信正，我昨天忘了说，收到你妹妹同事的名字请写张明信片来，省

得打电话的工夫——实在是忙，你也忙。"由此，庄信正认识了在台
北市南港国中教书的杨荣华，她正是张爱玲所说的庄信正妹妹的同
学，也是张爱玲的忠实读者，庄信正买了张爱玲的《流言》和《半生
缘》，替杨荣华求得签名书。从而成为两人的定情物，第二年，庄信
正和杨荣华便结为夫妇，张爱玲无意中做了一次红娘。

　　庄信正不仅要为张爱玲租房的事情考虑周全，还要事无巨细地教
她生活。熬夜写作的张爱玲很怕停电，庄信正便会买一些蜡烛送过
去，让她储存起来备用。平时，他还会为张爱玲代买纽约书评或港台
方面的报纸杂志，有时看到感兴趣的新书，也会买一些给她阅读。4
月 25 日张爱玲回信：默多克是我看不进去的名作家之一，以后千万
不要再给我，白扔了可惜。随后她却又忍不住翻了几页，竟然看得
非常投入，就在信中纠正了自己的看法："又收到书。上次我说默多
克看不进去，结果发现可读性很高，倒先看完这本。以前翻看过一
本她的书，不知怎么看走了眼。"从 1966 年末的第一封信开始，直
到 1994 年的最后一封，他们的通信长达三十年，庄信正与张爱玲之
间的交往亦师亦友，生活中的小烦恼也常常会向他倾诉：张爱玲自嘲
在生活中是个"笨蛋"，长期独居的作息饮食都不规律，且严重偏食
造成营养不均衡。随着年龄的增大，身体抵抗能力极差，感冒成为家
常便饭，牙痛也反反复复发作。数十年如一日颠倒昼夜地创作，更是
身心疲惫。1973 年 8 月 16 日，张爱玲在给庄信正的信中坦露，长期
失眠的她因长期服用大量安眠药，又导致了耳鸣。每况愈下的健康问
题，慢慢侵蚀着张爱玲。

　　能对庄信正如此信赖，在张爱玲的一生中非常罕见，因为她对友
谊的态度一向是极其苛刻的。张爱玲和庄信正由夏志清引荐而得以相

识，她在美国期间的工作也大都是夏先生帮忙寻找的。就连之前皇冠
出版社再版张爱玲的文集，也是夏志清出面牵线。夏先生欣赏张爱玲
在文学方面的成就，对于她的行为和怪癖他都给予理解包涵，纵使
是张爱玲有过薄凉的举动，他亦视若不见。夏志清深知，保护张爱玲
的敏锐、独特，甚至是神经质的特性，才是保护了一个文学天才。且
不论夏志清对她的高度评价，就他对她的爱护就是最大的推崇，有人
说，没有夏志清，张爱玲早已被历史淹没，最起码没有今天这么崇高
的地位；但还有人说，张爱玲是一匹千里马，就算没有夏志清，还会
有张志清、李志清；更多的人说，张爱玲的小说能在后世为人称道，
如果这个时代的文学还有良知，有没有夏志清都是必然，总会有只蝴
蝶的翅膀扇动大洋风暴。也许第三种说法更贴近张爱玲本意，张爱玲
并不因为夏志清的诸多帮助感激涕零，在她的眼里，夏志清不啻第二
个"汪宏声"，他早在张爱玲中学时期就扮演着夏志清的角色。夏志
清的可贵之处不是发现了张爱玲的才华，而是真诚地保护了这个懵懂
的女子。然而，张爱玲成名后并没有提及这位当年的恩师，在她认
为，先天的才华和后天的苦读才是自己走上写作道路的真正原因。

　　友谊之花始终如温暖的春天，从祖国到异国，温暖呵护着张爱
玲。随着 80 年代的来临，祖国大陆的动荡岁月逐步安稳，与海外的
关系也缓和亲密起来，1979 年，张爱玲的姑姑张茂渊与她取得了联
系。断绝一切通信联系的先见之明，让张茂渊免却了"文革"中草木
皆兵的责罚，也因此，并未扣上"海外关系"的帽子，平安度过那段
特殊年代。她的初恋情人李开第背上了"洋奴"的罪名，经历九死一
生之后妻子离世，最后落得孤身一人。张茂渊不顾危险经常去安抚老
友，对李开第悉心照顾，直到 1979 年李开第平反，两个人才喜结良

缘。两个 78 岁的老人在多年后重续前缘，改革开放也让暮年的姑姑燃起了希望，她联系宋淇之后与张爱玲顺利通上了信。没想到的是，张茂渊仍旧住在当年的公寓里，张爱玲诧异地回信："我真笨，也想找你们，却找不到，没想到你们还是在这个房子住。"过去了太久，物是人非事事休，亲情血脉永远不断。1981 年底，弟弟张子静在上海的《文汇月刊》上看到张葆莘刊出的《张爱玲传奇》，喜极而泣，这是 1949 年之后，他第一次在大陆报刊上看到姐姐的名字。当年，张爱玲离开上海并没有与弟弟告别，新中国成立后，张子静在上海浦东的一所小学任教，先后又更换了几所学校，最后升格到中学教师，并于 1986 年正式退休，尔后就搬到江苏路的 14 平方米小屋里居住。

这所小屋，是以前父亲张廷重和继母孙用蕃败光家业后租住的地方。好在青岛还有一处房产在张廷重名下，后来收归国有，由人民政府实行赎买政策，他每年得以享有一千多元的定息，勉强维持生活。一向作威作福的孙用蕃，在经济困难的条件下，也勤快地东奔西走，揽些力所能及的小活儿贴补家用。1953 年，张廷重因肺病去世后，孙用蕃依赖的定息，也在"文革"爆发后停止发放，她远在东京的弟弟就隔三岔五地将从前欠她的钱一一寄回来，生活倒也不至于潦倒。20 世纪 70 年代中期，孙用蕃因眼疾双目失明，张子静请了个保姆伺候她，直到 1986 年离世。1983 年，张子静才通过香港和美国的朋友与张爱玲取得联系，并劝姐姐回国看看，张爱玲拒绝了弟弟的请求，并告诉他，能保持书信联系就好。中间，由于张爱玲的频繁搬动，住址不定，张子静写给姐姐的信也一度石沉大海。直到她的皮肤病治愈之后，他们才又于 1989 年初联系上，张爱玲在信里告知：传说我发了财，又有一说是赤贫。其实我勉强够过，等以后大陆再开放了些，你会知道这都是实话。没能力帮你的忙，是真觉得惭愧，唯有祝安好。

弟弟与父母，在张爱玲的记忆里都淡如水墨，再多的血肉亲情都填补不了大片大片的留白，她的心里有一杆消磨时光的笔，走一步涂一笔，让自己也看不清了来路。唯有在听到张茂渊生病的时候，她急着想办法汇钱给姑姑，两个人曾一起度过的岁月，像一枚暖玉贴着胸口，姑姑的健康牵动着张爱玲的心。无论怎样的牵挂，都没能让张爱玲生出回国的心思。早在1982年，北大著名学者乐黛云到哈佛做访问学者，拜读到张爱玲的作品立刻找到联系方式，邀请她到北大做一次"私人访问"，张爱玲回信致谢："我的情形跟一般不同些，在大陆没有什么牵挂，所以不想回去看看。走过的地方太少，有机会也想到别处去……"她是想到欧洲看看的，却一直未能成行。张爱玲拒绝了回国的邀请，祖国却始终没有忘却这位中国现代文学史上最璀璨的明珠，一时之间《倾城之恋》在《收获》上发表，夏志清的《中国现代小说史》中译本发行，柯灵写的《遥寄张爱玲》也在《收获》和《读书》杂志发表。1985年，张爱玲的《传奇》由上海书店影印出版，这是大陆在1949年后最早出版的张爱玲作品。直至1992年，安徽文艺出版社出版的一套《张爱玲文集》，让她的作品在祖国大陆走入了大众层面。此时，在写作圈里也掀起了一轮女作家效仿"张氏语言"的热潮，读者对张爱玲的喜爱程度之深，又重现了当年大上海"人人以读张为荣"的景象。张爱玲就将大陆版权授权给80岁的李开第，以作为两位老人的赡养费用。张爱玲曾用梁京为笔名发表的《小艾》，也被港台的文化圈发掘，同时在两地的报纸上连载，香港方面还出了单行本。张爱玲面对读者的热情，只好着手整理了一批旧作，仍旧交给台湾皇冠出版社，相继出版了《余韵》（1987）和《续集》（1988）。

　　妥善解决了远在大陆的亲情关系，张爱玲搬进了新租住的公寓，只带了一盏用惯了的铜制台灯（排着三个可以转头的灯罩，每个灯泡都是 200 瓦的良好光线，方便她的文学创作），这次的居所选择颇有些大隐于世的意味了，在这个公寓里张爱玲展开了对《海上花》的翻译，间或创作几部新的作品。所翻译的《海上花列传》不仅是张爱玲一直以来的愿望，更是对胡适先生的承诺：此书为清末韩子云所写的一部专门描写上海妓院生活的长篇小说。《中国小说略史》里称：其他书"大都巧为罗织，故作甚之辞，冀震悚世间耳目，终未有如《海上花列传》之平淡而近自然者。"连严肃的鲁迅先生都褒奖此书为"狭邪小说"中之上品。当年胡适、刘半农就曾经重印此书，并给予极高的评价，称其为"吴语文学的第一部杰作"。张爱玲更是从十三四岁就开始看，许多年来，就算没有再重新温习的机会，但也将其中的文字和情节记得很清楚。翻译《海上花》耗费了张爱玲很多心血，仅是书名就要和出版商商议再三才被确认，书里的无数个大小人物的名字更是要从韵味等角度深究考量。这部小说的翻译工作难度重重，中国文字的意境之深，连中国人也不能完全看得明白，何况是将这部吴语小说翻译给外国人看。对张爱玲来说，这是一种久违的快乐，她字字推敲，句句审读，为了将书中的一些早已成为旧迹的名物落实精准，她常常写信向人打听，不惜耗费时间精力辗转请教大陆的老人。80 年代初，这部翻译作品的前两章交给已在《译从》任职的宋淇发表，许多专家及宋淇读后崇敬至极，慨叹张爱玲翻译出的作品，没有第二个人能比。

　　翻译工作有序进行的同时，张爱玲给《怨女》写了一篇序，提到了《红楼梦》的影响价值，写着写着就停不下来了，也由此触动了她对《红楼梦》进一步深入研究的想法。张爱玲自幼就熟读这部巨作，爱到了痴迷的地步。十二三岁时她读了石印本，看到"四美钓游鱼"，便觉"突然白色无光，百样无味起来"。十四岁就模仿《红楼梦》写出了《摩登红楼》，也许是从痴迷那句"都云作者痴，谁解其中味"开始的。随着深入的阅读，张爱玲在贾氏大家族的兴衰败落间，也经过了自己大起大落的一生，读到了繁华落尽。张爱玲曾说过，《红楼梦》和《金瓶梅》"在我是一切的源泉，尤其是《红楼梦》"。1954年左右，她在香港看见根据脂批研究八十回后事的书，触动很大："在我实在是情感上的经验，石破天惊，惊喜交集，这些熟人多年不知下落，早已死了心，突然有了消息。"一句"这些熟人多年不知下落"让人忍不住落泪，这个灵气脱俗的女子，从来都将那些故事里人物当作了自己的尘世故友。人书俱老，松风停云处，张爱玲终于停止了漂泊的脚步，慢慢梳理关于《红楼梦》的情节，就好似她小时坐在那座古老的大房子里，与贾宝玉、林黛玉、薛宝钗、史湘云……题诗作赋，赏花侍草。

张爱玲曾说过，人生有三大憾事：一恨鲥鱼多刺，二恨海棠无香，三恨《红楼梦》未完。她是个追求完美的人，深觉海棠虽美，花没有香味少了意境；鲥鱼味道鲜美，却骨刺太多不好下咽；红楼梦小说写得好到绝世，作者却没有将这部杰作写完。她深深地感到无论从现实还是精神，再到人生，一切都是不完美的。确切地说，《红楼梦魇》是张爱玲针对《红楼梦》做的考据工作集锦，有人就从这部作品的"梦魇"二字上来断定张爱玲对《红楼梦》一书的热爱，痴迷到了深入骨髓的地步，甚至能以疯狂来形容。从整本书来看，不像是谋篇布局出来的，更像是读书笔记一般近似琐碎的记录。她的观点是"红楼梦未完"，写作的目的也就是对整部作品"未完"的研究，她认为："《红楼梦》的一个特点是改写时间之长——何止十年间'增删五次'？直到去世为止，大概占作者成年时间的全部。"从张爱玲有意识地进行写作之后，她秉承的也是曹雪芹这种对作品精益求精的观点。古典文学对她生命的影响，无形中造就了新时代文坛上的天才女作家。而她在文字上的天赋异禀，似乎是童年时读《红楼梦》给的灵感。在晚年时，要将它的前世今生慢慢剖析清楚，留给世人一个明白。小时候的她，在这本书里读出了整个张氏大家族与贾府相似的命运，从而让她对世事产生出悲凉之感。从小说的恩怨情仇和人性纠葛里，她虽未经历任何世事，却对一切洞察秋毫。

考证持续了近十年，1976 年以《红楼梦魇》为名结集出版。所谓考证不过是对读者的交代，在这部作品的写作上，张爱玲所享受到的乐趣大约也是晚年生活必不可少的精神慰藉。张爱玲说，整个写作的过程"像迷宫，像拼图游戏，又像推理侦探小说"，并不像比较枯燥死板的研究工作，更像是一个人与大观园中的每个人都进行过深刻的对话；甚至有的还是交了心，有着犹如故人归的欢畅惬意，把酒话家常，甚至是放浪形骸的恣意愉悦。也难得，晚年时又有《红楼》为伴，她这一生才能洒脱到快意江湖！她在散文里说，"回忆这东西如果有气味的话，那就是樟脑的香，甜而稳妥，像记得分明的快乐，甜而怅惘，像忘却了的忧愁。"走进这座回忆的故城，更不会去向往外面的世界，她如杜牧般挥毫在自序里为自己题联：十年一觉迷考据，赢得红楼梦魇名。张爱玲年轻时争名夺利的性情，如风过，已是了无痕。往事已过去多年，她对人生能有新的认识，不再浮于表面的浅薄。沉淀后的思想，发生了很大的转变。年少轻狂时，她曾从书中的故事里感慨过人生，写下"生命是一袭华美的袍，爬满了虱子"的经典格言，到了老年患上皮肤病的张爱玲，戏剧般地受到了的文字里描述出的困扰，从而怀疑公寓房间里有跳蚤——是一种她认为生命力极强的来自南美的顽强生物，就连冰箱的保温层里也能藏身，小得肉眼几乎看不见。深受其扰的张爱玲，有一段时间的生活，几乎是在一次又一次的搬家里度过的。已经完成的大部分英译《海上花》的手稿，就在这一次又一次的辗转奔走中丢失，此外还有不少重要的证件。

在她搬来搬去的过程中，朋友担忧她逐渐年老的身体禁不住折腾，就委托一个叫林式同的建筑师照顾张爱玲。这个非文学圈里的男人不知道张爱玲是何许人也，更没有读过她的任何作品，他们之间的友谊随着渐渐的接触建立了起来。先前，林式同对这个孤独的单身女子充满了好奇，他喜欢助人为乐又极为崇尚武侠小说的大侠风范，因此张爱玲独立洒脱的气质深深吸引了他。因为搬家的缘故，一些必要的来往信函仍需要固定的接收地址，张爱玲就与林式同一直保持着联系，不停地将自己搬家的新地址告知对方。林式同怜惜她的身体常想帮忙，张爱玲并不赞同，而是尽量自己一个人完成。她随身只带一台轻巧灵便的小电视机，拎起就能出门。1989年的时候，张爱玲在乘车时不慎将手臂摔骨折，并没有向林式同求助，他最后还是从别人口中得知消息，打电话过去焦急询问病情，张爱玲也只是风轻云淡地告知：没有什么，多躺躺，用冷水冲冲就好了，不用担心。张爱玲清瘦的背影在林式同的眼里带着坚强的倔强，虽然是个老太太，举止言谈间完全是一个自闭的少女状态，神情里有着说不出的柔和恬静，遇事的时候又能泰然自若，这使林式同对张爱玲越来越敬佩。

张爱玲不仅要躲跳蚤还要躲避公众的眼目，此时，她的作品在华人圈里又掀起了更大的热潮。她的晚年生活状态被大力曝光。张爱玲却已不像年轻时那般随性洒脱，对外界的戒备心理从排斥到抵触。她所追求的自由空间和宁静生活，更激起了他们的窥探心理。作家戴文采受《联合报》的委托来访问张爱玲，她非常诚恳地写了信，说自己十九岁就成为她的读者，希望能采访到她。在遭到拒绝后，戴文采租到张爱玲隔壁的房间，每天屏气凝神，监听观察，等待张爱玲出现，无奈根本捕捉不到张爱玲的身影，只能从翻看检查她的垃圾入手来猜测了解关于她的生活状态。这一切，都逃不过张爱玲敏锐的感知力，知道这些事后，她只好求助林式同，并于第二天就无声无息地搬离。两个人也在不断的接触中滋生出异样的情感，林式同的宽厚热忱让张爱玲感到值得依赖，在生活中，她需要这样一个知寒问暖的人，林式同诚恳的关怀和无私的帮助，都掌握得恰到好处，不远又不近，让张爱玲感到妥帖亲切。到了这把年纪，她为能遇见如此贴心的朋友感到欣慰。1988年，张爱玲的好友司马新在洛杉矶为张爱玲找到了名医，医生诊断说，跳蚤早就无影无踪，现在的瘙痒是由于皮肤太过敏感。服了药之后，张爱玲的病情很快好转。

皮肤病终于痊愈，张爱玲四处搬家的奔波也得以停息，她不再去汽车旅馆居住，通过林式同寻找房子，要求简之又简：要选新的房子才可以避免跳蚤虱子之类的东西困扰，只要合适居住的单人房，带有浴室即可，至于炉灶、家具和冰箱等可有可无。附近最好有公共汽车，方便出行。她希望能听到外界喧哗的声音，比如来往鸣笛的汽车声或是飞机发出的轰鸣声，颇有一番闹中取静的心态。渴望红尘烟火来填补老年的寂寥，又要保持她清净的空间，赖雅离开之后张爱玲无比怀念，那份爱留在了她的心间，让她变得温暖了许多。

时光滑向了90年代，古稀之年的张爱玲，身体一如不如一日，她认真地将残余的精力投入旧作校订中，将《小艾》《华丽缘》《多少恨》等做了修整，又添了一段前记，《殷宝滟送花楼会》续了一千余字。又在每本书的序言中将写作的背景和原委也交代清楚后，全权委托予皇冠出版社。所有的添加和改动，是张爱玲站在外围又审视这个世界时，如数家珍的梳理。每本书都是她的心血之作，犹如儿女。人生纵然只有爱与哀愁，也是个美好的过程。张爱玲于1992年通过律师立下遗嘱，并委托林式同做她的遗嘱执行人，这个她在晚年唯一接触过密的朋友，也是她最信赖的人。同年，《张爱玲全集》问世，包含了她写过的小说、散文、电影剧本和学术性著述等，全集将短篇小说分为两册，题名"回顾展"之一、之二。

　　一生就这样走了过来，在张爱玲看来，所有的书书本本伴着她，颇有几分含饴弄孙的乐趣；所有的前尘往事都如阳光般细细碎碎地飞舞着，明亮而温暖。张爱玲坐在暮色里，开始整理回忆录《对照记》，这本书文字与照片各半，实属张爱玲珍贵的自传，她写道："'三搬家当一烧'，我搬家的次数太多，平时也就'丢三落四'的，一累了精神涣散，越是怕丢的东西越是要丢。幸存的老照片就都收入全集内，藉此保存。"行文之间透出清宁之气，间或夹杂着张氏幽默，大有"老还小"的可爱作风。书中选用了100多幅她和家人、朋友的照片，母亲、姑姑、炎樱和她的风华正茂都在光影里定格，她像个专业的编导，把这恍惚又步步笃定的一生尽收眼底，写道："时间加速，越来越快，越来越快，繁弦急管转入急管哀弦。急景凋年倒已经遥遥在望。一连串的蒙太奇，下接淡出。"其中最为经典的睥睨众生照，最具张爱玲风范，她的脸庞轻轻上扬，眼睛望向侧上方，穿着缎子做的高领短袖大襟衫，如生在世间的一枝兰，桀骜贵气又出尘。她亦在《对照记》中写道："1984年我在洛杉矶搬家整理行李,看到这张照片上的署名与日期,刚巧整三十年,不禁自题'怅望卅秋一洒泪,萧条异代不同时'。"过了这么多年,在夕阳下与风华正茂的自己相逢,亦有他乡遇故知的喜悦,从前的文字写尽苍凉,如今,自己的一生真正是苍凉了。《对照记》里并没有胡兰成和赖雅的存在,若说人的暮年都有一段回光返照的时光,此时,张爱玲的生命里飞出一只青鸟,在来来回回的生命中殷勤探看。一路上的同行皆随情缘聚散,对于爱情,她不问来路亦不问归途,这一生的红楼清梦啊,从写开头的刹那已拟好了结尾,在潮水退尽的沙滩上,捡拾一枚枚不曾被岁月狂风吹走的扇贝,听它吹起悠然号角,无悲无喜亦无怨愁。《张看》《色·戒》《惘然记》等都是在这段最后的隐居岁月里写作而成的。

1994年,《对照记》出版同年,张爱玲获得了台湾《中国时报》授予的"文学奖特别成就奖",这是她一生中唯一一次获奖。但她并未出席盛会,而是认真地写了一份答谢辞,并附上精心拍摄的生活照一张:照片上她手持当日的报纸,清晰可见上面的头条正是金日成去世的新闻。一年之后,也就是1995年9月8日,她去世了,张爱玲也成了只在报上才会出现的人。她的邻居阿妮塔,于8月的时候就感觉到一丝端倪,这位神秘的独居老人越来越少出现,偶然遇见也感觉到她非常虚弱,敲她的门也不应。那天下午接到报警后,洛杉矶的警署官员打开了公寓的门,只见身穿红色旗袍的张爱玲躺在行军床的蓝灰色毯子上,旁边的书桌上是一叠铺开的稿纸和一支未合上的笔。对于离开她是极为重视的,这是一生最为隆重的时刻,在着装上一向挑剔的她,选择了中国人偏爱的喜庆色彩,连衣服也是典型的东方款式。精致了一辈子,辉煌时耀目,平淡时恬静,她不曾有过任何更改。戴文采有幸目睹过张爱玲晚年的身影，她说，也许瘦到一定程度之后根本没有年龄，远看还像烫了发的瘦高女学生。诸多迹象表明，张爱玲已经预感到大限已到，走之前，将重要的证件等东西都放进了手提袋，留在门边易被人发现的地方，收拾好一切，她如踏上归途，莲花一般静然羽化。

经过检测，张爱玲的死亡日期大约在六七天前，当人们发现她的遗体时，也正是中国的中秋佳节。这一生终究圆满，如银月冉冉升空，那光的绚烂清澈如水，不正是她写下的不朽文字吗？华丽又苍凉。9 月 19 日清晨，张爱玲的遗体在洛杉矶慧捷尔市的玫瑰岗墓园火化，林式同先生完全遵照她的遗愿，让她清净地将自己彻底燃烧。9 月 30 日，林式同先生偕同诸文友，将张爱玲的骨灰撒向太平洋。张爱玲的逝世在华人圈引起了巨大轰动，《联合报》《中国时报》以及媒体等均迅即刊发报道，许多大报的副刊分别推出纪念专辑，且为读者开辟"我爱张爱玲"的专栏。美国的《纽约时报》亦以《张爱玲独步中国近代文坛，成就斐然》为题做了篇幅相当大的报道，并对她的晚年生活细节做了详细描述。

处理好后事，林式同遵照张爱玲的遗嘱，回到她位于洛杉矶市 10911 号 Rocheter Avenue206 室的寓所，将家里所有物品归为九大类：一、银行财务及税务部分，需要让律师处理，其结果将专函报告；二、家具，包括电视、灯桌、桌子等；三、衣服，包括化妆品等；四、来往信件，分为宋淇夫妇、亲戚（姑姑与弟弟）与其他人的信件；五、作品手稿；六、身份证明，包括结婚证、公民证；七、随身用品：眼镜、假牙等；八、照片；九、书籍。整理完毕后，与张爱玲指定的遗嘱继承人宋淇夫妇取得联系，最后以海运方式寄去了十四箱东西。1997 年，邝文美女士将张爱玲的一些手稿捐给了美国南加州大学东亚图书馆，包括《同学少年都不贱》《海上花》的英文译本打字稿，《少帅》的英文打字稿等。后来宋淇夫妇之子宋以朗整理出版了张爱玲遗物中的一些手稿并陆续出版，包括《重访边城》《异乡记》《雷峰塔》《易经》等英文打字稿，由赵丕慧翻译成中文。

　　张爱玲离世后，外界众说纷纭。就许多人猜测，她的晚年过得非常凄惨，为了生活下去，穷得要拾废纸皮来糊口的说法，宋以朗还原了当年的真相：张爱玲在美国所开的六个银行户口里共有 28107.71 美金，另外还有一张写着 E·Chang（张爱玲的英文名字）的银行外币存款 32 万多美金，按照当年的汇率大概是 240 万港币，这在 1995 年的大陆算得上一笔不小的数目，通俗一些来形容就是"百万富翁"。至于外界眼中"生活拮据""狼狈不堪"等，不过是无稽之谈。一个有思想又有志向的人，往往有自己独特的生活方式和爱好，尤其是在物质与精神都富有的情况下，过着不受人际困扰和社会关注的普通人生活，这对张爱玲来说是最为轻松的生活方式；加之她晚年的居住环境和室内布置都是空无一物，真正到了一种无所欲求的境界。在她的遗物里，只有一本《红楼梦》和丈夫赖雅生前的亲笔签名著作，在她心里，拥有这些就已然完美。

　　隔着光阴，我亦从文字中看到了张爱玲的身影，从圣玛利亚到港大，再从上海到香港，最后落在了美国。无论是奇装异服或是清水布衣，在文字里生活着的张爱玲，永远面容纯净，身姿轻盈若临水照花，坐在生死相隔的河畔，微微地笑着，一如昨日的清水少女。

图书在版编目（CIP）数据

张爱玲：民国临水照花人／侯利明编著．－－北京：
煤炭工业出版社，2018（2023.4 重印）
ISBN 978 - 7 - 5020 - 6981 - 0

Ⅰ.①张… Ⅱ.①侯… Ⅲ.①张爱玲（1920 - 1995）—
传记 Ⅳ.①K825.6

中国版本图书馆 CIP 数据核字（2018）第 252000 号

张爱玲
——民国临水照花人

编　著	侯利明
责任编辑	高红勤
封面设计	MM 末末美书

出版发行	煤炭工业出版社（北京市朝阳区芍药居 35 号　100029）
电　话	010 - 84657898（总编室）　010 - 84657880（读者服务部）
网　址	www.cciph.com.cn
印　刷	三河市金兆印刷装订有限公司
经　销	全国新华书店

开　本	710mm×1000mm$^1/_{16}$　**印张**　$16^1/_2$　**字数**　190 千字
版　次	2018 年 12 月第 1 版　2023 年 4 月第 2 次印刷
社内编号	20181399　　　　　**定价**　58.00 元